« Comprendre le Moyen-Orient »

Jacques Seguin

LE LIBAN-SUD

Espace périphérique, espace convoité

Préface de
Jacques Soppelsa

Professeur de géopolitique en Sorbonne
Président de l'université de Paris I

Editions L'Harmattan
5-7, rue de l'Ecole-Polytechnique
75005 Paris

ISBN : 2-7384-0212-7

REMERCIEMENTS

Je voudrais particulièrement remercier Monsieur le Professeur J. Soppelsa, président de l'université de Paris I Panthéon-Sorbonne, qui a dirigé le travail universitaire dont ce livre est l'aboutissement, et qui, par ses encouragements, est à l'origine des démarches entreprises pour mener à bien cette publication.

Que Monsieur A. Naaman, écrivain et diplomate libanais, trouve ici l'expression de ma gratitude pour l'ensemble des conseils qu'il m'a chaleureusement prodigués et pour son stimulant et amical soutien.

Je remercie également Monsieur le Professeur J.-P. Chagnollaud pour la lecture critique qu'il a bien voulu faire de mon manuscrit.

LISTE DES SIGLES UTILISÉS

Organisations, partis, forces armées

A.L.A.	Armée du Liban arabe
A.L.L.	Armée du Liban libre
A.L.S.	Armée du Liban-Sud
C.L.A.P.	Commandement de la lutte armée palestinienne
C.S.C.	Conseil supérieur chiite
F.A.D.	Force arabe de dissuasion
F.D.L.P.	Front démocratique pour la libération de la Palestine
F.D.I.	Force de défense d'Israël (Tsahal)
F.I.N.U.L.	Force intérimaire des Nations Unies au Liban
F.L.	Forces libanaises
F.N.U.O.D.	Force des Nations Unies pour l'observation du désengagement
F.P.L.P.	Front populaire pour la libération de la Palestine
F.R.N.L.	Front de la résistance nationale libanaise
O.A.C.L.	Organisation de l'action communiste au Liban
O.L.P.	Organisation de libération de la Palestine
O.N.U.	Organisation des Nations Unies
P.S.P.	Parti socialiste progressiste
P.C.L.	Parti communiste libanais
R.N.L.	Résistance nationale libanaise

Centres de recherche et d'information

C.H.E.A.M.	Centre des hautes études sur l'Afrique et l'Asie modernes, anciennement Centre des hautes études d'administration musulmane
C.I.D.I.P.	Centre international de documentation sur Israël et le Proche-Orient
I.F.P.	Institut français de polémologie
I.R.F.E.D.	Institut de recherche et de formation en vue du développement

PRÉFACE

Oser s'attaquer, en 1988, à un sujet géopolitique aussi controversé que celui qui concerne le Liban-Sud constituait, le lecteur en est, d'emblée, bien convaincu, une spectaculaire gageure !

Les dangers d'une telle étude n'étaient pas minces.

— Ecueil des sources, en premier lieu. Face à la masse impressionnante d'articles de quotidiens, d'hebdomadaires, de revues, souvent pertinents mais rarement neutres, peu d'ouvrages de référence, à vocation sinon exhaustive, du moins générale, permettant à quiconque de faire sereinement le point sur des événements aussi complexes, sur des milieux aussi divers, mais jouant un rôle aussi fondamental dans l'évolution récente des relations internationales. Et que de difficultés, en outre, dans la quête des références concrètes et des données statistiques !

— Ecueil de l'approche scientifique, encore : au cœur du Moyen-Orient, depuis des décennies, le Liban-Sud constitue une illustration remarquable, mais dramatique, des prophéties étonnantes de Mc Kinder et de Spykman, quant aux fonctions privilégiées des Rimlands, de cet arc périphérique développé tout au long des rivages de la toute-puissance continentale (le « Heartland »), face à la non moins toute-puissance maritime.

— Ecueil de l'analyse objective, enfin, eu égard au lourd cortège contradictoire de sympathies, d'antipathies, d'a priori, de préjugés, d'ambiguïtés, de controverses...

On apprécie d'autant plus, dans un tel contexte, à la lecture de semblable ouvrage, que Monsieur Jacques Seguin ait su franchir de tels obstacles, faisant preuve, tant dans ses descriptions que dans ses tentatives d'interprétation, d'une maturité tout à fait digne d'intérêt.

Et gageons que cet essai, aiguisant l'attention du lecteur, l'amène progressivement à découvrir un espace original, un espace contesté, un espace déchiré, bouleversé et bouleversant à la fois ; un milieu géographique qui, quelle que soit la sensibilité de chacun, ne peut laisser indifférent.

Paris, le 26 juillet 1988

Jacques SOPPELSA

Professeur de géopolitique en Sorbonne
Président de l'université de Paris I.

Le Liban-Sud, toponymie et axes de communication : (*Planche 3*)

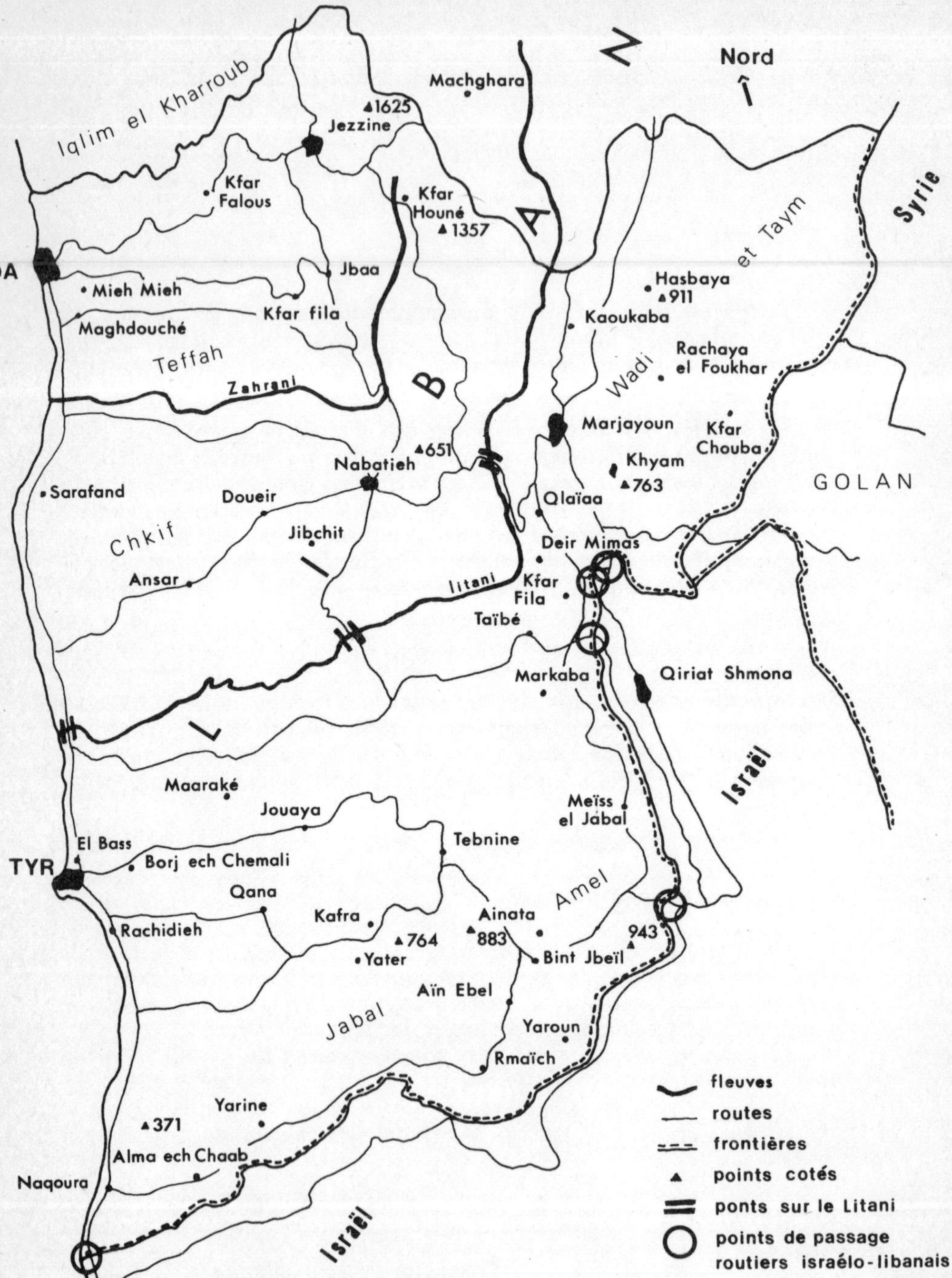

(sources: Gennaoui ; Nammour, p.30)

AVANT-PROPOS

Poser en avant-propos la question des sources permet de percevoir — au-delà de l'aspect proprement méthodologique qui s'y rattache — la réalité libanaise sous ses aspects culturels et politiques. C'est aussi prendre indirectement la mesure des enjeux et des rapports de force instaurés par des années de crise et de conflits multiples.

Première constatation surprenante : il n'existe pas d'ouvrages de référence sur le Liban-Sud. Alors que cette région se trouve au cœur d'événements nationaux et internationaux depuis l'indépendance du Liban et la création de l'Etat d'Israël, les rares écrits qui y font référence apparaissent incomplets. Ils ne traitent que de problèmes spécifiques comme les invasions israéliennes successives, l'irrigation ou la monographie villageoise. Au milieu d'un foisonnement de publications sur le Liban, et particulièrement à l'occasion de l'anniversaire de la « guerre des dix ans », le Liban-Sud semble quelque peu délaissé, tout du moins dans sa totalité géographique et politique. Une présentation générale a bien été effectuée [1] mais elle est incomplète et succincte.

Compte tenu de cette situation, il était nécessaire de consulter un nombre relativement important de publications de toute nature pour réunir une information aussi complète que possible. Cette information — faits et analyses — se trouve disséminée dans de nombreux ouvrages mais elle est surtout présente et accessible à la lecture de la presse française et étrangère. La persistance de l'occupation israélienne d'une partie du territoire libanais a longtemps focalisé l'attention des médias et c'est à une profusion d'articles que nous avons pu avoir recours. Ces témoignages sont ponctuels mais leur utilisation massive permet d'avoir un éclairage précis sur certains points de l'histoire contemporaine du Liban-Sud.

Nos sources, qu'elles soient journalistiques ou universitaires, sont exclusivement en français et en anglais et on pourrait objecter qu'elles reflètent une vision extérieure et unilatérale sur les problèmes d'un pays du

1. Cf. Gennaoui (J.) : *Le Sud-Liban*, cahiers de l'association France-Nouveau Liban, n° 2, 1978, 32 p.

monde arabe. Cependant deux points importants sont à signaler. En premier lieu, le Liban est un Etat du Proche-Orient dont une grande partie de la population est bilingue. Si les chrétiens utilisent de façon privilégiée les langues européennes à côté de la langue arabe [2], les autres communautés témoignent également d'un bilinguisme actif. Il nous a donc été possible d'accéder aux idées et analyses des Libanais eux-mêmes à travers leurs écrits en français et en anglais. Dans le même temps, la « couverture » journalistique et la faculté, pour les leaders et les acteurs libanais, d'utiliser des langues internationales permettent l'analyse de leurs déclarations et discours. En second lieu, l'attention portée aux événements du Liban par de nombreuses revues traduisant des textes en arabe ou en hébreu [3] dans des revues de presse ou des articles à part entière rend possible la connaissance des opinions d'auteurs arabophones.

En définitive, si l'appréhension des problèmes du Liban par un francophone peut paraître imparfaite, la large diffusion des faits et des idées des Libanais dans notre langue peut être suffisante pour mener à bien une étude comme celle que nous présentons.

Le handicap linguistique surmonté, les problèmes méthodologiques ne sont pas évacués pour autant. Et notamment ceux relatifs à l'utilisation de données chiffrées dont la rareté et le manque de fiabilité sont révélateurs du contexte politique local et des situations engendrées par plus de dix années d'affrontements, de guerre ouverte ou latente. L'archevêque grec-catholique de Saïda écrivait, dans un document publié le 20 décembre 1985 consacré au Liban-Sud : « Il est pratiquement impossible de donner un chiffre concernant la population, d'une part à cause de l'absence d'études démographiques ou de recensement depuis la guerre, d'autre part et surtout à cause des nombreux mouvements de population qui se sont succédés au fil des événements. » [4]

Le dernier recensement général de la population remonte à 1932, avant l'indépendance du Liban et le pacte national de 1943, dont l'issue sera l'attribution des fonctions gouvernementales et administratives à chaque communauté en fonction de son importance numérique. En outre, un demi-siècle fertile en événements — guerres israélo-arabes notamment — a modifié la répartition d'une population changeante dans sa composition. La mobilité interne d'une part, et externe (immigration et émigration) d'autre part, toutes deux accélérées par les événements depuis 1975, ont perturbé un équilibre démographique déjà instable[5]. Un comptage précis sur l'étendue du territoire national ne manquerait pas de mettre en évidence un changement de rapport de forces démographiques et donc la nécessité d'un rééquilibrage des pouvoirs au sein de l'Etat [6].

Des données statistiques officielles existent en dehors du recensement de 1932. Elles sont plus récentes mais antérieures à 1975, année du déclen-

2. Cf. Abou (S.) : *Le bilinguisme arabe-français au Liban, essai d'anthropologie culturelle*, P.U.F., Paris, 1962, 503 p. ; cf. aussi Naaman (A.), *Le français au Liban, essai sociolinguistique*, éd. Naaman, Beyrouth, 1979, 278 p.

3. La Revue d'Etudes Palestiniennes par exemple.

4. *Situation économique et sociale au Liban-Sud,* Salhieh-Saïda, 4 p., p. 1

5. Cf. Kamel (N.) : *Instruments démographiques et flux migratoires au Liban. Critique et étude de cas : Maifadoun, Sud-Liban,* thèse de 3e cycle, Paris, 1984, 386 p., p. 25.

6. « Chaque Etat a les statistiques qu'il veut, et celles qui n'existent pas sont les plus significatives. » Simonnot (P.), *Le Monde,* 29 octobre 1968, in *Dossiers et Documents,* octobre 1982 : « Liban, mort et résurrection ».

chement de la guerre. Une enquête de 1970 effectuée par la Direction générale de la statistique [7] est à notre disposition mais son domaine d'investigation est réduit puisqu'elle ne concerne que la population active. Depuis lors, l'Etat s'est dessaisi de toute initiative dans ce domaine et paradoxalement les chiffres affluent de toute part. Ils sont très partiels, le plus souvent contradictoires : présence palestinienne, forces armées, chômage, finances, etc..., et émanent de tous les représentants des multiples pouvoirs nés de la désintégration de l'Etat : institutions palestiniennes, autorités religieuses, personnalités indépendantes, agence des Nations unies. Les chiffres sont devenus plus que partout ailleurs enjeux politiques et armes du combat politique. Ils éclairent ainsi un des aspects de la géopolitique libanaise : l'éclatement du pays en cellules politico-militaires et la dégénérescence de l'autorité étatique [8].

Autant dire que l'utilisation de données statistiques, qu'elles soient ou non des estimations, est dans un tel contexte délicate. Toute interprétation doit donc s'accompagner d'une extrême prudence.

Cette prudence face à l'information chiffrée doit également guider le chercheur confronté aux ouvrages écrits par les Libanais. Loin de nous l'idée que ces derniers soient *a priori* suspects dès lors qu'ils décrivent une réalité dont ils font partie. Mais la grille de réflexion qui guide leur analyse n'est pas une abstraction dans un pays dominé par le sentiment de l'appartenance religieuse et communautaire [9]. Il est donc souhaitable de tenir compte de cette appartenance pour décripter tout discours, qu'il soit d'origine chrétienne ou musulmane. Cette référence confessionnelle est fondamentale. Comme le déclarait Elie Hobeika — ancien chef des Forces libanaises — le 24 décembre 1985 à son interlocuteur français qui l'interrogeait sur la dimension religieuse des conflits au Liban : « C'est aussi incompréhensible pour vous que, pour nous, vos querelles françaises entre la droite et la gauche... [10] »

Enfin, la collecte des sources sur le Liban-Sud proprement dit, et de quelque nature qu'elles soient, témoigne de la dimension internationale de cette région et des rapports de force qui s'y sont instaurés au cours de la dernière décennie. A une question posée à un étudiant libanais sur les possibilités de nous procurer des renseignements à l'ambassade du Liban à Paris, la réponse suivante nous fut adressée : « Le Sud-Liban, il faut voir ça avec les Israéliens, ils en savent plus que nous. » Assertion étonnante mais vérifiée à l'échelle de nos recherches à Paris. Si l'ambassade libanaise fut réticente à fournir des documents, en revanche une antenne de l'ambassade israélienne dans la capitale, le C.I.D.I.P. [11], possède une importante revue de presse consacrée aux événements et à la présentation du Liban-Sud qui fut largement

---

7. Organisme libanais. Cf. *Enquête sur la population active au Liban*, novembre 1970.

8. « L'Etat est inexistant, moribond ou convalescent, selon l'optique de chacun. » Propos de Béchir Gemayel, *le Réveil*, 25 juillet 1977, cité par Abou (S.), in *Bechir Gemayel ou l'esprit d'un peuple*, Anthropos, Paris, 1984, 481 p., p. 194.

9. « Tous les actes d'état civil sont enregistrés par les différentes communautés religieuses. Ces dernières disposent de leurs tribunaux, de leurs lois, de leurs coutumes, pour toutes les activités civiles. Aucune existence légale n'est donc possible en-dehors d'elles. », Sablier (E.), *Le Monde*, 26 mai 1955, in Dossiers et Documents, oct. 1982.

10. *Le Monde*, 26 décembre 1985.

11. Centre International de Documentation sur Israël et le Proche-Orient.

mise à notre disposition. D'autre part de nombreuses données démographiques, économiques et militaires émanent des services de renseignement de l'Etat d'Israël et des Forces de défense de ce pays qui ont, à chaque étape du retrait de leurs forces de 1983 à 1985, communiqué chiffres et bilans sur les régions évacuées. Signe sans équivoque de la situation géopolitique proche-orientale actuelle.

Introduction

« Comment te nommer ? » [1] Telle pourrait être, appliquée à la région qui retient notre attention, la première interrogation de cette étude. En effet de prime abord se pose un problème de définition. Il existe trois expressions semblables — « Sud-Liban », « sud du Liban », « Liban-Sud » — qui recouvrent des réalités spatiales bien différentes. Il apparaît nécessaire d'en préciser le contenu pour éviter toute confusion.

« Sud-Liban » est la transcription littérale de l'anglais « South-Lebanon » : c'est une désignation vague d'un espace imparfaitement délimité mais dont l'étendue communément admise est formée des territoires allant de la frontière israélo-libanaise à la route Beyrouth-Damas. Cette dernière scindant arbitrairement le Liban en deux parties, le Sud-Liban s'oppose ainsi au nord du Liban : c'est l'équivalent du « sud du Liban ».

La définition du « Liban-Sud » est plus rigoureuse : elle correspond à la circonscription administrative du mohafazat — ou département — du même nom. Les mohafazats sont depuis 1930 [2] au nombre de cinq : Beyrouth, Mont-Liban, Liban-Nord, Liban-Sud, Beqaa. Celui du Liban-Sud comprend sept circonscriptions de rang inférieur, les cazas — ou cantons. L'ensemble du mohafazat couvre une superficie de 2 030 kilomètres carrés[3] :

Saïda (chef-lieu)	270 km²
Nabatieh	310 km²
Jezzine	240 km²
Tyr	218 km²
Marjayoun	407 km²
Bint Jbeil	256 km²
Hasbaya	309 km²

1. « Comment te nommer, Liban, comment ne pas te nommer ? », vers d'Andrée Chédid, cité par *Le Monde, Dossiers et Documents, op. cit.*

2. Cf. Henderson, « The evolution of local government in Lebanon », in *Journal of Local Administration Overseas,* vol. II, nº 3, july 1963, Londres, pp. 137-139.

3. Gennaoui (J.) : *op. cit.,* pp. 7-8.

Cette dernière définition qui s'appuie sur une délimitation précise d'un territoire est aussi la plus restrictive, et certains auteurs n'ont pas hésité à l'élargir ou à l'ignorer pour présenter le Sud-Liban sans tenir compte des données administratives.

Prenons deux exemples significatifs, celui de l'historien chiite M. Jaber et celui donné par le géographe T. Nammour.

Dans sa thèse consacrée à l'historiographie chiite du Sud-Liban [4], M. Jaber tend à assimiler cette région au Jabal Amel, massif montagneux de faible étendue aux altitudes moyennes, situé à proximité de la frontière israélo-libanaise (cf. planche 3). Pour lui comme pour d'autres historiens amélites [5], le Jabal est en réalité un territoire très étendu de plus de 3 000 km² qui englobe le Liban-Sud proprement dit, une zone frontalière située au nord de l'Etat d'Israël ainsi qu'une partie du Chouf et de la Beqaa. L'originalité du Sud ainsi défini ne réside pas tant dans l'extension démesurée accordée au massif par rapport au noyau géographique toponymique que dans le fait qu'il ne contient pas d'espaces confessionnels autres que chiites. En effet, M. Jaber exclue de sa définition [6] : « La ville de Saïda » [à peuplement majoritairement sunnite], « les villages chrétiens de la région de Jezzine » (...) « et un certain nombre de villages rattachés à la Palestine et qui sont habités par des chrétiens. » Le Sud ainsi authentifié est revendiqué comme espace confessionnel exclusif, ce qui ne permet pas de le retenir comme cadre d'étude dans la mesure où il ne prend pas en compte la présence chrétienne du Liban-Sud qui constitue un élément déterminant de la dynamique géopolitique de cet espace.

A côté des préoccupations communautaires maximalistes conduisant à des définitions quelque peu caricaturales s'oppose le propos plus géographique du chercheur T. Nammour qui s'appuie sur une certaine unité du relief — des plateaux — pour nous livrer une présentation du « Liban du sud-ouest[7] ». Sa définition englobe les espaces « séparant le Mont-Liban méridional de la Méditerranée » et « ayant pour limites à l'est l'isohype 600 mètres[8] ». Là aussi le critère unique retenu semble excessif et inadéquat pour envisager une telle délimitation dans l'analyse géopolitique. La prise en compte du relief seul ne permet pas d'intégrer dans l'espace à étudier le secteur central des enclaves chrétiennes situé à l'est de la limite des 600 mètres, et qui constitue un lieu stratégique très important au regard des événements du Liban-Sud. En outre la définition propose, vis-à-vis de la distribution spatiale des centres de peuplement communautaires et des zones d'influence politique, des frontières aberrantes.

L'inadaptation des définitions présentées pour l'analyse géopolitique ne doit pas nous amener à conclure à l'inutilité des facteurs communautaire et topographique dans l'optique que nous envisageons d'adopter. Mais elle permet de mettre l'accent sur la nécessité de ne pas retenir un unique critère dans la délimitation du cadre spatial.

---

4. Jaber (M.) : *Pouvoir et société au Jabal Amel de 1749 à 1920 dans la conscience des chroniques chiites et dans un essai d'interprétation,* thèse de 3e cycle, Paris IV, 1978, 409 p.

5. Du Jabal Amel, tel Al Zayn (A.) cité par Jaber.

6. Jaber (M.), *op. cit.* p. 5.

7. Nammour (T.), « Quelques aspects de l'utilisation du sol dans le Liban du sud-ouest », in *Hannon,* revue libanaise de géographie, Beyrouth, nos 8-12, 1977, pp. 27-56.

8. Nammour (T.), *op. cit.* p. 30.

D'autre part elle met en lumière la difficulté de la recherche d'une entité parfaitement délimitée dans l'approche géopolitique. En dernière analyse cette recherche apparaît même illusoire.

En effet, l'espace géopolitique n'est pas clos, c'est un système ouvert — et le Liban-Sud en est un exemple patent — dont la dynamique s'inscrit à la fois dans des événements extérieurs qui s'y répercutent et dans des événements qu'il secrète et qui dépassent son cadre limité. En conséquence, enfermer dans un cadre trop strict l'analyse du Sud-Liban serait une erreur méthodologique.

Toutefois, il serait vain de vouloir entreprendre une étude documentée sans recourir à un appui statistique minimum et donc à une entité géographique finie dans laquelle elle puisse s'inscrire. C'est pourquoi nous utiliserons finalement un espace administratif, le mohafazat du Liban-Sud, comme aire de référence. Cette démarche nous permettra un accès facilité aux données chiffrées recueillies dans un cadre circonscrit lors d'enquêtes ou de sondages.

Certes le critère administratif peut sembler arbitraire. Mais en dernier recours et pour certains aspects géographiques et historiques il apporte une réelle cohérence. C'est ainsi par exemple que « les délimitations de cazas (...) se confondent à peu près avec les régions naturelles[9] ». Sachant l'importance des cloisonnements géographiques au Liban et leur correspondance dans la vie politique, l'adoption du critère administratif retrouve ici une certaine légitimité. D'autre part, l'histoire de la construction du Liban contemporain montre que le Liban-Sud est un espace relativement bien individualisé (*cf. planche 7*).

En somme, pour résumer notre position, l'analyse géopolitique du Liban-Sud, tout en s'appuyant de façon privilégiée sur une base spatiale statistique restreinte mais rigoureuse, ne saurait se confiner aux limites linéaires du département et devra donc intégrer certaines marges au-delà de ce territoire.

Ce choix pose cependant un problème. Dans l'optique d'un Liban-Sud envisagé de façon étendue, est-il encore légitime de dissocier l'étude géopolitique de cet espace d'une étude de l'ensemble du Liban ? Peut-on centrer l'analyse dans ce domaine de recherche sur une partie d'un espace national déjà exigu dont la superficie n'excède que de peu celle du département de la Gironde, soit 10 452 km² (*cf. planche 1*) ? En fin de compte, est-il fondé de s'attacher à l'étude d'une géopolitique du Liban-Sud ?

Avant de fournir notre propre réponse et de présenter notre démarche, signalons que la réalité politique du Sud-Liban et de ses problèmes spécifiques a été reconnue par les Etats arabes réunis à Fez en novembre 1981. Au terme d'un sommet écourté, marqué par les dissensions du monde arabe sur les propositions du plan Fahd et le conflit israélo-arabe, le roi Hassan II déclara : « Tous les Etats arabes sans exception ni réserves ont décidé de soutenir le Liban et en particulier le Sud-Liban[10]. » Au-delà des divisions, au-delà des conflits entre « modérés » et membres du « Front du refus », l'unanimité fut

---

9. Frenn (G.) : *La population du Liban. Etude géographique.* Thèse, Paris I, 1977, 342 p., p. 55.

10. Déclaration faite le 25 novembre 1981, cf. *Le Monde,* 27 novembre 1981.

réalisée pour permettre la création d'un « Comité arabe sur le Sud-Liban[11] ». Ainsi, avant même l'invasion israélienne du 6 juin 1982 étaient reconnus le caractère particulier et l'existence politique d'une entité territoriale incluse dans l'espace national libanais. Une telle reconnaissance internationale constitue en quelque sorte un fondement et une justification de notre démarche qui se propose de montrer que l'individualité du Sud s'exprime par des caractères géopolitiques à la fois dans le cadre national libanais et dans un cadre proche-oriental plus vaste.

L'armature de notre réflexion se construit à partir de deux affirmations fondamentales qui sont l'expression de deux particularités principales du Liban-Sud : celui-ci est un espace périphérique d'une part, un espace frontalier d'autre part.

Le caractère périphérique que nous analyserons sous ses différentes composantes (cf. première partie) conduit à faire du Liban-Sud un espace marginalisé, excentré, sur lequel l'autorité étatique nationale ne peut plus s'exercer. La conséquence géopolitique de cette situation est la constitution de cet espace comme enjeu territorial et politique au moment même où le Liban éclate en différentes régions politico-militaires contrôlées par les acteurs d'un conflit sanglant et durable (cf. deuxième partie).

Les effets de la situation périphérique du Liban-Sud sont d'autre part accentués par son caractère frontalier. Les acteurs qui y interviennent ne sont pas seulement libanais, ils proviennent des aires de tensions israélo-arabes limitrophes et contribuent de ce fait à y complexifier les conflits. « Ventre mou » de la sphère politico-militaire proche-orientale, le Liban-Sud apparaît dès lors comme un espace international clé dont le contrôle suscite de multiples convoitises. Parmi celles-ci viennent au premier rang les ambitions de l'Etat d'Israël. La troisième partie que nous consacrerons aux relations entre le Liban-Sud et Israël n'aura pas pour objectif de livrer de manière exhaustive l'historique de ces relations mais de dégager ce qui nous semble être une ambiguïté profonde, source de malentendus meurtriers et de jugements partiaux.

Enfin, à la lumière de l'ensemble des différents éléments de notre analyse, nous tenterons d'esquisser quelques grandes orientations géopolitiques fondamentales qui caractérisent un espace périphérique complexe et fascinant, le Liban-Sud.

Notre réflexion s'articule autour de l'étude géopolitique et ce que nous appellerons la vision de l'espace. Précisons ces notions.

Le conflit libanais est d'une extrême complexité, chacun le reconnaîtra, et son étude même partielle recèle de nombreux pièges méthodologiques susceptibles de décourager toute tentative d'explication. Le danger principal réside essentiellement dans la multiplicité des causes, des effets et des acteurs qui crée d'innombrables interactions et recoupements et met en péril la clarté du propos. Pour parer à cette difficulté, sans tomber dans l'analyse à tiroir qui n'apporte rien à la réflexion, il nous a semblé intéressant de chercher à présenter certaines situations complexes à travers le « regard » des acteurs y étant directement impliqués. Ainsi le problème palestino-israélien qui

---

11. Cf. Institut Français de Polémologie (I.F.P.) : « Les crises du Liban, 1958-1982 », *Notes et Etudes Documentaires* n° 4694-4695, Paris, la Documentation Française, 1983, 107 p., p. 80.

prend corps au Liban-Sud dès 1965 est examiné en deuxième partie du côté palestinien et en troisième partie en privilégiant la « vision » israélienne. Chacune de ces visions étant incorporée dans une dynamique géopolitique propre, elles conservent toutes deux leur cohérence et permettent, en focalisant l'étude sur les réactions d'un des deux acteurs, d'éviter les redites et d'ordonner les problématiques.

En se plaçant d'autre part « du côté » des protagonistes, l'on peut, à travers une cartographie « réorientée » par rapport à nos visions traditionnelles de la région proche-orientale, proposer et éclairer certaines analyses. C'est ce que nous avons tenté de faire dans le chapitre consacré à la Syrie dans ses relations avec le Liban-Sud (*cf. planche 18*).

Notre propos se veut géopolitique. Nous voudrions préciser ici ce que recouvre à nos yeux ce terme trop souvent galvaudé.

La géopolitique est, pour beaucoup, ce qui reste lorsque le discours utilisé ne peut être qualifié ni d'historique, ni de géographique, ni de stratégique, ni d'économique. En fait, elle est, selon nous, tout cela à la fois avec un élément essentiel qui permet de la différencier de ce que l'on appelle les « relations internationales ». La géopolitique comporte fondamentalement un caractère synthétique, c'est-à-dire qu'elle propose l'analyse ordonnée de situations et de faits complexes à travers la mise en évidence des interrelations multiples qui assurent la dynamique d'un phénomène. Mais elle est aussi et surtout — et c'est en cela qu'elle peut se démarquer des relations internationales — une étude de l'espace. Non seulement l'espace cadre, inerte, mais également l'espace dynamique, résultant de l'action des hommes qui s'exerce en son sein.

Explication, mise en lumière de phénomènes politiques à l'aide de l'espace et de ses composantes, telle nous apparaît la géopolitique.

On l'aura compris, l'espace jouera le rôle principal dans la démarche que nous présentons ici. Tour à tour ou à la fois support, participant et surtout représentation, il formera la base de notre réflexion. En tant que vision, image projetée, il contribuera à l'explication des projets politico-militaires — ou des absences de projets — qui en font l'assise de leurs desseins de conquête, voire de reconquête politique. Cadre, l'espace sera aussi enjeu.

PREMIERE PARTIE

UN MOHAFAZAT À LA PÉRIPHÉRIE DE L'ESPACE ÉTATIQUE LIBANAIS

« Périphérique » : tel sera, dans notre présentation du Liban-Sud, le premier caractère que nous attribuerons à cet espace.

La primauté de la dialectique centre-périphérie par rapport à la dimension frontalière peut paraître arbitraire, mais elle est en fait l'aboutissement d'une réflexion sur la problématique géopolitique du Liban-Sud. Selon nous, la situation de cet espace « en bordure » du centre, voire opposé à lui, conditionne et explique originellement sa dynamique géopolitique. La frontière n'est là que pour aggraver, complexifier des situations conflictuelles issues de rapports de forces préexistants, notamment par l'intervention d'acteurs d'espaces riverains.

D'autre part, nous ne pensons pas possible d'inscrire la périphérie dans une opposition, une confrontation d'ordre uniquement spatial, présentant un centre géographique doté d'un « pourtour ». C'est une notion qui va au-delà de cette seule dichotomie. Certes, la polarisation du Liban par sa capitale sur le plan démographique, son poids dans la population totale et son emprise urbaine contraste avec des régions reculées comme la Beqaa méridionale où les densités avoisinent les 10 habitants au km². Mais la simple réalité tangible qui modèle l'espace n'est pas suffisante pour la réflexion géopolitique. C'est pourquoi nous associerons au terme « périphérie » des dimensions autres que spatiales mais dont l'espace conserve immanquablement la marque, à savoir les dimensions historique, politique, économique et culturelle.

CHAPITRE PREMIER

RELIEF ET SÉMANTIQUE

1 - Le Liban-Sud : une périphérie nominale

Nous nous proposons, en prélude à l'analyse du Liban-Sud périphérique, de montrer comment à travers l'usage des mots ou leur omission, il est possible de présenter une réalité géographique — qui peut paraître pourtant indiscutable, surtout lorsqu'il s'agit de topographie — de façon biaisée. La perception des éléments du relief comporte souvent une valeur subjective, liée à la « supériorité » de ces derniers en termes géographiques. Dans le cas précis qui nous intéresse, cette attitude conduit à une sorte de marginalisation descriptive.

Le Liban-Sud est une partie d'un Etat dont le territoire se caractérise par l'omniprésence de la montagne. Il est donc nécessaire d'en indiquer le relief d'ensemble et d'y situer le mohafazat que nous étudions.

« Le Liban est un pays très montagneux que dominent deux chaînes principales, parallèles à la côte et séparées par une plaine, la Beqaa. » Cette description proposée par M. Aouad [1] est très sommaire mais elle met en avant un aspect régulièrement repris dans d'autres écrits sur le sujet : la disposition parallèle à la côte des grandes formes du relief. Un autre auteur, J. Nantet, affirme au début de son *Histoire du Liban*[2] : « Ce pays est d'une structure simple (...) Quatre régions apparaissent au premier coup d'œil, qui divisent le Liban en bandes parallèles à la côte. » J. Peuch précise le contenu de ces grandes unités dans l'article « Liban » de l'*Encyclopedia Universalis* [3] : il distingue quatre zones successives orientées parallèlement au rivage :

---

1. Aouad (M.) : *Etude socio-économique des problèmes du monde rural et la politique agricole au Liban,* thèse IIIe cycle, Paris, E.P.H.E., 1973, 290 p., p. 24.
2. Nantet (J.) : *Histoire du Liban,* Paris, éd. de Minuit, 1963, 368 p., p. 2.
3. Volume 9, 1971, p. 967.

— une plaine alluviale côtière ;
— un massif tertiaire ;
— un plateau céréalier (Beqaa) prolongé par celui du Akkar au nord ; l'Anti Liban, sec et aride.

Cette présentation simplifiée et géométrique semble être la plus évidente : « Le géographe peut sans crainte poser les éléments d'une description fort objective du territoire intéressé : la côte, le Mont-Liban, la plaine intérieure de la Beqaa, la chaîne de l'Anti-Liban aux portes de la Syrie.[4] »

La description est, si on y regarde bien, moins neutre qu'il n'y paraît. Certes la simplification a pour but d'être globalisante et les imprécisions en sont le prix. Mais les différentes unités proposées dans les exemples que nous venons de citer, si elles sont schématiques, donc imprécises, apparaissent surtout incomplètes. En effet, une partie du territoire libanais ne peut pas, géographiquement, relever des quatre ensembles topographiques : il s'agit des espaces situés au sud du massif montagneux central (le Mont-Liban) et de la Beqaa, en définitive la quasi-totalité du mohafazat du Liban-Sud (*cf. planche* 5).

Le parallélisme des bandes du relief est, il est vrai, marqué au centre du pays et l'utilisation d'un terme géométrique pour en présenter la disposition topographique est justifiée. En revanche au sud, et plus particulièrement en deçà du fleuve Litani, ce schéma ne peut être retenu. Du point de vue géomorphologique et topographique l'extrême sud du Liban n'appartient en réalité ni au massif central du Mont-Liban ni aux plateaux de la Beqaa. En conséquence, la mention de ce territoire est tout simplement absente des représentations générales du relief. Ainsi s'effectue, dans une vision rapide, l'omission d'une portion du territoire national à travers la description géographique. Qu'il soit volontaire ou non, cet oubli est révélateur de la polarisation du regard vers la montagne libanaise : « Au Liban la montagne est reine » écrivait E. de Vaumas [5].

A quoi correspond en effet cette lacune descriptive dans la structure du Liban ? Il s'agit d'un espace situé au pied du Mont-Liban, constitué par des plateaux peu élevés et dont l'extension déborde, contrairement à la montagne que nous venons de citer, les frontières du Liban. Examinons les dénominations et les définitions qu'en donnent les géographes.

Tout en conservant la présentation « traditionnelle » du pays « dans ses frontières politiques qui englobe la montagne du Liban proprement dit, la Beqaa, la majeure partie de l'Anti-Liban et de l'Hermon », E. de Vaumas ajoute, et par là même réhabilite, l'élément manquant, « ainsi qu'une fraction notable de la Galilée[6]. » P. Birot et J. Dresch relèvent également, dans un rapide exposé sur le Liban [7], le caractère particulier de l'extrême sud du pays. Ils distinguent ainsi le « Liban septentrional, dominé par les hautes surfaces calcaires », qu'ils opposent à la fois au « Liban méridional aux crêtes plus étroites » et au « Liban galiléen » moins élevé [8]. La référence biblique pour

4. Chamussy (R.) : *Chronique d'une guerre. Le Liban, 1975-1977,* Paris, Desclée, 1978, 284 p., p. 11.

5. De Vaumas (E.) : « Les conditions naturelles de l'occupation humaine au Liban », *Annales de Géographie,* tome LVII, 1948, p. 41.

6. De Vaumas (E.) : *Le Liban,* Paris, Firmint-Didot, 1974, 368 p., tome I, p. 7.

7. Birot (P.) et Dresch (J.) : *La Méditerranée et le Moyen-Orient,* Paris, P.U.F., 1956, tome II, 526 p., cf. chap. III.

8. Birot (P.) et Dresch (J.) : *op. cit., p. 446.*

désigner une portion d'un territoire étatique arabe est utilisée de deux façons : on adopte, pour la même étendue, soit l'expression « partie septentrionale des collines de Galilée », soit celle de « haute Galilée libanaise[9] ». Faisons sur ce point linguistique deux remarques :

— Sur le plan géomorphologique, la zone d'altitude moyenne 400-800 m comprise entre la bande côtière et la plaine israélienne du Houlé est une région du Liban qui ne présente « qu'une partie du massif galiléen qui s'étend au sud jusqu'à la plaine d'Esdrelon[10] », au seuil de la Samarie. Incontestablement, et une carte du relief le montre (*cf. planche 4*), la partie méridionale du Liban-Sud fait donc partie d'un ensemble structural et topographique dont l'étendue franchit les frontières étatiques. Elle est en fait la continuité vers le nord de la Galilée israélienne et n'appartient pas aux ensembles structuraux définis dans les premières pages de ce chapitre.

— Deuxième constatation : l'utilisation de l'une des deux désignations n'est pas neutre. « Haute Galilée libanaise » revêt une connotation nettement nationale, alors que « partie septentrionale des collines de Galilée » laisse planer une ombre sur l'appartenance historique de la région à l'Etat libanais. Elle soulève par son ambiguïté un problème de souveraineté et de revendication territoriale. Une telle incertitude n'est, par exemple, pas dissipée à la lecture de cet extrait tiré de l'*Histoire de l'Etat d'Israël*[11] : « La haute Galilée libanaise (...) dont la limite est le talweg du fleuve Litani, séparant la Galilée du Mont-Liban. » La question est cependant définitivement tranchée par E. de Vaumas qui précise que « la haute Galilée libanaise s'étend du nahr [fleuve] Litani à la frontière palestinienne. » [12].

Bien sûr, la querelle sémantique ne remet pas en cause à elle seule la légitimité des souverainetés respectives du Liban et d'Israël ni celle des frontières internationales entre ces deux pays, mais elle met en évidence l'importance d'une dénomination apparemment objective d'une réalité géographique dans la perception d'un espace. Ainsi l'opération « Paix pour la Galilée », (en juin 1982) revêtait, dans la bouche d'un Premier ministre partisan du Grand Israël comme M. Begin, un caractère suspect. D'ailleurs, la haute Galilée libanaise fut effectivement intégrée dans le champ de pacification.

La vision « galiléenne », regard vers le nord, n'est pas la seule référence utilisée pour présenter les zones frontalières méridionales. Le Liban-Sud, plus vaste que le massif galiléen qui a pour frontière géomorphologique la vallée du Litani, s'étend de part et d'autre du fleuve, au nord de son cours est-ouest, à l'est de son tracé nord-sud. La vision d'un observateur du nord est donc différente. De la montagne, le Liban-Sud n'est plus la continuation de territoires bibliques mais un appendice des massifs calcaires qui forment l'armature structurale du Liban. Cette image apparaît clairement lorsque l'on cartographie les grands traits du relief à l'aide des isohypses 500 et 1 000 m et plus (*cf. planche 4*). La courbe de niveau 500 m indique assez bien « la position du massif central du côté méditerranéen[13] ». Surtout, elle fait

9. Les deux notions sont reprises côte à côte dans l'article « Liban » de la *Grande Encyclopédie Larousse* de 1974.

10. De Vaumas (E.) *Le Liban,* op. cit., p. 80.

11. Blumenkranz (B.) et Klatzman (J.) : *Histoire de l'Etat d'Israël,* Toulouse et Privat, 1982, 519 p., p. 87.

12. De Vaumas (E.) : *Le Liban,* op. cit., p. 80.

13. Furon (R.) : *Le Proche-Orient,* Paris, Payot, 1957, 263 p., sur le Liban pp. 40-29, p. 40.

apparaître une zone dont les altitudes sont comprises entre 500 et 1 000 m et qui constitue une « presqu'île montagneuse » à la terminaison de massifs plus élevés du nord. Comme le décrit M. Jabbour dans une présentation rapide du Liban-Sud[14] : « La chaîne du Mont-Liban s'achève en pointe au Jabal Rihane et constitue la montagne de Jezzine. » J. Gauthier parle lui des « collines du sud en prolongement du Mont-Liban[15] ». Quant à M. Chiha, écrivain libanais, il décrit ce Sud comme un trait d'union mais aussi comme un « prolongement de notre montagne qui conduit aux pentes douces de Galilée[16] ».

En définitive, pour notre observateur nordiste, le Liban-Sud apparaît rattaché à sa montagne protectrice. C'est une terminaison, une sorte de « finisterre » montagneux.

Qu'il soit rattaché à la Galilée ou lié à la montagne qui lui fait face, le Liban-Sud n'est jamais conçu comme une individualité spatiale. Les descriptions libanaises ne le mentionnent guère, les Israéliens le revendiquent comme une continuation d'un ensemble géomorphologique dont la majeure partie se trouve sur leur territoire. Ce sont les auteurs chiites qui lui attribuent une personnalité géographique en le définissant comme Jabal Amel, *jabal* signifiant en arabe « montagne ». Mais sur le plan de la toponymie la désignation, nous le verrons plus loin, est inexacte. Le Jabal n'a qu'une étendue réduite alors que ces auteurs lui accordent une extension en désaccord avec la topographie du Liban-Sud (voir l'introduction). Néanmoins, la tentative est intéressante : elle révèle le souci de dégager la perception de l'espace au sud de la montagne de sa gangue sémantique marginalisante.

2 - Présentation géopolitique du relief du Liban-Sud

Voyons quelle est plus précisément la physionomie de la région qui nous intéresse, non plus sous l'angle de ses liens avec les espaces contigus, mais en tant que telle.

Les limites du mohafazat du Liban-Sud sont, à l'ouest la Méditerranée, au nord le fleuve Awali dans son cours inférieur, à l'est le Mont Hermon et la frontière libano-syrienne, au sud la frontière libano-israélienne. Le tracé administratif contourne le Jabal Rihane en descendant vers le sud puis se relève au nord à hauteur de Hasbaya pour rejoindre la ligne frontière syrienne (*cf. planche 3*). Il évite donc l'avancée du Mont-Liban et le sud de la Beqaa (*cf. planche 5*).

Ce qui caractérise le relief du Liban-Sud — par rapport à l'espace montagneux national — c'est sans doute la présence sur plus de la moitié de sa superficie de plateaux inclinés sud-est/nord-ouest, d'une altitude variant entre 200 et 800 mètres. Vers la Méditerranée, les « basses terres » forment des « plateaux réguliers » et font progressivement place à des « collines confuses » vers l'intérieur des terres [17]. La partie la plus haute de ces plateaux forme, dans la région de Tebnine et Bint Jbeil, le Jabal Amel proprement dit que nous avons évoqué plus haut (*cf. planche 3*).

---

14. Jabbour (M.) : *Le Liban-Sud, humain et économique,* Centre des Hautes Etudes d'Administration Musulmane (C.H.E.A.M.), XXIVe stage, février 1964, 13 p., p. 2.

15. Gauthier (J.) : *Aspect général de l'agriculture libanaise,* Beyrouth, ministère de l'Agriculture libanais, 1960-1961, 2e vol., p. 11.

16. Chiha (M.), in *L'Orient,* 1er juin 1944.

17. De Vaumas (E.) : *Le Liban,* op. cit., p. 311.

Le Jabal est formé de « plateaux entre 530 et 943 mètres » précise N. Bazzi [18]. C'est une « région caractérisée par ses fortes pentes séparées par de profondes vallées, ce qui a pour effet de les rendre difficilement accessibles » ajoute-t-il. C'est un fait que le Jabal Amel ainsi défini a été au cours de l'histoire un foyer de particularisme, un ultime refuge pour la communauté chiite (cf. chapitre 2). Sur un plan plus géographique, il est constitué d'« étendues de terres blanches et rouges, toujours érodées, dépourvues d'eau, caractéristiques du Sud[19] ». Ce petit massif, peu favorable à l'agriculture, correspond à la haute Galilée libanaise méridionale et centrale.

La montagne est représentée au Liban-Sud, mais elle est largement excentrée puisque c'est sur la ligne de crête que s'appuie le tracé frontalier à l'est (*cf. planche 22*). C'est la prolongation vers le sud du massif de l'Anti-Liban, chaîne montagneuse interrompue à hauteur de Masnaa, permettant le passage de la route vers Damas. Les conditions bio-climatiques du versant libanais, versant ouest, sont telles — aridité, forte érosion des sols — que contrairement au Mont-Liban, cette montagne est très peu peuplée, parfois désertique. C'est une zone privilégiée d'implantation pour la guérilla palestinienne ; les Libanais l'appellent l'Arkoub.

La jonction entre les reliefs de l'Anti-Liban et le Jabal Amel s'effectue dans la région de Marjayoun-Hasbaya (*cf. planche 22*). La zone est particulièrement importante du point de vue géopolitique et stratégique. Nous sommes ici dans l'« isthme » de la « presqu'île » montagneuse, surplombant le coude encaissé du fleuve Litani. Des deux côtés du fleuve, des hauteurs permettent d'obtenir un champ d'observation très étendu, jusqu'au doigt galiléen. D'autre part, la localité de Marjayoun contrôle les accès vers Israël et vers Damas ; c'est une position carrefour qui peut constituer un véritable « verrou ». La possession de Marjayoun et des villages chrétiens qui l'entourent a été l'enjeu de combats très violents entre milices chrétiennes et pro-palestiniennes dans les années 1976 et 1977. Aujourd'hui, cette région qui descend vers le sud en glacis, constitue le secteur central de la ceinture frontalière tenue par les troupes de l'A.L.S. [20] et représente un élément fondamental de la politique de sécurité de l'Etat d'Israël (cf. troisième partie).

Enfin, dernier élément de cette rapide présentation, la plaine côtière, large de 1 à 1,5 km qui se rétrécit à l'extrémité sud du Liban et marque, à l'endroit où elle est la plus réduite, la frontière avec le voisin israélien (*cf. planche 4*). C'est elle qui assure depuis la nuit des temps les communications les plus rapides avec le nord et le centre du pays. La route qui la longe unifie les cellules montagneuses, les plateaux découpés et isolés, les compartiments géographiques aux collines dénudées. C'est la colonne vertébrale du Liban.

Ni plaine ni véritablement montagne, le Liban-Sud aux altitudes modérées, médianes, est en quelque sorte un intermédiaire. C'est un espace accidenté qui conduit le voyageur venant de Damas vers Jérusalem, qui le mène de Safed à Beyrouth. Jezzine, l'avancée du Mont-Liban dans le Mohafazat du Liban-Sud, est une « marche de l'escalier[21] » en direction

---

18. Bazzi (N.) : *Les transformations du rayonnement urbain d'une petite ville libanaise depuis 75 ans : Bint Jbeil,* Paris IV, thèse de 3e cycle, 1982, 339 p., p. 11.

19. Jabbour (M.) : *Le Liban-Sud...,* op. cit., p. 4.

20. Armée du Liban-Sud, armée et financée par Israël.

21. Benassar : *Anatomie d'une guerre et d'une occupation ; les événements du Liban de 1975 à 1978,* Paris, Galilée, 1973, 213 p., p. 173.

d'Israël. Le Liban-Sud n'est plus une montagne, mais au pied de cette dernière il est l'aire de rencontre, celle du nord et du sud, un carrefour adossé à la chaîne du Mont-Liban.

3 - Une double périphérie

Le Liban-Sud, nous venons de le voir, se situe sur la périphérie d'un massif montagneux. Dans une approche faisant abstraction de toute référence à des zones macro-géographiques, cette assertion n'autorise pas dans l'analyse géopolitique à tirer des conclusions quant aux rapports de force instaurés par la position marginale du département. Mais la montagne n'a pas la même physionomie ni les mêmes fonctions sur toute la surface de la terre. Au Proche-Orient, elle possède des caractères propres et leur connaissance permet d'aller plus loin dans la problématique de la situation périphérique du Liban-Sud.

Au milieu d'étendues désertiques, en marge des déserts aux horizons infinis, la montagne a souvent revêtu dans l'imaginaire proche-oriental une certaine supériorité géographique. Elle est à la fois château d'eau et refuge, elle offre survie et protection face à l'ennemi qui tient le désert mais renacle à s'engager dans les défilés et les gorges. Plus la montagne est haute et accidentée, plus elle rassure. En revanche les sommets moins élevés, l'absence même de sommet, les régions aux altitudes moins marquées, sont perçus — à juste titre parfois — comme des aires plus ingrates. « Les zones de moins de 1 000 mètres d'altitude sont extrêmement défavorisées » écrit M. Aouad à propos du Liban méridional, elles offrent « un relief très accidenté, des pentes très fortes, la roche calcaire ne donne que des sols discontinus et l'eau manque à peu près totalement [22] ». L'opposition entre la haute montagne (1 000-2 000 mètres) et les zones de peuplement plus basses s'étend même au domaine fiscal. Parlant du Levant, D. Chevallier écrit : « Au début du XIXe siècle un contraste s'impose entre une montagne peuplée et relativement sûre et des plaines ouvertes aux villages ruinés par les exactions des bédouins et par les tracasseries fiscales.[23] » Milieu fermé, la montagne permet le développement en sécurité des peuples qui vivent en son sein. Elle permet donc aussi, à chaque affaiblissement de l'adversaire, de porter un coup fatal puis de réintégrer la forteresse naturelle. Cette position géopolitique privilégiée est à l'origine de la suprématie de la montagne, de sa domination sur ses « à-côtés[24] ». Telle est la destinée des massifs montagneux libanais dans l'histoire du Proche-Orient.

L'importance en superficie, en « volume », des massifs du pays des cèdres leur confèrent une position dominante au Liban. Mais ils nous intéressent moins ici en tant que phénomène géographique qu'en tant que fait culturel, révélateur de rapports géopolitiques sans équivoque entre le Liban-Sud et la montagne. Qu'on en juge :

« LIBAN : (Mont.) en arabe Djabal Lubnan, massif de la République du Liban, situé entre la Beqaa et la mer (...)

22. Aouad (M.) : *op. cit.*, p. 27.
23. Chevallier (D.) : *La société du Mont-Liban à l'époque de la révolution industrielle en Europe,* Paris, Geuthner, 1971, 316 p., p. 29.
24. De Vaumas (E.) : *Le Liban,* op. cit., p. 72.

LIBAN : en arabe *al Jumhuriyya al Lubnaniyya,* Etat de l'Asie occidentale ; 10 400 km^2. »

Telles sont, en page 6266 d'un grand dictionnaire encyclopédique, les deux définitions d'un même nom propre maintenant familier[25] : le Liban est à la fois massif montagneux et Etat souverain. Ainsi la montagne prime tout jusqu'à donner son nom à l'Etat qui l'englobe dans son territoire national.

L'origine de cette assimilation remonte au XIXe siècle. Le terme Mont-Liban, qui est un toponyme, commença à indiquer, dès 1861, le *mutassarifiya* (province) établi selon le statut du « règlement organique », nous indique l'historien M. Jaber [26]. « Dès lors, on a commencé à utiliser le terme "Liban" pour désigner administrativement le massif s'étendant de Koura et Bcharré au nord jusqu'à Jezzine au sud » (*cf. planche* 5). Autant dire que le Liban-Sud tel que nous l'avons défini est exclu de ce Liban-là. Il est rejeté de cette Montagne — avec une majuscule — qui désigne pour ses habitants le massif du Mont-Liban et plus précisément encore la partie centrale et septentrionale du mohafazat du même nom. Le Liban-Sud est marginalisé dans la désignation même de l'Etat dont il fait partie.

Sa position périphérique sur le plan géographique prend ainsi une dimension politique et culturelle. Les pouvoirs au Liban sont aux mains des montagnards. La genèse de l'Etat, de la Nation prend sa source dans les massifs centraux : « L'idée libanaise germa d'abord dans la montagne » indique C. Rizk [27]. De même l'exercice du pouvoir, la direction des affaires du pays émanent d'elle : la montagne « centre l'Etat et c'est autour de son ombre que gravitent les autres régions [28]. » On ne peut être plus explicite. L'espace non montagneux, celui qui est à côté du Mont-Liban lui est subordonné. « C'est la montagne qui impose à l'ensemble du pays sa physionomie politique[29]. »

Le Liban-Sud n'est donc pas seulement à l'écart du centre géographique, il est à l'écart également du centre politique. C'est finalement une position géopolitique doublement périphérique qu'il occupe, au pied des sommets, en retrait du pouvoir.

Les causes et les conséquences d'une telle situation, c'est ce que nous allons tenter d'examiner maintenant.

---

25. Deux définitions tirées du *Grand Dictionnaire Encyclopédique Larousse,* 1974.

26. Jaber (M.), *op. cit.,* p. VI.

27. Rizk (C.) : *Le régime politique libanais,* Paris, Librairie Générale de Droit et de Jurisprudence, 1966, p. 29, cité dans *P.P.S.* nº 291, « Guerre civile au Liban », la Documentation Française, août 1976, p. 15.

28. De Vaumas (E.) : *Les conditions naturelles...,* op. cit., p. 41.

29. Abou (S.) : *Le bilinguisme...,* op. cit., p. 32.

CHAPITRE 2

LE LIBAN-SUD DANS L'HISTOIRE DU LIBAN

Nous avons, dans un premier temps, axé notre propos sur les caractères physiques du Liban et montré comment la domination politique s'articule à la Montagne. Pour présenter les processus qui ont conduit à cette suprématie, il est nécessaire de recourir à l'histoire et à ses acteurs. C'est à travers cette dimension nouvelle qu'apparaîtront dans l'analyse géopolitique les différentes communautés qui ont façonné le Liban. Nous verrons ainsi comment nous serons amené à privilégier tout au long de l'analyse les populations de confession chiite d'une part, le binôme communautaire chiite-chrétien d'autre part.

L'histoire est présente dans ce qui va suivre mais elle n'est qu'un allié méthodologique dans notre démarche qui reste géopolitique. Nous ne changerons donc ni de perspective ni de plan de référence. La montagne et ses « à-côtés » seront ici plus que jamais présents. Comme le souligne Ph. Rondot, « l'histoire du Liban est contenue tout entière dans celle de cette montagne libanaise[1]. » En effet, la pérennité des pouvoirs instaurés sur l'ensemble du Liban dépendra de l'aptitude de ses maîtres à tenir et défendre la montagne.

Le Liban-Sud, à l'écart, ne fera que subir les pressions de ses voisins du nord et du sud. Pris entre deux feux, il oscillera entre l'autonomie et l'intégration jusqu'à son rattachement final à la montagne en 1920 dans le cadre du Grand-Liban.

1 - L'oscillation géopolitique du territoire de l'actuel Liban-Sud

« Le Liban est un agglomérat de petits groupements géographiques autonomes (...). Ces divers groupes sociaux juxtaposés dans l'espace présentent (...) un ensemble composite et bigarré de caractère disparate[2]. »

---

1. In I.F.P. : *Les crises du Liban,* op. cit., p. 4.

2. Boulos (J.) : *Les peuples et les civilisations du Proche-Orient,* tome V, le Proche-Orient ottoman et post-ottoman, Beyrouth, Boulos, p. 86.

Tel est le tableau brossé par un historien libanais de l'occupation humaine du pays du cèdre. La multiplicité des groupements ethniques ou religieux est la résultante — nous l'avons vu — d'une propriété de la zone montagneuse en bordure du désert et face à la mer : c'est une aire refuge, protectrice. En son sein se développe le rapport « chaîne montagneuse-semi-autonomie[3] ». La particularité de la topographie du Liban favorise la concrétisation de ce binôme par son cloisonnement et la juxtaposition de « cellules montagneuses[4] ». Celles-ci, séparées les unes des autres par de profondes vallées, par des gorges, permettent aux différentes communautés d'y obtenir une protection particulièrement efficace.

La montagne offre donc abris et ressources à ses habitants, mais face à quelle menace ? Quelle situation engendre cet afflux de populations en quête de sécurité ? Quels dangers affrontent-elles ? La menace, comme l'ensemble des rapports de force dans cette partie du monde, est d'ordre politico-religieux.

L'extension de l'Islam au VIIe siècle de notre ère a provoqué dans un premier temps la mise en minorité des communautés chrétiennes et juives par conquêtes et conversions. Dans un deuxième temps, les crises de légitimité des pouvoirs terrestres au sein de la communauté musulmane et les querelles de succession sont à l'origine de schismes politico-religieux. Ce fractionnement du monde islamique donnait naissance à des forces opposées à ce que l'on appelle l'« orthodoxie » incarnée par la direction politique temporelle des califes de Bagdad et de Damas, ou orthodoxie sunnite.

Ainsi est né le chiisme, plus tard scindé lui-même en plusieurs courants. Sa position par rapport à l'islam orthodoxe menaçait sa propre survie. Si ce dernier admet et protège l'existence des « gens du Livre[5] » soumis à un statut civique inférieur mais tolérés, en revanche il est d'une intransigeance sans faille pour les tenants du chiisme considérés comme dangereux pour le pouvoir établi[6].

En effet, bien qu'il n'y ait pas de différences théologiques majeures entre les deux branches de l'islam, l'opposition est apparue de plus en plus claire sur la question de la direction de la communauté des musulmans. A ce niveau s'opposent les notions d'imamat, incarnation charismatique de la conduite spirituelle des croyants, et le califat, représentation politique de la légitimité historique des dynasties. Pour les chiites, l'accaparement de l'autorité politico-religieuse par les Osmeyyades puis les Abbassides sur l'ensemble de la communauté est une usurpation qu'il faut combattre. Dans cette optique, la puissance sunnite ne pouvait que s'efforcer de pourchasser en priorité les partisans de Ali[7] opposés à leur autorité temporelle et politique. Ainsi s'explique le fait que « tout au long de son histoire, le chiisme fut marginalisé et plus persécuté que les gens du Livre eux-mêmes[8] ». Et c'est au

3. Dubar (C.) et Nasr (S.) : *Les classes sociales au Liban,* Paris, Presses de la Fondation Nationale des Sciences Politiques, 365 p., p. 22.

4. De Vaumas (E.) : *Les conditions naturelles...,* op. cit., p. 49.

5. Juifs et chrétiens.

6. Sur l'infériorité statutaire des chiites par rapport aux gens du Livre, cf. Chabry (L. et A.), *Politique et minorités au Proche-Orient,* Paris, Maisonneuve et Larose, 1984, 359 p., pp. 136-137.

7. Les chiites du Liban sont des duodécimains, branche majoritaire du chiisme (environ 90 % de la communauté). Ils croient au retour du 12e imam disparu en 880. Ils sont appelés localement métoualis.

8. Chabry (L. et A.), *op. cit.,* p. 136.

Liban qu'une partie de la « secte » chiite chercha refuge : le noyau de la communauté libanaise est formé à partir de tribus arabes d'origine yéménite, en particulier celle des Bani Amila qui a donné son nom au Jabal Amel [9].

Les populations chiites exclues de la montagne-refuge

La fuite vers la montagne libanaise débuta dès les premières dynasties, omeyyades puis abbassides. Mais c'est seulement sous la dynastie chiite fatimide d'Egypte que le mouvement prit toute son extension. D. Chevallier écrit à propos de cette période : « En dehors des enclaves chrétiennes (dans les vallées septentrionales) l'occupation du Liban au bas Moyen Âge se caractérise par la prépondérance du peuplement chiite[10]. » Au XIe siècle, l'expansion territoriale des métoualis avait atteint le Chouf et le Wadi-at-Taïm (*cf. planche 3*). A cette époque la suprématie chiite était incontestée sur l'ensemble de l'actuel territoire libanais. Trois émirats s'y constituèrent : celui des Bâni Hirdas (1021-1028) dans la Beqaa ; celui des Bâni Umar (1070-1108) de Jabla (actuelle Syrie) à Jbeil ; enfin celui des Aïn ad Dawla Bin Abi Aqil (1058-1124) englobant le Liban-Sud. Ainsi « l'Islam libanais des origines fut un Islam chiite[11] » et au Xe siècle Jezzine, actuel bourg chrétien, était un grand centre intellectuel de cette communauté [12].

La domination des chiites sur la montagne fut éphémère mais elle contraignit les chrétiens à se replier plus encore dans leurs vallées escarpées au nord du Mont-Liban. Comme l'expliquent A. et L. Chabry, « pour des motifs doctrinaux le chiisme a tendu à manifester un ostracisme marqué à l'égard des gens du Livre, considérés par lui comme « impurs » et les a combattus avec plus de rigueur que ne le faisait le sunnisme[13] ». Les persécutions n'empêcheront cependant pas les chiites d'être peu à peu évincés de la montagne libanaise. Plusieurs facteurs historiques vont contribuer à y inverser les rapports de force entre les communautés présentes et vont provoquer l'effacement de la prépondérance chiite au profit d'un noyau politico-militaire druze et maronite en plein développement.

Les maronites sont des chrétiens orientaux appartenant à un mouvement religieux issu de l'éclatement de la chrétienté syrienne et mené par un moine dénommé saint Maron. Dès le VIIe siècle de notre ère, les populations maronites ont cheminé de la région d'Antioche vers le nord de l'actuel Liban et y ont investi les vallées encaissées propres à assurer la sécurité de la petite communauté.

Au sud, dans le Wadi-at-Taïm, s'installaient trois siècles plus tard les premiers initiés d'une nouvelle secte musulmane fondée au Caire par un disciple du calife fatimide. Dérivé de l'islam mais imprégné de culture grecque et hindou, le druzisme se répandait très rapidement au sein du chiisme puis, abandonnant le prosélytisme, s'établissait près des bourgs de Rashaya et Hasbaya. C'est là que se trouve le « berceau » des druzes, d'après K. Joumblatt [14].

---

9. Chabry (L. et A.), *op. cit.* p. 134.

10. Chevallier (D.), *op. cit.*, p. 6.

11. Chabry (L. & A.), *op. cit.*, p. 135.

12. Lescot : *Les chiites du Liban-Sud (monographie de tribu)*, document du C.H.E.A.M., non daté (années 30), 23 p., p. 14.

13. Chabry (L. & A.), *op. cit.*, p. 37.

14. Joumblatt (K.) : *Pour le Liban*, Paris, Stock, 1978, 266 p., p. 65.

Ces deux communautés vont, à la faveur d'événements extérieurs et intérieurs au Liban, supplanter les anciennes populations de la montagne. Dès le XIIIe siècle, le pouvoir fatimide en Egypte succombait sous les coups de l'orthodoxie musulmane incarnée et revigorée par la dynastie ayyoubide dont Saladin est l'illustre représentant. L'affaiblissement général du chiisme qui en découlait eut des répercussions au Liban au moment même où se déroulait l'expansion occidentale européenne par l'intermédiaire des croisades. Les chevaliers établirent rapidement des places fortes qui ceinturaient et surveillaient la montagne en des points stratégiques aux frontières de leur royaume côtier. La présence de chrétiens venus délivrer la Terre Sainte du joug musulman confortait les maronites qui cherchaient et trouvaient protection auprès des nouveaux conquérants. Les druzes saisirent l'occasion du manque de combativité des musulmans libanais pour s'infiltrer dans le Chouf, « repoussant les chiites qui les y avaient précédés[15] ».

Mais le changement décisif n'intervint qu'au cours du XIVe siècle. Les Mamelouks, anciens esclaves militaires convertis à l'islam sunnite, déferlaient alors sur l'Egypte et la Syrie. Pour asseoir leur nouvelle hégémonie sur le Proche-Orient et les côtes du Levant, ils lancent en 1305 une expédition punitive contre les « dissidents musulmans ouvertement révoltés[16] ». Leur offensive brise l'élan des druzes aux confins du Metn (est de Beyrouth) et « inflige de lourdes pertes aux métoualis[17] ». La répression qui l'accompagne dépeuple une partie de la montagne, le Kesrouan [18], habitée par les chiites. Les maronites profitent de la situation pour envahir le territoire ainsi délaissé et la région devient, au début du XIVe siècle, presque entièrement maronite. Les populations chiites, affaiblies, abandonnent dans le même temps leurs positions dans le Liban montagneux central, sous la pression militaire conjuguée des sunnites et des druzes installés dans le Gharb (sud-est de Beyrouth). Ils refluent alors vers le sud, dans la Beqaa et le Hermel (nord du Liban), au pied de l'Anti-Liban. Le Jabal Amel constitue dès lors l'unique « montagne-refuge » de la secte, doublement affaiblie géopolitiquement.

La nouvelle distribution géographique des différentes communautés religieuses issue de ces événements ne changera guère dans ses grandes lignes jusqu'à la naissance de la République libanaise. Les chiites ont perdu une position géopolitique favorable au sein de l'espace communautaire libanais. En observant leur dispersion sur l'ensemble du territoire national, E. de Vaumas écrivait en 1955 : « Leur répartition révèle sans aucun doute possible un souci primordial de sécurité. Les villages métoualis du Mont-Liban, vestiges d'une expansion passée dans la montagne, montrent bien le désir qu'ils ont eu de trouver un centre plus favorable que ce que l'histoire leur a laissé[19]. »

Dorénavant le Liban n'est plus chiite mais chrétien et druze. « La symbiose druzo-maronite » écrit C. Rizk « fut pour des siècles le fondement

15. Joumblatt (K.), *op. cit.*, p. 65.

16. et 17. Abou (S.) : *Le bilinguisme...*, p. 38.

18. « Le massacre, la déportation, l'incorporation dans les milices des Mamelouks contribuèrent à dépeupler le Kesrouan », H. Lammens, *Précis historique de la Syrie*, 2 vol., Beyrouth, 1921, pp. 16-17, cité par Boulos (J.), *op. cit.*, p. 98.

19. De Vaumas (E.) : « La Répartition confessionnelle au Liban et l'équilibre de l'Etat libanais », in *Revue de Géographie Alpine*, Grenoble, 1955, pp. 511-603, p. 547.

de l'unité libanaise[20]. » Lorsque les chrétiens maronites supplanteront les émirs druzes au XIXe siècle au poste de leader de la montagne, leur prépondérance politique sera définitivement assurée et le souvenir de la souveraineté chiite sur le Liban résolument enterré. Des familles de notables druzes, relayées plus tard par certaines familles maronites et par l'appareil de l'église maronite, constitueront progressivement un système juridico-administratif dit « gouvernement de la montagne[21] ». Au Liban, la montagne est reine.

Les tentatives d'autonomie politique au Liban-Sud

La montagne libanaise bénéficiera longtemps d'une quasi-autonomie au sein de l'Empire ottoman (à partir de 1517) et ce jusqu'à la constitution du Grand Liban en 1920. Si le Mont-Liban n'a pas toujours été souverain, il a du moins été reconnu comme une entité territoriale originale par la Porte. Ce ne fut pas le cas du Liban-Sud, à l'écart de la Montagne et du pôle étatique qui se constitua peu à peu autour du noyau druzo-chrétien situé dans les massifs centraux du Liban.

L'histoire du Liban-Sud, tourmentée jusqu'à l'aube du XIXe siècle, est marquée sur le plan géopolitique par la persistance de deux lignes directrices : la recherche d'une plus grande autonomie oscillant entre la domination éphémère et le repli sur soi d'une part ; les tentatives avortées de se dégager d'une alternative entre la soumission au nord (la montagne druzo-maronite) et l'allégeance au sud (les pachas de la Syrie-Palestine) d'autre part.

Les chiites du Liban-Sud n'ont jamais véritablement réalisé l'autonomie du Jabal Amel et de ses abords. L'émirat chiite qui gouverne ce territoire à l'époque fatimide est un des rares exemples de cette relative indépendance politique. Quelques chefs de clans à la fois guides spirituels et propriétaires fonciers ont bien acquis au cours des trois premiers siècles de domination ottomane une parcelle de souveraineté mais elle s'est exercée sur des espaces peu étendus. Aux côtés des cadres de la Porte, « pachas », « walis » ou « sandjakars » [22], en charge du contrôle des provinces de l'empire, quelques petites dynasties locales subsistaient, notamment dans la vallée du Wadi-at-Taïm, située au sud-est du Liban actuel. Ces communautés à caractère tribal, qu'elles aient été druzes, sunnites ou chiites, payaient, en échange d'une certaine autorité sur leur fief, un tribut à l'autorité centrale ottomane. Comme le fait remarquer J.-P. Alem, les Ottomans semblaient « plus soucieux d'allégeance fiscale que d'organisation politique[23] ».

En définitive, aucune autonomie politique d'envergure ne fut réalisée par la communauté chiite au Sud-Liban.

Pourtant, les tentatives séparatistes intégrant le Liban-Sud ont existé, mais elles étaient le fait des gouverneurs des circonscriptions administratives ottomanes et non pas des autochtones du Jabal. Dans le sillage des forces centrifuges qui mettaient à mal la centralisation étatique ottomane aux XVIIIe et XIXe siècles, des fonctionnaires en charge de province ont tenté de détourner à leur profit le bénéfice fiscal tiré des espaces qu'ils contrôlaient

---

20. Rizk (C.), *op. cit.*, in P.P.S. no 291, p. 15.

21. Dubar (C.) et Nasr (S.), *op. cit.*, p. 22.

22. Gouverneurs des circonscriptions administratives : province, vilayet, sandjak.

23. Alem (J.-P.) : *Le Liban*, Que sais-je no 1081, Paris, P.U.F., 1985, 3e édition, 125 p., p. 31.

pour le compte de la Porte. Il s'en est suivi au Sud-Liban des « essais de constitution de pouvoirs permanents et héréditaires de la part des gouverneurs[24] ». On peut ici rapidement évoquer les cas de Daher al-Omar et du chef mamelouk Jazzar à Saïda.

Daher al-Omar (1750-1775), cheikh sunnite d'origine bédouine [25], fut un gouverneur semi-indépendant en Palestine [26]. D'abord centrée sur la région du lac de Tibériade et du haut-Jourdain, son influence s'étendit sur les métoualis de la Galilée. En lutte ouverte contre le pouvoir central de la Porte, il s'allia à des mercenaires et à la flotte russe pour conquérir Saïda où il s'établit en 1772. Il fut évincé de son fief l'année suivante par Jazzar qui déplaça le centre de son gouvernement à Acre (1775). Poursuivant son aventure, Jazzar obtint en 1780 le vilayet de Damas et se retrouva maître de la Syrie, de la Palestine et du Liban. « Malgré sa cruauté », indique l'historien J. Boulos, « la Porte lui sait gré d'avoir écrasé les métoualis[27] ».

Les dominations venues du sud ont sans doute toujours été combattues par les chiites du Jabal Amel. Mais leurs insurrections de 1771 à 1776 furent sévèrement réprimées par Daher al-Omar et son successeur. En 1833, c'est contre l'envahissante armée sunnite égyptienne que se soulevèrent les habitants du Liban-Sud [28]. Enfin, en 1866, le gouverneur turc du Liban mettra fin provisoirement à la résistance du Jabal en confisquant aux chefs métoualis de Tebnine leur place forte, « otant à ces derniers toute possibilité militaire[29] ».

Fakhreddine et le Liban-Sud : changements géopolitiques

Si le danger d'un asservissement potentiel est de façon constante présent dans les espaces qui bordent le Liban-Sud sur sa façade méridionale, la menace est également toute proche sur le front septentrional où se dresse la montagne libanaise.

Entre 1697 et 1841 de nombreux conflits éclatent entre les chiites et les soldats maronites des émirs Chéhab. A la suite de la tentative d'assassinat de l'évêque d'Ehden par un chiite au milieu du XVIIIe siècle, les troupes de l'émir Youssef s'emploient entre 1759 et 1766 à expulser les derniers chiites de la Montagne dans la région nord [30].

En fait, hormis celle de l'émir Fakhreddine II, la mainmise druzo-maronite sur le Liban-Sud fut relativement faible jusqu'au milieu du XIXe siècle. « Les régions hors Mont-Liban étaient » en effet « beaucoup plus directement intégrées à la structure administrative ottomane[31]. » Ainsi Saïda resta longtemps gouvernée par les gouverneurs syriens désignés par la Porte. Notons au passage qu'à travers l'influence de Damas, le Nord demeurait l'aire d'attraction vers laquelle restait orienté le Jabal Amel.

---

24. Dubar (C.) et Nasr (S.), *op. cit.*, p. 17.
25. Chevallier (D.), *op. cit.*, p. 91.
26. Boulos (J.), *op. cit.*, pp. 123-125.
27. Boulos, *ibid.*, p. 127.
28. Chabry (L. et A.), *op. cit.*, p. 136.
29. Lescot, *op. cit.*, p. 4-5.
30. Chabry (L. et A.), *op. cit.*, p. 136.
31. Chevallier (D.), *op. cit.*, p. 91.

L'apparition de Fakhreddine dans l'histoire du Liban ne nous intéresse pas en tant qu'épisode épique de la constitution de l'âme libanaise, mais en tant que phénomène ayant momentanément modifié la géopolitique de la sphère montagneuse dans ses rapports avec le Sud. Le centre politique du domaine de l'émir druze était située, comme c'était le cas pour ses prédécesseurs, dans la montagne du Chouf, au cœur du Liban. L'innovation du prince consista à ouvrir son fief vers le sud et vers la côte, laissant dans le paysage libanais des traces que l'on retrouve encore aujourd'hui.

C'est en 1585 que Fakhreddine prit en main le destin de la Montagne, le « gouvernement des Druzes[32] ». Poursuivant une politique d'expansion territoriale, il s'attacha tout au long de son règne à étendre les espaces périphériques sous son contrôle, par la soumission des familles et des clans dont il assurait la protection contre une redevance fiscale. Pour renforcer sa puissance alors que les territoires sous sa souveraineté s'étendaient désormais jusqu'à Safed en Palestine, Fakhreddine prit conscience de la nécessité d'assurer la sécurité et le contrôle de la côte. Souhaitant, parallèlement à ces impératifs stratégiques, ouvrir la Montagne au monde méditerranéen occidental, il fit de Saïda, en 1593, sa capitale politique et commerciale[33]. « Désert en 1558, le port de Saïda deviendra la plus florissante échelle de la Syrie[34] », les Florentins y ouvrant même vers 1630 un consulat pour marquer le renforcement des liens entre le Liban et la péninsule italienne.

La polarisation des activités sur la capitale impliquait un renforcement de la sécurité de la route Damas-Nabatieh-Saïda, lien alors unique entre la côte et l'hinterland syrien. Pour ce faire, Fakhreddine fit appel à des familles de paysans originaires du Sud (chiites) ainsi qu'à des familles maronites venues du Mont-Liban méridional pour les installer dans les villages désertés et en ruine du Teffah, dans l'arrière-pays de Tyr et au-delà vers l'est (*cf. planche 3*)[35]. La dissémination de la population chrétienne vers le sud persiste trois siècles plus tard dans l'organisation démographique sud-libanaise. Les villages chrétiens de ce que l'on appelle aujourd'hui les enclaves témoignent de cet exode (*cf. planche 7*)[36].

Le développement de Saïda eut pour conséquence le déplacement vers le sud du centre de gravité géopolitique traditionnellement ancré dans les massifs montagneux du Mont-Liban. Quelques années après la mort de l'émir, la Porte, tirant la leçon de l'expansionnisme potentiel des seigneurs de la Montagne, décidait la création d'un nouveau pachalik dont le gouverneur résidait à Saïda « pour surveiller les druzes et les maronites[37] ». Cette entité territoriale nouvelle apparue en 1660 comprenait le Liban central, le Liban méridional et la Palestine septentrionale (*cf. planche 6*). La décision ottomane concrétisait ainsi l'importance géopolitique du Sud face à la montagne. Saïda fut jusqu'en 1775 siège de ce pachalik. Elle est aujourd'hui la capitale du mohafazat du Liban-Sud.

---

32. *Ibid.*, p. 90.
33. Jaber (M.), *op. cit.*, p. 13.
34. Boulos (J.), *op. cit.*, p. 96.
35. Nammour (T.), *op. cit.*, p. 42.
36. D'après de Vaumas (E.), « *La répartition confessionnelle...* », *op. cit.*, p. 518.
37. Chevallier (D.), *op. cit.*, p. 91.

L'oscillation géopolitique

En parcourant l'histoire du Liban et de la Palestine, du Levant, et en remontant au-delà des premières conquêtes arabes, on peut déceler comme une constante géopolitique du Liban-Sud qui transparaît à travers les dominations successives, les invasions, l'épopée des peuples antiques. Situé à mi-chemin entre l'Egypte et la Turquie, entre les Hittites et les pharaons, entre les Néo-Babyloniens et les tribus juives, le Liban-Sud s'affirme comme un espace marginal, une zone d'oscillation géopolitique des dominations du nord et du sud. C'est en ce lieu que se sont toujours affrontés les expansionnismes opposés, faisant de cette terre une double périphérie tiraillée entre la protection de la Montagne et la menace ottomane, entre la persécution de cette montagne et l'asservissement des pachas de la Porte. La collection de cartes que nous présentons en *planche 6* illustre cette situation : la modification des limites administratives à travers un millénaire montre comment le Liban-Sud a été rattaché tantôt à la montagne, tantôt à un environnement syrien plus vaste.

Le devenir de cette oscillation, tel sera l'un des axes de notre réflexion dans la poursuite de l'étude de l'histoire du Liban-Sud et de la montagne libanaise.

2 - Vers l'intégration à la Montagne

C'est au XIXe siècle que se scelle en partie le destin du Liban-Sud rattaché progressivement au territoire du futur Liban contemporain.

Un pas vers la Montagne

A la suite des entreprises audacieuses des pachas d'Acre, la Porte, désireuse de briser l'ambition démesurée de ses gouverneurs, rattachait officiellement au Liban la Beqaa, Baalbek, le Wadi at-Taïm et le pays des métoualis [38]. Cet événement eut lieu au début du XIXe siècle, c'est-à-dire dans une période marquée par la désintégration de l'Empire ottoman. Miné de l'intérieur, le pouvoir central turc n'est ainsi pas en mesure de s'opposer à la menace que fait peser sur la Palestine et le Liban le maître de l'Egypte Ibrahim Pacha, qui en 1830 envahit la montagne libanaise.

L'envahisseur fut mal accueilli et les exactions de ses troupes « laissèrent dans tout le pays d'ineffaçables traces de terreur et de haine[39] ». Le nouveau maître de la Montagne sous-estimait la vigueur de la cohésion communautaire. Ainsi lorsque la conscription fut proclamée, la révolte éclata un peu partout dans le pays. Le soulèvement fut tel que les Egyptiens se retirèrent, encouragés par la menace pressante d'une intervention étrangère. La tension persista pourtant après le retrait du pacha. La montagne était en ébullition et c'est son contrôle qui s'y joua entre maronites et druzes. Les chiites, quant à eux, n'avaient plus guère d'ambition à gouverner cette montagne dont ils avaient été définitivement écartés. Importante numériquement, la population chiite participera cependant aux combats, ne délaissant pas les caractéris-

38. Boulos (J.), *op. cit.*, p. 130.
39. Alem (J.-P.), *op. cit.*, p. 45.

tiques oscillatoires de son fief : certaines forces métoualis s'engagèrent en effet aux côtés des chrétiens, d'autres aux côtés des druzes.

Au milieu du XIXe siècle la prépondérance druze était menacée par le développement de la communauté maronite. Engagés comme force d'appoint auprès des combattants druzes, les chiites tentèrent de s'opposer à l'expansion des populations chrétiennes, notamment en 1838, 1859 et 1860. Mais le mouvement de fond qui soulevait la vague maronite était irréversible puisqu'il s'appuyait sur une importante vitalité démographique. Sa pression débordait les cadres de la montagne et des mouvements migratoires déversaient les habitants du Mont-Liban méridional vers les plateaux du sud-ouest.

Dans le même temps, des groupes chiites quittaient le Jabal Amel et s'infiltraient dans le Teffah et le Chkif (*cf. planche 3*), retrouvant au nord de leur implantation les populations maronites descendues de la montagne. En 1858, les plateaux entre Zahrani et Awali avaient ainsi absorbé un surplus démographique générateur de tensions [40].

Ces tensions s'exerçaient en particulier dans le Chouf où les communautés druzes et chrétiennes s'affrontèrent en 1860, embrasant en quelques jours l'ensemble de la montagne. Lorsque les Ottomans intervinrent enfin, ce fut pour mettre définitivement fin au pouvoir et à la dynastie des émirs Chéhab qui gouvernaient le Liban central depuis plus d'un siècle. A la suite des troubles répétitifs qui secouèrent sporadiquement le Mont-Liban, la Porte imposa, pour tenter de calmer les esprits et reprendre la situation en main, le partage de la montagne en deux caïmacamats (ou districts) : l'un au nord, gouverné par les maronites, l'autre au sud, rattaché au pachalik de Saïda et centré sur le noyau politique druze. Les chiites du Liban-Sud furent intégrés dans le second caïmacamat et subirent à nouveau le joug sunnite et la tutelle druze [41].

La décennie 1850-1860 marque un tournant décisif dans l'histoire du Liban. Elle consacre l'affaiblissement irréversible du pouvoir druze et la montée en puissance de la communauté chrétienne qui, en prenant la tête du gouvernement de la Montagne, assoit durablement son hégémonie.

A cette période la pression démographique du Mont-Liban s'accentuait et se doublait d'une modification importante des structures sociales et agraires qui permit aux paysans du Mont-Liban un développement agricole précoce par rapport aux autres communautés. L'obstination des féodaux druzes et maronites opposés à toute transformation du statut de la propriété et des paysans de même qu'à toute redistribution de terres, conduisit à une nouvelle insurrection au cours de laquelle maronites et druzes s'affrontèrent durement. Les chiites, entrés en lice aux côtés des druzes, subirent avec ces derniers la défaite politique.

Face à une nouvelle situation de troubles, la Porte, dans le cadre d'une vaste réorganisation administrative de l'Empire [42] qui réglait notamment la division administrative de la Syrie tout en renforçant la centralisation, accorda au Mont-Liban une autonomie territoriale. Le règlement organique de 1864 érigeait la Montagne en territoire autonome sous souveraineté ottomane.

40. Sur le peuplement des plateaux, cf. Nammour (T.), *op. cit.*, p. 38.
41. Chabry (L. et A.), *op. cit.*, p. 136.
42. Loi sur l'organisation des vilayets (1864), cf. Boulos (J.), *op. cit.*, p. 166.

L'ancien domaine des Maan et des Chéhab fut amputé « de plus de la moitié de son territoire[43] », c'est-à-dire du Wadi at-Taïm, de la Beqaa, du district de Saïda et de la ville de Beyrouth, qui furent incorporés aux vilayets ottomans voisins.

Les chiites du Liban-Sud, hors du Mont-Liban nouvellement défini (*cf. planche 6*) demeuraient gouvernés par le wali de Damas. L'autonomie du Jabal Amel apparut plus lointaine que jamais et l'engagement des tribus métoualis aux côtés des druzes sur le déclin politiquement au cours de ce siècle contribua de nouveau à leur confinement géopolitique périphérique.

Leur situation périphérique s'accentua même quelque peu à la fin du XIXe siècle. Leur région perdit à cette époque son importance géopolitique relative acquise sous les émirs Maan (Fakhreddine), et ce pour deux raisons bien définies.

En premier lieu, les nouveaux découpages territoriaux opérés par une loi ottomane reléguaient le Liban-Sud aux confins d'une nouvelle province centrée sur Beyrouth. Le complément de 1880 sur la loi d'organisation des vilayets arrêté par la Porte ajouta en effet une troisième circonscription aux deux provinces syriennes préexistantes. Devant « l'importance croissante du Liban et de la région maritime[44] », le pouvoir central ottoman détachait du vilayet de Damas la région côtière pour créer la nouvelle circonscription dont les territoires se trouvèrent séparés les uns des autres par le gouvernorat du Mont-Liban (*cf. planche 6*). La ville de Saïda perdait sa position rayonnante par la diminution de sa zone d'influence vers le nord.

En second lieu, la nouvelle organisation conférait à Beyrouth et au pôle maronite une suprématie qu'ils conserveront jusqu'à ce jour dans la structure politique et économique du Liban contemporain.

Le développement intellectuel et économique de Beyrouth à la fin du XIXe siècle amena dès 1888 la Porte à y établir le centre du nouveau vilayet qui comprenait les districts de Lattaquié, Tripoli, Acre et Naplouse. En faisant ce choix, le pouvoir ottoman confinait définitivement Saïda au rang de « simple petite ville[45] » en lui faisant perdre un certain rôle politique et économique développé par ses responsabilités de capitale de Fakhreddine et par sa situation au débouché de la « route naturelle[46] » donnant accès à la Méditerranée.

En effet, « la configuration de la contrée et la barrière difficilement franchissable dressée par le Liban et l'Anti-Liban entre le désert et la mer avaient fait de Saïda l'aboutissement du cheminement naturel de la Syrie vers la Méditerranée en passant par la Beqaa et Jezzine, et Saïda était considérée comme le port de la Syrie[47] ». Cette position favorable disparut en 1863. A cette date, le franchissement de la barrière montagneuse par la route Beyrouth-Damas enleva à la capitale du Sud son avantage géographique. Le contournement par le sud des massifs centraux n'était plus un impératif pour l'établissement des relations commerciales, et Saïda perdit de ce fait une part importante du trafic vers et en provenance de la côte. De plus en 1895 fut

---

43. Boulos (J.), *op. cit.*, p. 167.
44. Boulos (J.), *op. cit.*, p. 84.
45. Jabbour (N.), *op. cit.*, p. 11.
46. Jaber (M.), *op. cit.*, p. 105.
47. Jabbour, *op. cit.*

achevée la liaison de chemin de fer entre les futures capitales du Liban et de la Syrie qui paracheva l'évolution de Saïda et sa région vers une position excentrée par rapport aux nouveaux pôles et axes économiques.

L'édification d'axes nouveaux n'a pas eu qu'une dimension économique. A travers eux se manifestait la translation vers le nord du centre de gravité du Liban qui s'appuyait désormais sur un noyau économique et politique organisé autour de la communauté chrétienne, le Mont-Liban et la ville de Beyrouth. L'ensemble géopolitique syro-libanais en a même été affecté. En 1929, R. Blanchard écrivait dans la *Géographie Universelle* de V. de la Blache : « Beyrouth est devenue la vraie capitale de la Syrie[48] ».

En s'assurant, par sa qualité de tête de pont, la suprématie sur les autres cités maritimes du Liban, le centre beyrouthin préparait une organisation de l'Etat libanais orientée vers le pôle économique, politique et confessionnel situé sur la capitale et le Mont-Liban.

A partir de cette fin de siècle, le Liban-Sud, de plus en plus attiré par le nord après avoir perdu une capitale désormais affaiblie, semblait engagé sur la voie du rattachement à la montagne libanaise.

Le rattachement définitif: le dernier combat du Jabal Amel

Si les impératifs et la logique économique poussaient le Liban-Sud vers la nouvelle capitale en expansion, il n'en était pas de même de la logique politique des populations chiites du Sud. Celles-ci, éloignées du centre beyrouthin et marginalisées dans la lutte pour le pouvoir au cours du XIXe siècle, s'opposèrent avec vigueur au rattachement définitif du Jabal Amel à la Montagne. Lorsque la puissance mandataire en charge du Liban après la chute de l'Empire ottoman décida l'annexion du Liban-Sud au Petit Liban, ce fut la révolte.

La situation de la communauté chiite à l'aube du XXe siècle n'était pas brillante sur le plan politique, comme en témoigne ce bilan dressé par un chrétien maronite, S. Abou [49] : « Victimes de l'expédition du Kesrouan (1305), tour à tour chassés par les maronites et réprimés par les druzes, décimés par l'armée de Jazzar, ou méprisés par les Ottomans, enfin réduits à vivre en bordure de la Montagne, dans la Beqaa et dans la haute Galilée et, de ce fait, tenus à l'écart des foyers politiques et des centres culturels du Mont-Liban, les chiites étaient au début du siècle la communauté la plus démunie du pays. » Affaiblie, écartée du combat politique au sein de la montagne dont elle savait qu'elle ne retrouverait jamais le contrôle, la communauté a tenté de résister à son intégration aux pôles druze et surtout maronite, pour préserver son identité confessionnelle au milieu du foisonnement communautaire proche-oriental. Pour ce faire, elle a participé de façon active à la renaissance du mouvement nationaliste arabe qui lui paraissait être une option propre à la dégager de sa situation politique d'infériorité, frustrée par les chrétiens et soumise depuis plusieurs siècles à une emprise étrangère et sunnite incarnée par l'hégémonisme turc ottoman.

En 1914, le « Mouvement révolutionnaire arabe » qui s'organisait à

---

48. *Géographie Universelle,* sous la direction de Vidal de la Blache (P.) et Gallois (L.), Paris, Librairie A. Colin, tome III : Asie occidentale, chapitre VII, article Syrie pp. 186-213, p. 201.

49. Abou (S.) : *Le bilinguisme...,* op. cit., p. 50.

Saïda fut ainsi conduit par un musulman chiite. Mais les prétentions politiques de l'initiative inquiétèrent les puissants féodaux du Liban-Sud et l'un d'entre eux dénonça les dirigeants du mouvement qui furent pendus ou dispersés en mai 1916 [50]. L'avortement de ce premier engagement pour la libération des masses arabes n'atteignit cependant pas la dynamique revendicative pan-arabe au sein de la communauté chiite. Dès l'effondrement de l'Empire ottoman en 1918, des personnalités métoualis du Sud furent associées aux gouvernements provisoires nationalistes de Saïda et de Tyr, et ce jusqu'à leur dissolution par l'occupant français. Les chiites s'engagèrent aussi aux côtés de Fayçal lorsque celui-ci proclama son gouvernement arabe à Damas en mars 1920. L'événement eut des répercussions jusque dans le Jabal Amel et des représentants de la région vinrent en délégation reconnaître la souveraineté de Fayçal sur leur territoire.

L'activisme de la communauté chiite et l'aventure du nouveau pouvoir syrien ne manquèrent pas d'inquiéter les Occidentaux vainqueurs de la guerre contre l'Empire ottoman, et singulièrement la France. Fayçal et ses prétentions menaçaient en effet les accords Sykes-Picot signés dès 1916 entre la France et la Grande-Bretagne qui partageaient entre ces deux puissances les futures dépouilles de l'empire de la Porte au Proche-Orient. D'autre part, la France supportait mal de voir se développer, sur les territoires qui lui avaient été alloués, la contestation communautaire chiite, et les relations de plus en plus étroites entre les populations du Sud-Liban et le gouvernement de Damas. Face à la menace que faisait peser la puissance occidentale sur le processus d'émancipation de la communauté, les chiites réagirent. « Lorsque les intentions des alliés de mettre un terme aux relations entre le Jabal et le gouvernement de Damas, et cela, dès le départ avec la dissolution des « gouvernements locaux[51] », écrit l'historien chiite M. Jaber, « lorsque ces intentions furent connues et dénoncées, un état de malaise gagna les masses amélites, malaise qui ne tarda pas à se transformer[52] » en révolte et rébellions.

Le sursaut communautaire que déclenchent les initiatives françaises concernant le destin du Jabal s'effectue en plusieurs étapes, toutes marquées par un recours à la violence systématique : l'attaque des villages chrétiens du Liban-Sud, la révolte contre l'armée française, enfin la création de bandes armées.

Les chrétiens du sud étaient favorables à la politique de la France qui entretenait depuis plusieurs siècles des relations privilégiées avec la communauté catholique. Lorsque débutent les premiers accrochages chiito-chrétiens dans le Jabal Amel près de Bint Jbeil, la France prend l'initiative de fournir aux chrétiens l'armement nécessaire à leur défense. La décision française, loin d'apaiser le climat tendu, relance les affrontements entre les deux communautés. Le 5 mai 1920, des combats meurtriers éclatent entre les chiites de Bint Jbeil et les chrétiens du village satellite d'Aïn Ebel. Après un attentisme remarqué, les troupes de l'armée française interviennent enfin pour séparer les protagonistes et investir les villages du Liban-Sud [53].

---

50. Cf. Chabry (L. et A.), *op. cit.*, p. 137 et suivantes.
51. Nabatieh, Saïda, Tyr.
52. Jaber (M.), *op. cit.*, p. 126.
53. Bazzi (N.), *op. cit.*, p. 22.

La prise de la défense des chrétiens apparut vite comme un calcul politique de l'occupant. Les affrontements du Jabal se déroulaient en effet à l'époque où se mettaient en place les mandats respectifs de la France et de la Grande-Bretagne, dans le prolongement des accords Sykes-Picot de 1916 et du traité de San Remo d'avril 1920. Dans la mesure où le contenu de ces accords était notoirement vague dans le domaine des délimitations frontalières, il s'avérait important pour la France d'occuper physiquement le terrain convoité. En provoquant des troubles dans les régions méridionales du Liban, la puissance mandataire potentielle engagée contre les chiites trouvait le prétexte à intervenir pour annexer la région « afin de défendre les chrétiens[54] ». En 1978, un auteur libanais se félicitait encore de cet engagement de la France dans l'optique de l'attribution des mandats : « La position ferme des Français a barré la route aux tentatives britanniques d'annexion du Jabal à la Palestine » écrivait Kaldoun al Kalid dans le journal libanais *An-Nahar*[55].

Le partage du Levant entre les puissances occidentales et la prise de possession des mandats ne pouvaient avoir lieu alors que s'étendait de façon constante l'influence du roi Fayçal installé en Syrie. La France décidait, le 24 juillet 1920, une action militaire contre ce dernier et écrasait ses troupes avant de rentrer dans la capitale syrienne. Avant son abdication, le souverain avait été amené à signer un accord avec Clemenceau. Cette signature marquait le début d'une série de confrontations entre les forces françaises et la population arabe à Tripoli, Baalbek, Marjayoun, et en Haute-Jordanie [56]. Le Jabal Amel fut secoué par la vague de révolte qui gagnait les régions périphériques de la montagne libanaise, et les perspectives du mandat français ainsi que du rattachement du Sud-Liban au centre druzo-maronite, exacerbèrent les ressentiments contre la puissance française.

Malgré la révolte latente, la France proclama le 1er septembre 1920 la naissance du Grand Liban par l'intermédiaire de son haut commissaire au Levant, le général Gouraud. Le rêve chiite d'un vaste Etat arabe indépendant disparaissait, la Syrie était séparée d'une partie de son débouché maritime. En dépit du fait accompli, une fraction de la population du Liban-Sud refusa d'accepter le rattachement définitif du Jabal Amel où s'exprimait activement un particularisme chiite — alors que la concrétisation des aspirations nationalistes ouvrait, selon elle, la porte de l'émancipation communautaire. Incarnant l'expression de cette désillusion se constituèrent au début des années 20 des groupes armés composés en majorité de chiites, et appelés les « isabats[57] » ou bandes. Le but de ces groupes était de harceler les troupes françaises qui occupaient le Jabal, et de s'attaquer aux symboles de l'occupation par la puissance mandataire. Trois des plus expérimentées parmi ces isabats opérant à partir du Liban méridional ont eu comme lieu de résidence la ville de Bint Jbeil (*cf. planche 3*), à mi-chemin entre la Palestine et Beyrouth, entre la mer et le mont Hermon. Le mouvement de rébellion organisé ne dura pas bien longtemps et son activisme politique originel fut rapidement écarté au profit d'ambitions plus matérialistes comme l'enrichissement par le pillage et le détroussement des convois commerciaux.

---

54. Jaber (M.), *op. cit.*, p. 150 et suivantes.
55. Bazzi (N.), *op. cit.*, p. 23.
56. Jaber (M.), *op. cit.*, p. 126.
57. Sur ce sujet, cf. Jaber (M.), *op. cit.*, pp. 126-141.

Finalement, l'opposition réellement politique au rattachement à la montagne devait s'essouffler assez rapidement. En dernière analyse, l'intégration au Grand Liban multicommunautaire allait se révéler plutôt positive pour les élites de la communauté chiite sur le plan de la reconnaissance politique. Nous en reparlerons plus loin.

3 - Le Liban-Sud phagocyté

La constitution d'un Grand Liban à partir du noyau formé par le Petit Liban de 1860 (*cf. planche 7*) a eu non seulement des conséquences géopolitiques importantes sur le devenir de la Montagne mais aussi des répercussions durables sur la physionomie du Liban-Sud.

Les régions rattachées furent les suivantes : le sandjak de Beyrouth au centre, celui de Saïda amputé de sa partie sud attribuée à la Palestine, celui de Tripoli. A l'est et au sud-est étaient détachés quatre cazas du vilayet de Damas « pour former le glacis continental du Liban central[58] ». Certains ont vu dans ces annexions la restauration du Liban dans ses frontières naturelles [59] mais jusqu'en 1920 il n'apparaît pas possible de définir de véritables frontières au Liban. L'extension passée de la souveraineté du Mont-Liban sur l'ensemble du territoire de l'actuel Liban n'avait jamais été que l'affirmation d'un contrôle et d'une protection rétribuée sur des espaces imparfaitement délimités, des marges. D'autres ont considéré que les frontières naturelles retrouvées ne constituaient qu'un prétexte à l'annexion de la partie sud turbulente du Liban [60]. Quoi qu'il en soit, le fait majeur qui nous concerne ici n'est pas la légitimité de la constitution de l'Etat libanais contemporain, mais le rattachement de la quasi-totalité du territoire du mohafazat du Liban-Sud actuel au Grand Liban et son intégration dans un cadre désormais étatique et national, délimité par des frontières linéaires.

Conséquences géographiques et économiques de l'intégration

En juillet 1920 le Mont-Liban s'étendait sur 4 500 km². Un mois plus tard, le Grand Liban occupait une superficie de 10 400 km². La montagne s'était adjoint d'autres montagnes (l'Anti-Liban), des plateaux (du sud-ouest), une dépression (la Beqaa), une plaine côtière et une petite ville qui deviendra à la faveur d'un fabuleux développement la métropole et capitale du pays. Au Grand Liban se rattachait aussi et surtout le Jabal Amel, dernier bastion réfractaire à toute assimilation. Avec l'entrée de cette région dans l'histoire du Liban contemporain défini en 1920, c'était un peu la prophétie « géographique » du cheikh Abd al Husseïn Sadiq qui se réalisait : « Une montagne engloutissait une autre montagne[61]. »

Sur le plan économique, l'adjonction de nouveaux territoires à la Montagne a été pour cette dernière une bonne opération. Au XIXe siècle les massifs surpeuplés du Liban étaient insuffisamment cultivés pour nourrir une population en expansion démographique. La médiocrité du niveau d'auto-

---

58. Picard (E.) : « Liban : guerre civile ou conflit régional », in *Maghreb-Machrek* nº 73, Paris, la Documentation Française, 1976, pp. 53-69, p. 54.

59. Abou (S.), *Le bilinguisme...*, op. cit., p. 32.

60. Jaber (M.), *op. cit.*, p. IX.

61. Cité par Jaber, *ibid.*, p. 167.

suffisance alimentaire qui en résultait était aggravée par la spécialisation de la paysannerie du Mont-Liban dans des cultures industrielles comme le mûrier. En fin de compte, une nécessaire importation de produits de base se faisait à l'époque de plus en plus pressante. Dans une correspondance commerciale en date du 26 juillet 1846, un observateur européen écrivait : « La montagne ne peut produire pour plus de quatre mois de la consommation de ses habitants. La plaine de la Beqaa, la province de Naplouse, celles de Tyr et Saint-Jean d'Acre fournissent en grande partie à ses besoins[62]. » De même le Chouf recevait par caravanes ou par mer via le port de Saïda le blé qu'il ne pouvait produire et qu'on cultivait dans le Hauran (sud-est) syrien[63].

Les nouveaux territoires du Grand Liban ont été, à ce titre, d'un grand secours. Les 6 000 km² nouvellement acquis ont fourni 140 000 hectares supplémentaires de terres cultivables qui s'ajoutaient aux 80 000 hectares de la Montagne. Le Sud, peu développé à l'intérieur des terres où les rendements demeuraient médiocres, a néanmoins apporté 20 000 hectares situés dans la plaine côtière entre le sud de Beyrouth et Tyr[64].

Si la motivation économique ne fut pas le facteur principal de la décision de la puissance mandataire, elle joua cependant un rôle important : la montagne devait pouvoir assurer son développement économique en contrôlant des régions périphériques destinées à être pourvoyeuses de denrées, et ce dans le nouveau cadre national, c'est-à-dire en toute autonomie. Le Liban-Sud devenait non seulement un appoint — maigre il est vrai — mais aussi un espace orienté : « le Jabal renonçait à tout », écrit M. Jaber[65], « même à son nom ». Il devint le « sud du Liban » c'est-à-dire, en d'autres termes, « sud du Mont-Liban ».

Conséquences démographiques et politiques de l'intégration

Les modifications démographiques liées au rattachement des territoires périphériques apparaissent, en termes géopolitiques, encore plus significatives. Non pas tant parce qu'elles provoquent l'augmentation du nombre des habitants de la nouvelle structure étatique, mais parce qu'à l'intérieur de cette structure s'établit un nouvel équilibre démographique entre les différentes communautés religieuses.

Selon des chiffres publiés en 1913[66], la répartition numérique à l'intérieur du territoire du Petit Liban apparaissait comme suit :

Maronites	58 %	Sunnites	3 %
Grecs orthodoxes	12 %	Chiites	5 %
Grecs catholiques	7 %	Druzes	11 %
Total	77 %	Total	19 %

62. Cité par Chevallier (D.), *op. cit.*, p. 42.

63. Chevallier (D.), *op. cit.*, p. 43.

64. Dubar (C.) et Nasr (S.), *op. cit.*, p. 23 ; la Beqaa apportait 80 000 hectares, l'Akkar (Nord) 25 000, le Koura (Nord) 15 000.

65. Jaber (M.), *op. cit.*, p. 167.

66. Chiffres de O. Pacha, in Frenn (G.), *op. cit.*, p. 32.

Les régions périphériques rattachées en 1920 présentaient une toute autre physionomie confessionnelle [67] :

Maronites	9,7 %	Sunnites	37,2 %
Grecs orthodoxes	24,3 %	Chiites	18,75 %
Grecs catholiques	7,2 %	Druzes	0,8 %
Total	41,2 %	Total	56,75 %

Ainsi, quelque 390 000 habitants en majorité de confessions musulmanes se sont retrouvés côte à côte avec 400 000 habitants d'un Petit Liban désormais révolu, où les chrétiens disposaient jusqu'alors d'une très nette supériorité démographique. En définitive, la composition confessionnelle du Liban de 1921 se présentait comme indiqué ci-dessous, déduction faite d'une importante émigration (surtout chrétienne) entre 1913 et 1920 [68] :

Maronites	176 000	31,3 %	Sunnites	122 000	21,7 %
Grecs ort.	78 000	13,8 %	Chiites	100 000	17,8 %
Grecs cath.	40 000	7,1 %	Druzes	40 000	7,1 %
Autres	4 000	0,7 %			
Total	300 000	53,4 %	Total	262 000	46,6 %

La transformation des rapports de force démographiques est flagrante. Les chrétiens ne représentent plus qu'un groupe à peine plus nombreux que l'ensemble des confessions mulsulmanes. Les chiites du Sud, hostiles tout d'abord au mandat français, saisiront l'occasion de ce bouleversement pour revendiquer une reconnaissance politique et religieuse de leur communauté face aux chrétiens et aux sunnites.

« Dans le Liban structuré en 1926 sur une base communautaire, conformément à l'obligation faite à la France par la S.D.N. de favoriser les "autonomies locales", la communauté chiite se voit reconnue, pour la première fois de son histoire, comme une communauté autonome par rapport au sunnisme[69]. »

Sous l'Empire ottoman, les chiites étaient jugés par les tribunaux et selon la loi sunnite. En ce sens, ils ne bénéficiaient pas d'une organisation communautaire indépendante. A l'initiative de députés chiites représentés dans le Liban de 1920, une motion fut votée par le Conseil représentatif en 1923. Elle reconnaissait le rite de cette communauté et le droit à ses chefs religieux d'instituer des tribunaux. Le 27 janvier 1926, par arrêté n° 3503, le gouverneur du Grand Liban décide que « les musulmans chiites forment au Grand Liban une communauté religieuse indépendante ; ils seront jugés en matière de statut personnel selon les principes du rite jaaférite par leurs cadis[70] ». D'autre part sur le plan institutionnel, une représentation politique était accordée aux chiites dans le Conseil représentatif du Grand Liban

67. Pourcentages calculés d'après Frenn (G.) : *op. cit.*, p. 36, qui indique des données de 1913 (Samme, d'après recensement de 1913).

68. Dubar (C.) et Nasr (S.) : *op. cit.*, chiffres avec déduction de l'émigration, p. 24.

69. Chabry (L. et A.) : *op. cit.*, p. 137.

70. Rondot (P.) : *Les institutions politiques du Liban : des communautés traditionnelles à l'Etat moderne*, Paris, Institut d'Etudes de l'Orient Contemporain, 1947, 140 p., pp. 65-66.

d'abord, au sein des chambres législatives libanaises de 1929, 1934, 1937 et 1943 — pour ne citer que les premières — par la suite. La communauté a ainsi obtenu successivement 5 représentants (16,5 % des sièges), puis le droit d'élire 3 (16, %), puis 8 (19 %), enfin 10 (18 %) députés [71]. En 1964, sur les 19 sièges qui lui étaient attribués au Parlement, 11 sont revenus aux représentants des chiites du Liban-Sud. Le Jabal Amel, les plateaux du sud-ouest et l'ensemble du mohafazat comptaient en effet 60 % du total de la population métouali au Liban. D'autre part, sur les 18 députés représentant ce département, 11 étaient de confession chiite. La répartition était la suivante par cazas :

	maronites	grecs ort.	grecs cat.	sunnites	chiites	*
Saïda (v)				×		
Saïda		×	×		×	1
Jezzine	××					
Nabatieh					×××	3
Bint Jbeil					××	2
Tyr					×××	3
Marjayoun		×		×	××	2

(v) Saïda ville ; * nombre de députés chiites

La distribution des sièges apparaissait équitable pour les chiites au regard de leur poids démographique sur l'ensemble du Liban-Sud : la communauté représentant 60 % de la population du département obtenait donc 60 % des mandats de députés.

Mais cette juste participation à la vie politique sur le plan régional n'a pas eu de prolongement dans la gestion et la direction des affaires sur le plan national. L'influence de la communauté restait faible au sein du Parlement, les élites chiites n'ont pas été associées au processus du pouvoir exécutif. En effet, la communauté chrétienne, et plus particulièrement les maronites, conservait un avantage politique important à ce niveau sur les populations musulmanes. Ils contrôlaient, par l'importance de leurs cadres et de leurs compétences la haute administration, et un de leurs membres a occupé à partir de 1943 la première place de l'Etat, la présidence de la République. Depuis l'indépendance, remarque Ph. Rondot, « qu'il s'agisse du pouvoir exécutif ou du pouvoir législatif, la prépondérance chrétienne est évidente[72] ».

En fin de compte, à la lumière de ce rapide survol de la situation politique du Grand Liban, il apparaît que si la population chiite du Liban-Sud a retiré un certain bénéfice de son intégration au nouvel ensemble étatique — dans le sens d'une plus grande affirmation de son existence — elle restait pourtant dans une situation marginale. Certes, une sorte de « fief » lui a été

71. Rondot (P.) : *Les Institutions..., op. cit.*, p. 54.
72. Rondot (Ph.) : I.F.P., *Les crises du Liban,* op. cit., introduction, p. 6.

reconnu dans le mohazafat où elle était majoritaire, mais ce territoire demeurait à l'écart du centre politique beyrouthin.

De plus, et ce sera le prochain thème que nous aborderons, à une périphérie géographique et politique s'est peu à peu greffée une périphérie économique dont les effets seront particulièrement sensibles notamment dans les domaines du développement et de l'aménagement du territoire.

CHAPITRE 3

LE LIBAN-SUD : UNE RÉGION SOUS-DÉVELOPPÉE

Alors que le Liban-Sud depuis peu rattaché à la Montagne voit ses relations avec la Palestine s'interrompre, puis disparaître définitivement en 1948, il s'enfonce peu à peu dans un sous-développement chronique. Le dépeuplement menace certains villages, l'agriculture et ses structures de production archaïques s'effritent, la population afflue en masse vers Beyrouth qui polarise toutes les régions périphériques. Le déclin du Liban-Sud ne peut pas cependant résulter uniquement de cette réorganisation « naturelle » de la structure économique du territoire libanais, il est aussi l'aboutissement d'une absence quasi totale de véritable politique de développement et d'aménagement de la part du pouvoir central. Tenues pour arriérées et fanatiques, les populations chiites, majoritaires au Liban-Sud, se trouvent de fait écartées d'une croissance économique rapide mais finalement grosse d'inégalités et de révoltes.

1 - De la marge à la frontière

Avant 1920, le Liban n'avait pas à proprement parler de frontières telles que nous les concevons aujourd'hui. Les limites des circonscriptions administratives des différentes entités autonomes étaient en quelque sorte plus des « aires » que des « lignes », et les zones d'expansion maximale de chaque souveraineté n'étaient pas figées, comme peuvent l'être les limites cartographiées. Lorsque la Grande-Bretagne et la France se partagèrent les dépouilles de l'Empire ottoman, elles mirent fin, par l'instauration des frontières respectives, à cet état de chose. Avec l'occupation française au Liban apparaissait la frontière linéaire, marquée à l'encre sur les cartes et avec des postes de garde sur le terrain.

La mise en place des frontières actuelles du Liban-Sud est moins anodine qu'il n'y paraît. En fait, l'édification progressive de la barrière séparant les deux puissances mandataires préludent à des changements importants de l'organisation humaine et économique du Liban-Sud.

En premier lieu, l'instauration de la frontière franco-britannique provoqua la diminution des échanges entre le Jabal Amel et la Palestine.

Lorsque la France établit quelques années après le début de son mandat des points de contrôle douaniers aux frontières sud du Liban, elle mit fin à un trafic fructueux de contrebande avec la Palestine, « facilitée par la présence de cinq villages chiites frontaliers palestiniens[1] ».

Mais l'impact de ces mesures resta très limité au regard des conséquences économiques liées à la création de l'Etat d'Israël en 1948. En effet, après la première guerre israélo-arabe de 1948-1949 qui vit notamment l'annexion par l'Etat hébreu du territoire de la Galilée dévolu à l'Etat arabe par le plan de partage de l'O.N.U., la frontière internationale entre la Palestine et le Liban — devenue ligne d'armistice israélo-libanaise — fut définitivement et fermement tenue close.

L'incidence de cet événement sur le devenir du Liban-Sud ne fut pas négligeable, comme nous l'indique en partie N. Jabbour : « La fermeture de la frontière sud a entraîné de sérieuses répercussions sur l'activité économique de la région, notamment Bint Jbeil et Marjayoun. Bint Jbeil a été atteinte dans une prospérité qui tenait au commerce avec la Palestine[2]. » La fermeture des frontières en 1948 affectera non seulement le Jabal, mais également la Syrie du sud-ouest, la Jordanie septentrionale et certaines régions du Liban situées au nord du Litani [3]. Mais examinons plutôt comment fut touché le Liban-Sud. Deux points sont à retenir : la migration des hommes et les déplacements de marchandises.

Les échanges de produits alimentaires dans la région qui s'étend du Jabal druze au cap de Haïfa en passant par le Jourdain furent définitivement stoppés : le commerce des fruits et légumes, des céréales, du bétail, qui empruntait les voies est-ouest et nord-sud autour des actuelles frontières d'Israël, de la Syrie, de la Jordanie et du Liban, fut atteint de façon durable et dut réorienter l'ensemble de ses flux. Au Liban-Sud proprement dit, l'activité des ports de Tyr et Saïda fut affectée par la baisse du trafic maritime vers la Palestine alors que, nous indique Lescot, « les chiites tiraient du commerce maritime des bénéfices appréciables[4] ». Les mouvements de marchandises dirigés aussi bien du nord vers le sud que du sud vers le nord subirent les conséquences du déclin des relations interrégionales de part et d'autre de la frontière israélo-libanaise. Par contre la disparition des mouvements de population orientés exclusivement vers le sud n'affecta que le Liban-Sud, pourvoyeur de main-d'œuvre pour le développement de la Palestine.

Avant 1948, le territoire aux mains des organisations sionistes et du gouverneur britannique constituait un pôle d'attraction pour les populations arabes. Le pays se développait et les entreprises, de construction notamment, embauchaient. Il y avait un « champ de travail[5] » disponible en Palestine, surtout dans la ville de Haïfa qui avait alors besoin de main-d'œuvre, d'ouvriers du bâtiment pour « les constructions de lignes de défense que les Britanniques avaient décidé d'édifier[6] ». D'autre part, des travailleurs saisonniers venaient trouver du travail dans les entreprises juives ou dans certaines exploitations agricoles. La main-d'œuvre originaire du Liban-Sud

1. Lescot, *op. cit.*, p. 17.
2. Jabbour (N.), *op. cit.*, p. 9.
3. Bazzi (N.), *op. cit.*, p. 184.
4. Lescot, *op. cit.*, p. 16.
5. Bazzi (N.), *op. cit.*, p. 141.
6. Gennaoui (J.), *op. cit.*, p. 11.

était d'autant plus appréciée qu'après les révoltes palestiniennes de 1936, les ouvriers non palestiniens constituaient une menace bien moins grande de rébellion au regard de certains activistes du prolétariat autochtone.

« L'occupation brutale[7] » de la Palestine et le déclenchement de la guerre de 1948 mirent fin aux mouvements migratoires vers le sud à partir du Liban. Mais les besoins des populations du Liban-Sud ne disparurent pas et la quête de travail amena les ouvriers et manœuvres du Jabal à se diriger vers le nord, vers la capitale libanaise. Ainsi, « après 1948 de nombreux sudistes émigrèrent vers Beyrouth et ses faubourgs[8] ». De même le commerce et les activités du Liban-Sud furent — en ayant perdu toutefois leur dynamisme — réorientés en direction du marché libanais devenu unique débouché pour la région [9].

Les renversements de flux sont importants à signaler pour notre analyse géopolitique. Ils permettent de mettre en évidence l'importance du facteur frontalier dans la perception de la nouvelle physionomie du territoire périphérique libanais.

Tout en étant intégré à la Montagne, le Liban-Sud avait gardé, jusqu'en 1949, un certain rayonnement dû à sa position intermédiaire entre la Syrie et la Palestine. La dépression du Houlé — le doigt galiléen (*cf. planche 3*) — étant impraticable parce que marécageux, c'étaient les anciennes routes Damas-Jezzine (ou Nabatieh) — Saïda et, entre autres, Damas-Marjayoun-Bint Jbeil-Safed qui étaient utilisées. Le Liban-Sud constituait ainsi une plaque tournante, un carrefour actif interrégional. Bien qu'ayant une « structure archaïque[10] » basée sur des activités commerciales de type artisanal, il n'en constituait pas moins une aire d'échanges « bien vivante[10] ».

Cette situation relais favorable au développement fut annihilée par la fondation de l'Etat d'Israël, la frontière, nouvelle dans sa nature, montrant alors un « caractère disjoncteur très accentué[11] ». Pour certains cette étape décisive de l'histoire du Liban-Sud marque le « début de la stagnation, voire du sous-développement[12] ». Sans être aussi catégorique, nous pouvons cependant admettre que ces événements relativement brusques ont contribué au déclin commercial de cette région tout en orientant définitivement le Liban-Sud vers la Montagne.

D'une situation périphérique ouverte et multidimensionnelle, le territoire du Liban-Sud est ainsi passé à une situation périphérique fermée et unidirectionnelle. Au relais s'est substituée la terminaison, à l'étape l'aboutissement, au carrefour la ligne droite. Les habitants du Jabal Amel et ses environs n'avaient, pour leur survie économique, plus de choix. Ils ont dû se tourner irrémédiablement vers la Montagne et le centre du pouvoir politico-économique beyrouthin.

Adossé à la ligne d'armistice, le Liban-Sud devenait ainsi le « cul-de-sac » frontalier d'un territoire étatique clos sur sa façade méridionale.

---

7. *Ibid.*, p. 12.
8. *Ibid.*, p. 12.
9. Bazzi (N.), *op. cit.*, p. 175.
10. Gennaoui (J.), *op. cit.*, p. 11.
11. Raffestin (C.) et Guichonnet (P.) : *Géographie des frontières,* Paris, P.U.F., 1977, 223 p., p. 147.
12. Gennaoui (J.), *op. cit.*, p. 11.

2 - Les modalités de l'intégration au Liban moderne

Comment le Liban-Sud s'est-il intégré à l'ensemble national libanais ; quelle est la physionomie générale de son organisation économique ? Le mohafazat est-il une périphérie socio-économique et si oui, dans quelle mesure ? Telles sont les questions auxquelles nous tenterons de répondre dans cette analyse qui prolongera notre réflexion géopolitique sur le Liban-Sud sous ses aspects socio-économiques et culturels.

Un espace agricole en décalage avec les structures socio-économiques du Liban

En examinant la structure économique du Sud et en l'inscrivant dans la dynamique globale du pays, on mesure à quel point cette structure apparaît en décalage par rapport au système libéral, commercial et financier, instauré par la bourgeoisie urbaine du pôle beyrouthin. Ce décalage se traduit essentiellement par un état de sous-développement accusé, comparé au secteur central du Mont-Liban et à la capitale, cœur politico-économique du Liban contemporain.

Le Liban-Sud est, en termes économiques, un espace fondamentalement agricole. La composition socio-professionnelle de la population active en est une des illustrations. Selon des données citées par le quotidien *Le Monde*[13], l'agriculture y emploierait en effet plus des trois quarts de cette population alors que la proportion d'actifs dans le secteur agricole pour l'ensemble du pays ne serait que de 19 % [14]. Le Liban-Sud dans ses limites administratives recoupe quatre régions agricoles définies par une enquête statistique effectuée par le ministère de l'Agriculture libanais en 1960 [15]. La région VIII qui comprend un territoire central allant de la frontière israélo-libanaise au fleuve Awali est la seule incluse dans sa totalité dans le département. Les trois autres dépassent en extension ce cadre : il s'agit de la plaine côtière à l'ouest (région I), d'une partie du Mont-Liban au nord comprenant Jezzine (région IV) et de la région sud-est, relativement sèche « mais irriguée et rappelant la zone centrale du Mont-Liban[16] ». Les régions VIII et I nous intéresseront plus particulièrement ici parce qu'elles rassemblent à elles deux la quasi-totalité du Liban-Sud et parce qu'elles sont significatives des structures socio-économiques de cette périphérie agricole. Le rapide survol de ces régions permet de mettre en lumière la dualité économique de l'agriculture sud-libanaise et les modalités de son intégration à la structure économique globale du pays.

La plaine sidono-tyrienne est une région agricole de grande propriété : les exploitations de plus de 50 hectares représentent plus de 60 % de l'ensemble des exploitations [17], les superficies de 100 à 200 hectares n'étant pas rares. De plus, la terre est fortement concentrée dans les mains de quelques gros propriétaires. Ainsi dans le caza de Tyr, 55,8 % des terres cultivées appartiennent à seulement 5,2 % des 252 propriétaires qui y sont

13. *Le Monde,* 21 septembre 1984.
14. « Enquête sur la population active au Liban », 1970, citée par Aouad (M.), *op. cit.*, p. 83.
15. Cf. Gauthier (J.) : *op. cit.*
16. Gauthier (J) : *op. cit.*, p. 11.
17. Nammour (T.) : *op. cit.*, p. 48.

recensés [18]. Ces propriétaires, qui apportent à leur domaine des méthodes modernes de production, sont souvent citadins et originaires d'autres régions du Liban. L'origine de la constitution des exploitations en témoigne : « Les domaines et les villages appropriés par les anciennes familles dominantes du Liban-Sud (...) sont vendus progressivement entre Saïda et Tyr pour devenir des plantations d'agrumes et de bananiers, gérées par des commerçants et des ex-émigrés qui, en majorité, ne sont pas de la région... [19] ». La grande propriété s'est développée à partir des années 50, à la faveur d'un programme d'irrigation qui est resté limité à la plaine côtière : ainsi cette dernière concentre-t-elle 60 % des terres irriguées du mohafazat mais seulement 6,1 % des terres cultivées [20].

A cette agriculture relativement moderne dans ses techniques de culture et de gestion s'oppose dans le Jabal Amel et sur une partie des plateaux du sud-ouest — la partie la plus « reculée » du Liban-Sud — un mode d'exploitation de la terre archaïque. La région se caractérise d'une part par la monoculture du tabac, d'autre part par la structure féodale des exploitations agricoles qui sont de véritables domaines.

La région VIII reçoit entre 700 et 800 mm d'eau en moyenne par an [21] et la culture sèche y domine. Autrefois producteurs de blé, le Jabal Amel et ses environs sont aujourd'hui les principaux pourvoyeurs du pays en tabac, au point que cette monoculture a définitivement éliminé les céréales dans la plupart des collines du Liban-Sud.

L'« or vert » fut d'abord introduit au Mont-Liban au XIXe siècle. Codifiée en 1935 par une régie franco-libanaise, sa culture ne connut son véritable essor qu'avec le développement spectaculaire des exploitations côtières dans les années 50. Après la multiplication par quatre des superficies plantées entre 1936 et 1965 [22], la production de tabac est devenue très vite la monoculture spéculative entre le fleuve Zahrani et la frontière israélo-libanaise. A l'aube du conflit de 1975, le Liban-Sud concentrait 70,2 % de la superficie cultivée en tabac du Liban, et 72 % des 45 000 planteurs de tabac du pays [23].

Malgré son essor et son introduction dans les circuits commerciaux du Liban moderne, la culture du tabac repose, dans cette région, sur une structure de la propriété archaïque. Les « féodaux » chiites qui, avec les citadins grands propriétaires, ont dépossédé les paysans de leur petite propriété entre 1860 et 1920 [24], se sont emparés dans les années 50 du contrôle de cette production. En prenant en main la régie libanaise des tabacs qui délivre les permis de culture et se porte acquéreur de la récolte, ils ont imposé aux paysans sous leur tutelle une monoculture à outrance, dans un premier temps fort rentable mais qui a révélé très vite son manque de productivité face à la concurrence des tabacs américains. Lorsque l'organisation de la production, soumise à des contraintes archaïques a conduit à un affaiblissement de ce secteur par manque de rentabilité, les agriculteurs liés par métayage aux propriétaires en ont subi les premiers les conséquences.

---

18. Gauthier (J.) : *op. cit.*, p. 124.
19. Dubar (C.) et Nasr (S.) : *op. cit.*, p. 36.
20. Aouad (M.) : *op. cit.*, p. 31.
21. Gauthier (J.) : *op. cit.*, tome II, p. 7.
22. Nammour (T.) : *op. cit.*, p. 54.
23. Gennaoui (J.) : *op. cit.*, p. 21.
24. Dubar (C.) et Nasr (S.) : *op. cit.*, p. 35.

A la lumière des quelques faits et chiffres relatifs à la principale activité économique du Liban-Sud, il apparaît que cette région est une zone où coexistent les types d'utilisation moderne du sol et les systèmes les plus archaïques. Cette caractéristique, nous l'avons vu, résulte en partie d'une utilisation à grande échelle de l'irrigation dans la plaine côtière, mais aussi d'une différence de structures de production. D'un côté, une grande exploitation souvent propriété d'un citadin et où travaillent sous les ordres d'un gestionnaire des salariés saisonniers. De l'autre, un féodal influant règnant sur une paysannerie appauvrie par le métayage et l'inadaptation des moyens de production à la nouvelle culture industrielle du tabac.

La persistance d'une féodalité agraire aux confins du Liban a été considérée par certains comme la cause première d'un sous-développement et d'une pauvreté endémique. Ainsi, d'après l'auteur chrétien S. Abou : « La pauvreté était moins accentuée dans le Liban central et dans la montagne où les maronites s'étaient dès le XIXe siècle émancipés de la tutelle de type féodal de leurs cheikhs et de leurs notables, que dans les zones périphériques récemment rattachées au Mont-Liban où les sunnites et les chiites, sévèrement bridés par leurs notables, avaient toujours accusé un retard par rapport à leurs homologues chrétiens[25]. » Certes, l'arriérisme social de ces régions a contribué à les maintenir dans une structure économique archaïque, mais il serait excessif de ne retenir que les rapports des forces sociales dans l'explication du sous-développement sud-libanais.

Organisation de l'espace libanais :
le Liban-Sud polarisé par le centre beyrouthin

C'est l'articulation de la région périphérique à la structure territoriale et géopolitique libanaise qui permet de comprendre en partie les disparités interrégionales de développement. C'est pourquoi nous ferons intervenir ici non plus les différences socio-économiques à l'intérieur du Liban-Sud mais les interrelations entre le centre beyrouthin et le département.

Un fait, un chiffre permet d'illustrer la situation : « L'activité agricole de la région de la zone côtière fournissait, en 1976, 60 millions de livres libanaises par an, mais le revenu était presque entièrement drainé vers Beyrouth[26]. » En exportant les capitaux tirés de l'exploitation des richesses du Liban-Sud, les acteurs économiques ont accentué la position périphérique de la région et le caractère dominé et extraverti de ses structures de production. L'analyse du sociologue S. Nasr explique clairement l'origine de cette aberration : « L'intégration progressive et différentielle des régions libanaises (de la capitale vers la périphérie) dans le marché mondial capitaliste à partir du milieu du XIXe siècle a abouti à leur spécialisation dans des activités économiques nouvelles, inégalement "rémunérées" et reliées de façon dépendante au pôle financier commercial beyrouthin[27]. »

L'analyse apporte un éclairage nouveau sur les causes du sous-

25. In *Bechir Gemayel ou l'esprit d'un peuple :* op. cit., p. 118.

26. Nammour (T.) : *op. cit.,* p. 49.

27. Nasr (S.) : in *Palestine et Liban : promesses et mensonges de l'Occident,* par Bauberot (J.), Bloch (L.), et autres. Paris, L'Harmattan, 1977, 233 p. voir Nasr (S.) : « Pour éclairer la guerre civile au Liban. Jalons pour une position des rapports entre confessions et société libanaise », pp. 142-155, p. 152.

développement du sud du pays. Celui-ci s'inscrit en fait dans un système économique contrôlé par une métropole qui dirige non seulement les mouvements de capitaux, la distribution et la répartition des richesses, mais aussi, à travers les migrations humaines, les forces vives de la région périphérique.

Le développement économique du Liban entre 1958 et 1970 ne s'est pas fait à partir des activités agricoles pourtant en expansion. Au contraire même, il s'est fait à leur détriment. La part de l'agriculture dans le P.I.B. était de 20 % en 1948, elle est tombée à 12 % en 1964 pour atteindre 9 % en 1974 [28]. Parallèlement, la part de la population active agricole s'abaissait au même rythme : 48,9 % en 1959, 18,9 % en 1970 [28].

Le moteur de l'expansion économique se trouvait dans les villes, dans la ville, Beyrouth. Ce sont ses industries, ses banques, ses sièges sociaux, ses commerces import-export, son tourisme, sa concentration en compétences qui en ont fait le pôle quasi unique de développement au Liban. Face à une économie nationale de structure fondamentalement tertiaire — 75 % du P.N.B. étant fourni par le secteur des services [29] — le Liban-Sud agricole s'est trouvé en décalage avec le système de promotion et de développement économique régional libanais. En définitive, il se situait, dans une période d'expansion, à l'écart d'une part du centre d'activités et de richesses concentré à Beyrouth, d'autre part d'un développement économique tertiarisé : il était doublement marginalisé.

A. Kher indiquait en 1961 : « Il n'est de croissance qu'à Beyrouth, le reste du pays n'ayant d'autre alternative que la stagnation ou la désintégration », et plus loin : « La primauté trop éminente de la capitale en fait le pôle non seulement principal mais unique de toute l'activité économique, sociale et culturelle du Liban[30]. » Face à l'irrésistible attrait de Beyrouth, à cette véritable aimantation, la capitale régionale de Saïda ne pouvait remplir son rôle de pôle secondaire. Le pays se trouvait directement polarisé par la capitale nationale, « passant outre à toute autre attraction intermédiaire[31] ».

La macrocéphalie beyrouthine s'est répercutée sur les espaces périphériques en termes d'aménagement du territoire et d'équipement. Les régions qui s'organisaient autour de la capitale portaient la marque de l'hégémonie centrale du Mont-Liban. Ainsi, en 1967, le Liban-Sud, qui couvre un cinquième du territoire et représente 12 % de la population totale, était-il dans un état de sous-équipement total. Il concentrait 5,6 % des établissements industriels, 2,3 % du total des salariés, seulement 1,9 % des salariés déclarés [32]. Les établissements étaient d'autre part concentrés à Saïda, située à l'extrême nord du mohafazat, à quelque 40 km de Beyrouth, mais à plus de 50 km de Bint Jbeil au cœur du Jabal Amel. Le chef-lieu du Liban-Sud comptait 15 des 19 hôpitaux du département (dont 5 seulement appartenant à l'Etat), sa population travaillait nombreuse à Beyrouth dont la proximité par la route côtière renforçait l'attrait. Les territoires excentrés et proches de la frontière israélo-libanaise restaient à l'écart de l'attraction. En

28. Kamel (N.) : *op. cit.*, p. 256.

29. I.F.P. : les crises du Liban, *op. cit.*, p. 16.

30. Kher (A.) : « Polarisation au Liban », in *Développement et Civilisation*, n° 5, janvier-mars 1961, pp. 51-54, p. 52 (cf. planche 9 pour une visualisation de l'organisation de l'espace).

31. *Ibid*, p. 52.

32. Les chiffres cités dans ce paragraphe sont tirés de Gennaoui (J.), *op. cit.*, pp. 12 et ss.

1958, le Liban-Sud n'avait toujours pas d'électricité et, en 1961, plus de 200 villages étaient encore démunis d'eau dans le Jabal Amel [33].

Le sous-développement et le sous-équipement ont eu des effets dramatiques sur les populations du Liban-Sud déjà affaibli démographiquement depuis 1948. Le secteur primaire ne pouvait plus assurer la survie de la main-d'œuvre agricole exploitée par les grands propriétaires. Le secteur commercial a périclité depuis la première guerre israélo-arabe et la culture intensive du tabac a appauvri les sols sans permettre à la population, par son caractère monopolistique, de développer des cultures d'auto-subsistance. Bref, au début des années 70, « la nécessité de subsister a poussé la population à émigrer de la manière la plus intense[34] ».

L'exode rural massif s'est répercuté sur la situation démographique globale du Liban. « Les migrations en provenance du sud se sont orientées particulièrement vers Beyrouth[35] » qui croissait à une vitesse prodigieuse. De 207 000 habitants en 1950, la ville est passée en 1975 à 1 000 000 d'âmes, le Grand Beyrouth représentant alors entre 45 et 50 % de la population libanaise totale [36]. La banlieue sud qui s'est étendue rapidement est devenue une sorte de Jabal Amel reconstitué aux portes de la capitale. Par contrecoup, les villages se sont dépeuplés au sud du Litani. En 1959, le Liban-Sud représentait 14,6 % de la population du Liban. En 1970, la proportion était de 11,7 % [37]. L'espace urbain a également été affecté. Court-circuitée par Beyrouth lors des mouvements migratoires, l'armature urbaine du Liban-Sud voyait sa dynamique démographique stagner : en 1959, le département comptait 75 000 urbains alors qu'ils étaient 72 315 à vivre dans les villes dix ans plus tard [37].

Le Liban-Sud a dû payer un lourd tribut au développement du centre beyrouthin et de ses environs. D'une part, le développement économique, entre 1958 et 1970, a aggravé des déséquilibres structuraux et régionaux [38], d'autre part, la croissance rapide de la région autour de la capitale a plongé consécutivement les autres régions périphériques, et le Sud en particulier, dans un « sous-développement assez spectaculaire[39] ».

3 - Une mise à l'écart du développement

« Notre marche du Sud paraît chaque jour plus importante, plus vitale. Le peuplement que d'autres cherchaient à y faire, c'est à nous de l'entreprendre (...). Le Liban a des obligations envers le Sud. Pour l'avenir du Liban, il faut que chacun ici le sache et s'en souvienne[40]. » Quelques mois après

33. Jabbour (N.) : *op. cit.*, p. 8.

34. *Ibid.*

35. Cf. Kamel (N.) : *op. cit.*, troisième partie : Les migrations au Liban, pp. 250-310, p. 256.

36. Cf. Bourgey (A.) : « Beyrouth, ville éclatée », *Herodote* n° 17, 1er trimestre 1980, pp. 5-31.

37. Frenn (G.) : *op. cit.*, p. 60.

38. « Le centre du pays peut être considéré comme surdéveloppé par rapport aux régions périphériques et surtout de l'ensemble du Liban-Sud », Picard (E.) : « Liban, guerre civile ou conflit régional », in *Maghreb-Machrek* n° 73, la Documentation Française, 3e trimestre 1976, pp. 53-69, p. 57.

39. Aouad (M.) : *op. cit.*, p. 18.

40. M. Chiha, in *L'Orient*, 1er juin 1944, cité par Bourgi (A.) et Weiss (P.) : « Israël et le Sud-Liban », *Peuples méditerranéens*, n° 20, juillet-septembre 1982, pp. 93-104, p. 1.

l'indépendance du pays, c'est en ces termes que l'auteur libanais M. Chiha mettait en garde les futurs gestionnaires du pays. Les gouvernements successifs depuis 1943 ont-ils pris en compte son avertissement, y a-t-il eu un réel effort de développement de cette région périphérique, une réflexion sur l'aménagement du territoire libanais ?

Le Liban-Sud délaissé et sous-équipé

Dans un document publié en décembre 1985, l'archevêque grec-catholique de Saïda brosse le tableau de la situation économique du Liban-Sud [41] à l'aide d'une énumération significative : agriculture traditionnelle sans modernisme, absence presque totale d'industries, maigreur de l'artisanat et, de façon générale, économie faible et dépendante. L'archevêque poursuit : « Socialement la situation n'est pas plus brillante. » Là aussi, un inventaire des lacunes en équipement, en hommes, éclaire le sous-développement du Liban-Sud : absence de couverture sociale pour les artisans et les agriculteurs, manque d'hôpitaux publics mais nombreuses cliniques privées dispensant des soins onéreux, absence de médecins en zone rurale. Sur ce point, l'archevêque signale que « certaines institutions privées tentent cependant de combler la déficience des pouvoirs publics en ouvrant des dispensaires dans les campagnes ». Le document cite enfin les déficiences culturelles du Liban-Sud : écoles publiques insuffisantes, « tant par le nombre que par la qualité de l'enseignement » ; absence totale de centres de loisirs et de culture.

Les mauvaises conditions de vie issues de ces carences multiples ont contribué à dépeupler le département, accélérant ainsi la dégradation des structures économiques et sociales des espaces encore actifs.

Si la situation du Liban-Sud a peu évolué depuis son intégration au Grand Liban, c'est, il faut le reconnaître, en partie à cause des conflits libanais. Mais cet immobilisme est aussi, et surtout, le fait d'une absence de prise en compte des problèmes du Sud par le pouvoir central. Le document de l'archevêque le reconnaît d'ailleurs en déclarant qu'« en-dehors même des effets de la guerre, sur le plan économique et social le Liban-Sud a toujours été nettement défavorisé par rapport au reste du pays ». Comme le fait remarquer E. Jarry, avec une économie essentiellement agricole, « la région a toujours été délaissée par l'Etat[42] ».

Le centre politique et économique du Liban, animé et dynamisé par une économie de services, fondamentalement tertiaire et soutenue par un credo libéral, n'a jamais porté une grande attention aux espaces à sa périphérie, et ce, avant même la naissance du Liban indépendant en 1943. C'est en tout cas ce que révèle un exposé fait au C.H.E.A.M. en 1937 ou 1938. L'auteur y indique notamment que « malgré les difficultés actuelles, les cazas chiites sont frappés d'impôts proportionnellement plus lourds que les autres provinces (...). Par contre ils occupent une place bien moins grande dans le budget de l'Etat. Beyrouth semble les ignorer totalement[43] ». On ne peut être plus clair.

---

41. Archevêché grec-catholique de Saïda : *Documents sur la situation économique et sociale au Liban-Sud,* Salhieh-Saïda, 20 déc. 1985, 4 pages.

42. Jarry (E.) : « Sud-Liban, le face à face », *Le Monde Diplomatique,* mai 1982.

43. Lescot : *op. cit.,* p. 19.

Les pouvoirs publics, réticents à intervenir dans les rouages d'une économie libérale, ont pourtant été amenés, sous la pression des événements, à s'immiscer dans l'organisation des activités économiques du pays. En 1958, le Liban était secoué par la vague du nassérisme qui emportait, à côté des revendications pan-arabes, les protestations des populations marginalisées des régions périphériques. Un général de l'armée libanaise, Fouad Chehab, fut appelé contre son gré au poste suprême, à la présidence de la République [44]. Avec lui commença la première et dernière expérience de planification économique au Liban. L'intervention de l'Etat dans l'économie et dans l'organisation de la société se fit à travers des organismes nouvellement créés, qui furent chargés de mettre sur pied les grands projets d'équipement, les réformes sociales, tels l'Office des grands projets et l'Office du développement social [45]. Un observateur de l'époque notait : « L'intérêt économique autant que la justice sociale et l'équilibre du Liban commandaient cette politique (développement des régions défavorisées) accueillie avec ferveur par les habitants de ces régions[46]. » En quittant sa charge en 1964, le général F. Chéhab terminait un mandat caractérisé par la tentative d'un rééquilibrage socio-économique du pays. Sous sa présidence fut entrepris la modernisation du Liban-Sud à travers le renforcement des liaisons entre les villages, le développement de l'électrification des campagnes, la mise en place d'un réseau téléphonique. Mais les travaux d'équipement ne furent pas tous achevés, les successeurs du président Chehab s'empressant de désarticuler une structure étatique devenue envahissante et jugée contraignante. La période 1970-1974 marque ainsi le « démantèlement progressif de l'appareil d'Etat chéhabiste, la marginalisation de ses institutions et le retour en force de la féodalité politique[47] ».

Pour illustrer cette période nouvelle de l'histoire économique du Liban, il nous a semblé intéressant de choisir un projet de développement révélateur d'une part des mécanismes du pouvoir politique et économique au Liban-Sud, d'autre part du rôle joué par le facteur frontalier dans une situation de périphérie économique.

Ce programme de développement élaboré en 1954 avait pour nom « Projet Litani ». Il s'agissait d'une vaste entreprise de construction de barrages devant permettre l'irrigation et la production d'électricité à partir des eaux du fleuve Litani. Le programme d'exploitations des eaux avait sur le plan agricole deux objectifs principaux [48] : dans une première phase devaient être réalisés l'irrigation et l'aménagement hydraulique des grandes plantations de la plaine côtière ; une deuxième phase prévoyait l'irrigation d'une partie importante des terres situées à l'intérieur du Liban-Sud, notamment dans le Jabal Amel, relativement sec. Cette dernière réalisation était perçue par les populations chiites du Sud comme l'aboutissement d'une ancienne revendication. En effet, dès les années 30, les chiites avaient demandé que « les canalisations construites vers Marjayoun » (village chrétien) « soient continuées jusqu'aux principaux centres du Jabal, notamment à Bint

44. Cf. Alem (J.-P.) : *op. cit.*, pp. 67-69.
45. Dubar (C.) et Nasr (S.) : *op. cit.*, p. 330.
46. Jabbour (N.) : *op. cit.*, p. 13.
47. Dubar (C.) et Nasr (S.) : *op. cit.*, p. 330.
48. Jarry (E.) : « Le Sud-Liban, le face à face », *op. cit.*

Jbeil[49] ». L'irrigation du Liban-Sud intérieur était également considérée comme « la seule issue pour passer des cultures de subsistance et du tabac à d'autres cultures plus rentables[50] » pour le paysan. Dix années après le lancement des travaux d'infrastructure et l'avènement de C. Helou qui sonna le glas d'un certain dirigisme étatique, quels ont été les travaux réalisés, sachant que les financements manquèrent à partir de cette période et que l'état d'avancement des réalisations est resté le même jusqu'à aujourd'hui ?

Sur les trois projets présentés — hydro-électricité, irrigation de la plaine côtière et aménagements hydrauliques du Liban-Sud intérieur — seuls deux ont été achevés : le barrage hydro-électrique du lac Qaraoun (Beqaa) et l'aménagement de la plaine côtière. L'irrigation des terroirs du Liban-Sud intérieur, opération qui apparaissait vitale pour le développement et la modernisation de la région, n'a jamais été entreprise. Plusieurs éléments permettent d'expliquer cet abandon de la région périphérique. Nous en retiendrons trois, d'ordre économique, sociologique et politique, enfin stratégique.

L'hydro-électricité sans entretien, sans frais de main-d'œuvre excessifs, face au développement agricole, lourd en investissements et aléatoire : tel qu'il se présentait, le choix, aux yeux de financiers et investisseurs, ne faisait aucun doute. Comme le souligne J. Hudson, « une des raisons principales » de l'abandon d'une partie du projet Litani « bien que non admise, était que l'hydro-électricité était beaucoup plus rentable[51] ».

D'autre part le projet Litani menaçait la mainmise des féodaux chiites sur les terres cultivées en tabac et sur les paysans. « Le barrage construit sur le fleuve Litani, en rendant possible une irrigation des terres paysannes, risquait de briser le monopole des chefs locaux », écrit A. Turquieh [52]. Dans les campagnes du Sud où les notables attribuaient l'eau aux terres des agriculteurs, réalisant grâce à ce pouvoir discrétionnaire leur réélection à la chambre des députés, il eut été inconcevable d'ôter aux féodaux leurs privilèges : le pouvoir central tenait, avec leur aide, les populations récalcitrantes du Jabal Amel.

Enfin le troisième élément explicatif, qui apparaît plus comme un argument justificateur qu'un fait, fut l'invocation par les dirigeants libanais des visées d'Israël sur les eaux du bassin du Litani [53]. Devant une menace qu'ils jugeaient sérieuse, les responsables politiques ont abandonné à son sort et à son état de sous-développement le Liban-Sud. La position frontalière de ce département vu comme un glacis justifiait ainsi leur attentisme et leur désintéressement pour cette région définitivement reléguée à leurs yeux dans un stade primitif et marginal de développement.

La dimension culturelle de la périphérie sud-libanaise

Nous touchons ici un point important de la problématique géopolitique périphérique telle que nous l'avons définie dans la présentation de cette

49. Lescot : *op. cit.*, p. 19.

50. Propos d'un économiste de Saïda recueillis par Jarry (E.), *op. cit.*

51. Hudson (J.) : « The Litani river of Lebanon : an example of middle eastern water development », in *Middle East journal*, vol. XXV, nº 1, hiver 1971, pp. 1-14.

52. Turquieh (A.) : « Développement économique et planification du Liban », in *Maghreb-Machrek*, nº 57, mai-juin 1973, pp. 72-80, p. 78.

53. Jarry (E.) : « Le Sud-Liban, le face à face », *op. cit.*

première partie. La négligence du pouvoir central chrétien envers les populations du Sud en grande majorité chiites relève de ce qu'on pourrait appeler la marginalisation culturelle.

Les chrétiens orientaux sont, sur le plan politico-religieux, assez éloignés des chiites, comme le montrent les phases de l'histoire mouvementée du Liban. Ils le sont aussi en terme de développement culturel et de mode de vie. Les chrétiens et plus particulièrement les maronites ont établi depuis plusieurs siècles déjà des relations culturelles très étroites avec l'Occident et la France. Très tôt cette communauté a développé un bilinguisme arabe-français qui en fait sa singularité dans le Liban contemporain. De plus, à la faveur de l'implantation d'établissements d'enseignement anglo-saxons ou francophones dans la capitale libanaise et sur son territoire au XIXe siècle, elle a bénéficié d'une formation et d'un développement culturels qui ont permis à ses membres d'obtenir un nombre important de responsabilités administratives et juridiques au moment de l'accession à l'indépendance. Enfin, avec le renforcement des relations entre les chrétiens et le monde occidental, notamment par la forte immigration maronite de par le monde, un mode de vie occidentalisé, américanisé s'est développé dans cette communauté très proche de la chrétienté occidentale.

A contrario, la communauté chiite du Liban est longtemps restée confinée sur son fief, encadrée par des notables conservateurs et tournés résolument vers l'Islam, parfois dans ses manifestations les plus archaïques. En outre, l'absence d'encadrement éducatif, le manque d'équipement scolaire entretenu depuis plusieurs décennies dans les régions méridionales n'ont pas permis aux populations chiites d'acquérir la formation et les compétences nécessaires pour participer à la gestion de leurs affaires et du pays [54]. Même si elle rattrape aujourd'hui son handicap, la communauté chiite reste encore sous-encadrée.

Les jugements sur cette communauté émanant d'observateurs occidentaux ou de chrétiens libanais sont révélateurs de la distance culturelle qui les sépare des chiites. En 1937, J. Darche écrivait : « La population métouali constitue le groupement le plus primitif du Levant. On estime à 10 % au maximum la proportion des métoualis connaissant les rudiments de l'écriture[55]. » Sur le plan sociologique, la communauté chiite du Liban-Sud apparaît, au regard des élites chrétiennes de Beyrouth et ses environs, comme « proche du stade tribal[56] ». Il est vrai que son organisation sociale est féodale et patriarcale [57]. Pour J. Darche, « les populations métoualis sont entretenues dans le fanatisme religieux et dans la dépendance du grand propriétaire[58] ».

54. La situation a changé depuis 1943 mais l'inégalité d'accès aux connaissances subsiste, comme l'indiquent ces données :

	Hommes	Femmes	
Taux d'analphabétisme	31 %	70 %	chiites
	15 %	29 %	chrétiens

Bourgi (A.) et Weiss (P.) : *Les complots libanais,* Paris, Berger-Levrault, 1978, 212 p., p. 45. Cf. aussi les chiffres donnés par Naaman (A.) : *Le français au Liban...,* op. cit. p. 172.

55. Darche (J.) : *Les chiites du Liban,* mémoire du C.H.E.A.M., 1937, 32 p., p. 24.

56. De Vaumas (E.) : *La répartition confessionnelle...,* op. cit., p. 546.

57. Ce type d'organisation sociale archaïque n'est pas l'apanage des chiites. Il existe aussi sous une autre forme à l'intérieur de la communauté chrétienne. Cf. Randal (J.) : *Going all the way : christians warlords, Israeli adventurers and the war in Lebanon,* New York, the Viking Press, 1983, version française chez Grasset, 324 p.

58. Darche (J.) : *op. cit.,* p. 24.

Cette vision des populations chiites — qui correspond parfois à la réalité, en particulier en ce qui concerne les rapports sociaux — devient critiquable à partir du moment où le sentiment de supériorité intervient. Dans son livre sur le bilinguisme au Liban, S. Abou affirme par exemple qu'à travers la scolarité, « nous retrouvons la détermination "qualitative" c'est-à-dire confessionnelle des deux parties du Liban : Liban central, en grande majorité maronite, Liban périphérique, en grande majorité sunnite et chiite[59] ». De même cette phrase : « Le paysan druze, comme le maronite, se distingue avantageusement du type fellah, représenté au Liban par les paysans sunnites du Akkar et les chiites de la Beqaa et du Liban-Sud[60] ». Un certain mépris transparaît à travers ces affirmations. Celles-ci illustrent une autre dimension de la position périphérique des chiites et du Liban-Sud : la dimension culturelle.

Conclusion :

Une « superposition » de périphéries

Notre démarche, en première partie de ce travail, était de mettre en évidence les différentes facettes du caractère périphérique de la région étudiée. Nous avons tenté de montrer comment la situation périphérique du Liban-Sud n'était pas seulement d'ordre spatial mais comportait également d'autres dimensions. Ainsi la position marginale sur le plan géographique associe-t-elle une marginalisation historique, politique, économique, voire même culturelle.

Nous avons d'autre part été amené à privilégier l'étude de la communauté chiite dans la mesure où elle représente plus de 60 % des habitants de l'espace que nous étudions. Ce qui apparaît ainsi au terme de ce chapitre est, à notre avis, d'une importance capitale sur le plan géopolitique : à la veille des événements de 1975, les chiites concentrent sur leur communauté un faisceau, un recoupement, une superposition de situations périphériques. Ce sont eux qui habitent le Liban-Sud à l'écart du centre, ce sont eux (avec d'autres) qui sont écartés du pouvoir politique, ce sont eux qui sont les plus démunis sur le plan des équipements culturels et éducatifs, ce sont enfin eux, dans leur majorité, qui subissent le poids du système économique inégalitaire libanais.

Ils forment, dit-on, le groupe le plus déshérité du Liban. Nous le pensons, et ce pour deux raisons. Ils sont d'une part « désavantagés par les circonstances » (cf. Partie historique) ; ils sont d'autre part et surtout « privés d'héritage[61] ». L'édification du Liban moderne et contemporain s'est réalisée avec leur participation mais ils n'en ont retiré que des miettes. Prenons l'exemple des catégories socio-professionnelles. On a souvent critiqué à juste raison l'assimilation : maronite = puissant et riche, chiite = pauvre et ouvrier. Certes les richesses sont plus réparties dans les différentes commu-

59. Abou (S.) : *Le bilinguisme..., op. cit.*, p. 111.
60. *Ibid.*, pp. 51-52.
61. Définitions du *Petit Robert,* article : « déshérité ».

nautés qu'on ne le pense généralement [62], mais il ne s'agit pas de tomber dans l'excès inverse. Le tableau que nous présentons *planche 10* montre clairement qu'en ayant soin de ne pas faire de rapprochement abusif, la communauté chiite reste sous-représentée dans les catégories « patronat » et « professions libérales », et qu'elle est sur-représentée parmi les « ouvriers » et les « agriculteurs ». Les chiites n'ont pas usurpé leur qualificatif de « déshérités ». Ayant quitté le Liban-Sud pour fuir la pauvreté des conditions de vie dans l'agriculture et les raids israéliens, ils ont formé aux portes de Beyrouth et dans les villes du sud côtier une fraction importante du sous-prolétariat. L'existence d'une telle force sociale au sein de la société libanaise marquée par les « inégalités sociales excessives », par un « régime fiscal qui dans un pays riche faisait un Etat pauvre », par les « prévarications des classes dirigeantes » [63], l'existence d'un telle force constituait une menace pour la stabilité du Liban.

L'aggravation des difficultés des cultivateurs du Sud [64], la montée des revendications ouvrières dans les banlieues industrielles de la capitale et leur durcissement font qu'en 1973, le « Liban danse sur un volcan[65] ». Dès 1960, le rapport issu de la mission de l'I.R.F.E.D. [66] signalait que « l'acculturation progressive des chiites ne tarderait pas à faire percevoir l'énorme dispersion des niveaux de vie, sans doute croissante, et à préparer à des révoltes régionales ou de couches sociales qui livreraient le pays à l'anarchie et aux ambitions de certains peuples voisins[67] ». Remarque prophétique s'il en est : la guerre du Liban prend en partie sa source dans des conflits sociaux tels que celui survenu à Saïda en février 1975. A cette époque se déroule dans le chef-lieu du Liban-Sud une grève des marins pêcheurs qui protestent contre la création, par un homme d'affaires de Beyrouth, d'une société détenant le monopole de la pêche au Liban. Soutenue par le député de la ville, Maarouf Saad, une manifestation est organisée dans les rues de la ville le 26 février. Des coups de feu éclatent alors que la marche progresse pacifiquement. M. Saad est tué, l'armée intervient et essuie pendant plusieurs jours les tirs de francs-tireurs. Les incidents de Saïda sont ainsi considérés comme le « prélude de la guerre civile qui embrasera le Liban pendant près de deux ans[68] ».

Dans un premier temps la dialectique centre-périphérie a été mise en avant dans l'appréhension géopolitique du Liban-Sud. Elle a fait ressortir de façon claire comment un espace périphérique avait été mis à l'écart, délaissé par un pouvoir central ancré aux flancs des montagnes surplombant le pôle économique et financier de Beyrouth. La concentration des activités et des acteurs, notamment sur le plan politique, a eu pour conséquence un affaiblis-

---

62. « A la veille des troubles, les grandes fortunes restent massivement concentrées dans les mains de la féodalité chiite et des grands propriétaires fonciers urbains, sunnites dans leur majorité et aussi grecs-orthodoxes ». G. Corm, cité par J.-P. Peroncel-Hugoz, *Le Monde*, 27 octobre 1985.

63. Alem (J.-P.) : *op. cit.*, p. 90.

64. « A partir de 1970, les groupes de pression importateurs de tabac américain ont bloqué l'élargissement des capacités productives de la régie des Tabacs, menaçant la survie des paysans du sud. », Dubar (C.) et Nasr (S.) : *op. cit.*, p. 95.

65. Turquieh (A.) : *Développement économique...*, *op. cit.*, p. 73.

66. Institut de Recherche et de Formation en vue du Développement.

67. Cité par Corm (G.) : *Politique économique et planification au Liban, 1953-1963*, Beyrouth, Imprimerie Universelle, 1964, 211 p., p. 141.

68. I.F.P. : *Les crises du Liban*, *op. cit.*, p. 62.

sement du pouvoir central, du « pôle étatique », dans la région périphérique. Lorsque le repli sur ce pôle est devenu trop marqué, des forces centrifuges sont apparues au sein de cet espace dégagé de tout contrôle étatique.

J. Gallais parlait, dans une étude sur les pôles étatiques africains, des marches frontalières, « zones où s'essoufflent les formes de contrôle et d'autorité[69] ». Si l'auteur faisait là référence à des espaces le plus souvent désertiques ou difficiles d'accès, il est néanmoins possible de transposer cette terminologie aux sphères géopolitiques qui nous intéressent, plus peuplées.

L'utilisation de la terminologie de J. Gallais est en partie adaptée à la situation au Liban-Sud. Ce dernier est bien apparu comme en marge d'un noyau non plus ethno-démographique, mais confessionnel et démographique. Sa position frontalière en faisait d'autre part une région caractérisée par la limitation de l'action de l'Etat.

Ainsi, dans un espace proche-oriental aux dimensions réduites, les facteurs géopolitiques de « périphérie » et de « frontière » se combinent au Liban pour créer au sud du pays une zone marginale abandonnée par l'Etat centré sur la montagne. Le Liban-Sud devient par là même un enjeu géopolitique dans la mesure où l'absence d'autorité étatique forte permet aux laissés-pour-compte de l'histoire proche-orientale contemporaine de l'utiliser comme cadre de conquête ou de reconquête politique, voire même territoriale.

69. Gallais (J.) : « Pôles d'Etat et frontières », in *Cahiers Géographiques de Rouen,* n° 15, 1981, pp. 79-95, p. 80.

DEUXIÈME PARTIE

LE LIBAN-SUD ENJEU TERRITORIAL

Le Liban-Sud contient et accueille dans les années qui précèdent l'embrasement général du conflit libanais deux populations écartées toutes deux à des titres divers du champ politique proche-oriental : les chiites et les Palestiniens, une communauté, un peuple. L'un a perdu le territoire national que lui avait octroyé la communauté internationale en 1947, l'autre, spoliée sur les plans économiques et politiques, ne participe que pour une faible part au partage des richesses d'un pays qu'elle a contribué à développer.

Unis dans un premier temps face au pouvoir central, les deux protagonistes vont peu à peu tenter de contrôler à leur propre profit un territoire à la périphérie du nord de l'Etat sioniste pour l'un, au sud d'un Etat centralisé, objet de convoitise pour l'autre. Tour à tour confrontés aux armées de l'Etat israélien, les deux acteurs vont réagir différemment aux situations géopolitiques nées d'un conflit désormais élargi à l'ensemble de la région du Proche-Orient. Tandis que s'affaiblit sous les coups de butoir de Tsahal — qui soutient par ailleurs l'offensive des milices chrétiennes vers le sud —, la puissante infrastructure palestinienne, la communauté chiite tente de reconquérir un espace à l'intérieur du système politique libanais et sur un territoire qu'elle érige peu à peu en fief, luttant à la fois contre les Palestiniens et contre les Israéliens.

CHAPITRE PREMIER

LES PALESTINIENS ET LE LIBAN-SUD

Avant de présenter la population palestinienne du Liban-Sud, il est important de noter que l'utilisation de données chiffrées sur ce sujet exige une extrême prudence. En effet, les différents recensements effectués depuis son implantation et les estimations proposées à partir de 1975 sont imprécis et contradictoires.

D'abord parce que l'organisme des Nations unies chargé de l'aide aux réfugiés palestiniens des camps du Liban [1], dont émanent de nombreuses statistiques, ne recense pas les populations habitant hors des camps d'une part, celles arrivées après 1967 d'autre part. De plus, il est pratiquement impossible d'évaluer avec précision les entrées illégales de travailleurs ou de combattants palestiniens.

Les chiffres sont également imprécis parce qu'il existe plusieurs définitions du Palestinien qui peut être considéré comme tel par son origine géographique et ne pas l'être par sa nationalité.

Enfin parce que depuis les premiers mouvements de la guérilla palestinienne au Liban-Sud, la présence palestinienne dans son ensemble est devenue un des thèmes de la lutte entre partis et clans politiques. La droite chrétienne la rejette catégoriquement tandis que les progressistes l'utilisent pour contrer la mainmise du noyau chrétien économique et financier sur le pôle étatique.

Cette lutte autour du phénomène palestinien (nous y reviendrons) s'exprime à travers les chiffres. Les données concernant l'importance de la population palestinienne varient du simple au double : elle est estimée à 200 000, 450 000 ou 600 000 personnes, représentant respectivement 8 %, 16 % et 21 % de la population totale du Liban, total lui-même sujet à caution. Si le caractère « sensible » de ces données démographiques, leur faible fiabilité n'autorisent pas une interprétation approfondie, elles permettent cependant de donner des ordres de grandeur significatifs sur l'importance de la présence palestinienne au Liban-Sud.

1. U.N.W.R.A., United Nations Work and Relief Agency.

1 - L'implantation civile palestinienne au Liban-Sud

Un exode mouvementé : de la Galilée israélienne à la haute Galilée libanaise

Les Palestiniens sont arrivés au Liban-Sud en deux grandes vagues correspondant à deux épisodes tragiques de leur histoire : la première guerre israélo-arabe et les années 1970-1971 au cours desquelles l'infrastructure politico-militaire de l'O.L.P. est détruite en Jordanie.

La population arabe vivant en Palestine britannique en 1947 était estimée à environ 1 300 000 personnes [2]. La guerre de 1948-1949 entre les armées arabes et les forces juives a provoqué l'exode d'une majorité d'entre eux vers la Transjordanie, la bande de Gaza, la Syrie et le Liban. Dès les premières phases d'intensification de la violence, et notamment après le massacre de Deïr Yassin perpétré par les troupes de l'Irgoun, les premiers réfugiés palestiniens arrivaient au Liban. Le 1er mai 1948, avant même la première phase de la guerre proprement dite entre la Ligue arabe et l'Etat hébreu fondé le 15 mai, ils étaient déjà au nombre de 140 000. Fin juin, le Liban regroupait 30 000 réfugiés supplémentaires [3]. A la signature des armistices de 1949, la majorité des réfugiés palestiniens étaient installés en Transjordanie et Cisjordanie à hauteur de 54 %, 23 % s'étant dirigés vers Gaza, 12 % vers la Syrie et 12 % vers le Liban.

Les Palestiniens qui ont fui vers le Liban sont originaires de haute Galilée principalement, mais aussi de quelques grandes villes côtières comme Haïfa, Acre ou Jaffa (*cf. planche 11*). Après l'offensive des armées arabes — venues notamment du Liban — sur la Galilée, les forces juives ont contre-attaqué et définitivement occupé la partie nord du territoire dévolu à l'Etat arabe par le plan de partage de novembre 1947. L'exode des habitants de cette région vers le Liban-Sud est alors motivé par la proximité de la frontière libanaise, par les facilités de communication entre la haute et la basse Galilée, enfin par l'existence dans certains cas de liens de parenté transfrontaliers entre les villages chiites du nord de la Palestine et du Jabal Amel [4].

L'Etat libanais accueille « spontanément[5] » les 150 000 réfugiés fuyant la Haganah. Ceux-ci sont installés au Liban-Sud dans des camps de transit que les Français avaient érigés en 1935 pour recevoir les réfugiés d'Arménie et de Turquie. A partir de 1950, le gouvernement de Becharra al-Khoury décide le transfert des Palestiniens dans diverses régions du pays où ils se concentrent autour des villes côtières principalement : Tyr, Saïda, Beyrouth, Baalbek, Tripoli [6]. Les populations parquées dans les camps sont alors sévèrement contrôlées par la police libanaise qui impose des restrictions draconiennes à leurs déplacements.

L'exil vers le Liban est rythmé par les conflits israélo-arabes successifs et par celui qui oppose la Jordanie et les forces palestiniennes. Les deuxième et troisième vagues d'implantation ont lieu respectivement lors de la guerre des Six jours et dans les années 1970 et 1971. En 1967, à la suite de l'occu-

---

2. I.F.P. : *Le conflit israélo-arabe,* tome I, 1945-1973, N.E.D. nº 4791, Paris, La Documentation Française, 142 p., p. 38.

3. Chiffres tirés de I.F.P. : *Les crises du Liban, op. cit.,* p. 20.

4. Lescot, *op. cit.,* p. 17.

5. Rouleau (E.) : *Les Palestiniens, d'une guerre à l'autre,* Paris, la Découverte/Le Monde, 1984, 228 p., p. 127.

6. Cf. Fiches du Monde Arabe (F.M.A.), 7 juillet 1976. Les F.M.A. sont publiées à Beyrouth et Nicosie.

pation de la Cisjordanie par les forces de défense d'Israël, quelque 300 000 Arabes franchissaient en trois mois le Jourdain pour rejoindre la diaspora de 1948 [7]. Dans le même temps, quelques dizaines de milliers de Palestiniens rejoignaient, via la Syrie, le havre libanais.

L'exode qui se préparait en 1970 fut d'une moins grande ampleur. La menace que faisaient peser sur le régime du roi Hussein de Jordanie les organisations palestiniennes extrémistes, leur mainmise sur une partie du territoire jordanien, amenèrent le souverain à intervenir avec la plus grande fermeté. La résistance fut battue en septembre 1970 (septembre noir) mais ne céda pas. Ce n'est qu'en juillet 1971 qu'une offensive générale des forces armées jordaniennes parvint à réduire à néant l'infrastructure politico-militaire du mouvement palestinien en Jordanie. Au lendemain des batailles meurtrières, quelque 50 000 Palestiniens prenaient le chemin du Liban et de la Syrie. Après l'écrasement final, 3 000 fedayins fuyaient vers la Cisjordanie, la Syrie, l'Irak et le Liban.

A la lumière de ces événements qui ont dispersé comme par à-coups la communauté palestinienne, le Liban apparaît comme le territoire où s'inscrit l'aboutissement d'ultimes migrations. Si les réfugiés de 1948 passèrent directement et sans étape de la Palestine vers les camps du Liban, ce ne fut pas le cas des générations suivantes. E. Rouleau évoque le cas de familles ayant fui les troupes juives en 1948, chassées de Cisjordanie par la guerre des Six jours, trouvant refuge en Jordanie avant d'y être évacuées lors des événements de 1970, venant finalement échouer dans les camps palestiniens du Liban-Sud. Par un mouvement tournant (Cisjordanie-Jordanie-Syrie-Liban), une partie du peuple palestinien a ainsi accroché son regard vers la terre perdue, la contournant sans jamais l'atteindre. En outre, la dernière migration, le dernier exode est constamment remis en cause, comme l'ont montré les événements de 1982. Le Liban ne devait être pour certains qu'une étape accordée à ce « peuple de trop » sur la terre proche-orientale. Pour les dirigeants palestiniens eux-mêmes, le voyage du retour définitif ne semblait qu'une question de jours : « Nous sommes au Liban dans un pays hôte. Nous sommes de passage dans un pays frère, juste le temps de récupérer nos droits légitimes et nationaux et d'établir notre Etat indépendant en terre palestinienne[8]. » Le problème est que le temps de la reconquête semble plus éloigné que jamais et que les Palestiniens sont devenus des indésirables dans un Liban qui, à son tour, n'en veut plus.

Les Palestiniens au Liban : quelques remarques

Avant d'être définitivement écartés de l'imaginaire libanais, les Palestiniens ont constitué au pays du Cèdre une communauté nombreuse et influente. En prélude à la présentation des caractères de l'implantation palestinienne au Liban-Sud, nous voudrions préciser quelques données générales sur cette communauté pour l'ensemble du pays.

La communauté palestinienne au Liban est, au-delà des apparences, moins homogène qu'on ne le pense, et ce à plusieurs points de vue. Il importe

7. Rouleau (E.), *Les Palestiniens...*, *op. cit.*, p. 5.

8. Ibrahim Souss, représentant de l'O.L.P. à Paris, juin 1982, cité par Legrain (J.-F.) : « La guerre israélo-palestinienne », revue de presse, *Revue d'Etudes Palestiniennes*, n° 5, automne 1982, pp. 85-240, p. 101.

de dissocier de prime abord dans l'analyse géopolitique la population civile des combattants (fedayins). Il est difficile d'évaluer le nombre exact de combattants palestiniens présents au Liban (multiplicité des groupes, variations dans le temps) mais un ordre de grandeur peut être avancé. En juin 1982, d'après l'O.L.P., les Palestiniens alignaient 30 000 hommes. En toute vraisemblance et selon le secrétariat de l'O.N.U., la force militaire des organisations palestiniennes devait osciller entre 15 000 et 20 000 fedayins et n'a jamais dû dépasser de beaucoup ce chiffre [9]. Rappelons, face à ces données, l'estimation courante du nombre des civils palestiniens au Liban, de l'ordre de 350 000 personnes [10], ce qui ramène à de plus justes proportions l'importance des « terroristes » dans la masse totale de la population.

Il faut signaler, en second lieu, une certaine hétérogénéité du peuple palestinien quant à la religion et au statut socio-économique. Les réfugiés de 1948 sont certes à 80 % des agriculteurs et des ouvriers non qualifiés, 20 % d'entre eux seulement appartenant aux catégories socio-professionnelles de professions libérales, propriétaires et ouvriers qualifiés [11]. Mais la fraction de la bourgeoisie palestinienne s'est renforcée après 1967 au Liban. Si la masse de la population active appartient encore majoritairement au prolétariat rural et urbain, il faut cependant tenir compte d'une bourgeoisie en exil qui s'est intégrée assez rapidement au système économique libanais [11].

Cette intégration est facilitée pour les Palestiniens de confession chrétienne. Ceux-ci, minoritaires (10 à 15 % de la population palestinienne), ont obtenu facilement la nationalité libanaise dans la mesure où ils ne menacent pas l'équilibre communautaire conservé au profit des chrétiens du pays [12].

Enfin, contrairement à ce que l'on pense souvent, la communauté palestinienne réfugiée ne vit pas dans sa totalité dans les camps puisque seulement 50 à 60 % de ses membres y résident. Mais les Palestiniens sont concentrés dans les zones urbaines, et les camps de réfugiés constituent souvent des pôles d'attraction autour desquels s'organisent d'autres implantations. En définitive, c'est à hauteur de 85 % que la communauté palestinienne est citadine.

Les Palestiniens du Liban-Sud : l'intégration à la périphérie étatique libanaise

Par rapport à l'ensemble de la communauté palestinienne du Liban, les Palestiniens du Liban-Sud présentent certains caractères particuliers, par le fait même de leur intégration à cet espace périphérique.

La particularité du mohafazat réside dans la concentration démographique palestinienne sur son territoire qui couvre 1/5ᵉ de l'espace national libanais : 50 % de la population palestinienne est regroupée au Liban-Sud. Pour la population des camps, ce pourcentage est même supérieur. De plus, à la suite des destructions de camps et des combats au cours de la guerre des deux ans, de nombreux réfugiés ont fui la capitale pour venir grossir les effectifs palestiniens dans les villes du Sud. En définitive, en 1977-1978, le

---

9. Cf. *Maghreb-Machrek*, dossier : Liban, nº 98, 4ᵉ trimestre 1982, 128 p., p. 87.

10. Cf. Frenn (G.) : *op. cit.*, p. 145, et George (L.) : *Le Monde*, 12 janvier 1979.

11. George (L.) : « Enquête sur les Palestiniens au Liban », *Le Monde*, 12 janvier 1979.

12. Cf. Baron (X.) : *Les Palestiniens, un peuple*, Paris, Le Sycomore, 1984, 554 p., p. 190, cette population est estimée à 10 000 personnes.

département concentrait 56 % de la population totale palestinienne des camps de réfugiés, cette proportion étant encore plus forte en ce qui concerne les populations « hors-camps » et les « réfugiés illégaux » [13].

Lorsqu'en 1968 le nombre des camps palestiniens du Liban s'élevait à 15, le Liban-Sud en comptait 6, ce qui représentait 10 % de l'ensemble des camps répartis entre le Liban, la Syrie, la Jordanie et les territoires occupés. Après les destructions massives de la guerre civile en 1975-1976 d'une part, de l'invasion israélienne d'autre part, le nombre des camps de la région de Beyrouth passait de 6 à 3, tandis que celui des camps du Liban-Sud se réduisait de 6 à 5. En 1983, le Liban-Sud concentrait ainsi 5 des 11 camps palestiniens subsistant sur l'ensemble du territoire (*cf. planche 12*).

La localisation des camps du Sud est intéressante à signaler. Situés autour des trois villes de Saïda, Tyr et Nabatieh, ils se trouvent à proximité de zones économiques agricoles offrant des possibilités de travail, d'une part dans les grands domaines côtiers, d'autre part dans l'aire d'exploitation agricole du tabac. La situation géographique et la disponibilité des travailleurs palestiniens font des camps un réservoir de main-d'œuvre important. Les réfugiés sont employés comme travailleurs agricoles dans les plantations, parfois dans les entreprises des villes de Tyr et Saïda. L'utilisation de la main-d'œuvre palestinienne procure des avantages certains à l'employeur. En effet, dans la mesure où certains Palestiniens préfèrent travailler au noir « pour percevoir parallèlement l'allocation octroyée par le Haut Commissariat des Nations unies pour les réfugiés » [14], les patrons libanais n'hésitent pas à abaisser au maximum les coûts de production en distribuant des salaires très bas.

D'autre part, la situation des travailleurs palestiniens, en particulier dans les camps, reste précaire sur le marché de l'emploi. C'est ce qu'avait mis en évidence une étude du ministère du Plan libanais menée en 1971 dans les camps palestiniens [15]. Les résultats avaient révélé que 60 % de la population en âge de travailler n'avait pas d'emploi, que les 40 % d'actifs étaient pour 11 000 d'entre eux employés sur une base quotidienne tandis que 2 000 seulement possédaient un travail permanent.

Enfin, les cadres palestiniens présents au Liban, dotés d'un bagage culturel et technique, résident de préférence dans la capitale libanaise qui concentre les potentialités intellectuelles du Liban. Les populations des camps de réfugiés du Liban-Sud appartiennent donc pour l'essentiel aux classes populaires de la société palestinienne.

En somme, en résidant au Liban-Sud, les populations palestiniennes se trouvent intégrées dans ce que nous avons décrit comme une périphérie économique. Par leur position marginale dans la population libanaise, elles ressentent doublement cette périphérie, en tant que réfugiées donc étrangères à la structure nationale libanaise, en tant que main-d'œuvre saisonnière et corvéable dont le caractère précaire est accentué par la marginalisation socio-économique du Liban-Sud. Cette insertion imparfaite, cette assimilation incomplète se révèleront porteuses de tensions et de conflits lorsqu'une

13. Sur les chiffres de la population urbaine palestinienne, voir Bourgey (A.) : *Problèmes de géographie urbaine au Liban,* Hannon, vol. 5, 1970, pp. 97-128, voir aussi George (L.) : *Le Monde,* 12 janvier 1979.

14. Rouleau (E.) : *Les Palestiniens, op. cit.,* p. 127.

15. Cf. Baron (X.) : *op. cit.,* p. 190.

partie de la population des camps s'engagera dans le combat social des années 70 aux côtés de la gauche libanaise.

2 - L'implantation militaire palestinienne au Liban-Sud

Les vagues d'implantation palestinienne au Liban-Sud ont affecté l'équilibre démographique du département, modifié le paysage urbain de ses villes, apporté sur le marché du travail une main-d'œuvre malléable. Si ces vagues n'ont pas toutes été de même ampleur sur le plan démographique, elles n'ont pas été non plus de même nature. En 1948, les réfugiés de Palestine, de Galilée, étaient essentiellement des civils, des familles paysannes. A partir de 1967, le développement de la résistance palestinienne armée s'est répercuté dans la composition des migrations vers le Liban. Aux côtés des Palestiniens « civils » se trouvaient désormais les combattants de l'O.L.P. qui entraînaient dans leur sillage armes et munitions, infrastructures militaires et théories politico-militaires.

Les premières bases au Liban-Sud

La lutte engagée contre Israël à partir du Liban-Sud est apparue au départ quelque peu inorganisée, les Palestiniens ne disposant pas de bases d'appui et effectuant de rapides incursions à travers la frontière libano-israélienne. Mais rapidement la présence militaire palestinienne s'est structurée et a tenté d'établir dans les contreforts montagneux de l'Anti-Liban et les collines de la haute Galilée libanaise un véritable « sanctuaire de guérilla ».

Les premières actions militaires contre Israël à partir du Liban-Sud ont débuté avant la guerre des Six jours, à la fin de l'année 1965, un an à peine après la création de la branche armée du Fatah, « al assifa » (la tempête). A la fin du mois d'octobre, un commando lançait une attaque contre la localité de Margalioth en Galilée, après s'être infiltré au Liban par la frontière syrienne. Cette opération donna lieu aux premières représailles de l'Etat israélien dont les forces de défense effectuèrent des incursions début novembre en territoire libanais.

Cependant, les opérations des commandos palestiniens à partir du Liban-Sud ont été, jusqu'en 1972, relativement peu fréquentes par rapport aux autres fronts utilisés par la guérilla qui ne possédait pas encore de bases permanentes sur les espaces étatiques frontaliers avec Israël. Ainsi entre juin 1967 et juin 1968, les « actes de sabotage et de terrorisme » se décomposaient-ils géographiquement de la façon suivante[16] :

nombre	d'incidents
920	front jordanien
166	frontière égyptienne
130	Gaza
37	ligne de cessez-le-feu syrienne

16. Chiffres donnés par Kissinger (H.) : *White House Years*, Little, Brown and Company, 1979, version française Paris, Librairie A. Fayard, p. 365.

35 frontière libanaise
(de façon générale, 70 % des opérations sont concentrées sur le front du Jourdain avant 1970 [17].)

Selon E. Rouleau, c'est à partir de juillet 1967 que des « dispositions sont prises pour établir des bases de fedayins sur le pourtour des lignes de cessez-le-feu le long du Jourdain et dans le sud du Liban[18] ». Dès 1968, Y. Arafat transférait une importante partie de ses forces au Liban-Sud, marquant ainsi le début de l'implantation de la guérilla palestinienne dans l'Arkoub à partir de bases permanentes. Cette décision apparaîtra en partie motivée par le renforcement des dispositifs de sécurité mis en place par l'armée israélienne sur le front jordanien. La revue *Arche* indiquait ainsi, en juillet 1970 (nº 160) : « Les organisations terroristes n'ont pas été longues à découvrir ce "talon d'Achille" (haute Galilée libanaise) s'étant aperçues qu'elles ne parviendraient pas à percer la ligne de fortification construite le long du Jourdain, elles ont décidé de déclencher leurs opérations à partir du Sud-Liban. »

En effet, la frontière libano-israélienne et la région de l'Arkoub semblaient d'un grand intérêt stratégique pour le mouvement palestinien. La ligne d'armistice de 1949, longue de 77 kilomètres, s'étend du cap de Naqoura au mont Hermon. Elle sépare la haute Galilée libanaise de la Galilée israélienne mais ne constitue pas un obstacle naturel comme le Sinaï, le Jourdain ou les collines du Golan [19]. La région de l'Arkoub, située sur les contreforts occidentaux de la chaîne du mont Hermon, est une zone rocailleuse et semi-désertique où une quinzaine de villages reculés subsistent autour de leurs oliveraies. Large de 5 à 10 kilomètres, elle est très excentrée au regard de l'armature démographique et économique du Liban, et dans une position périphérique par rapport au noyau beyrouthin. Elle est en outre accidentée et de nombreux replis de terrain permettent une dissimulation rapide et freinent considérablement l'avancée de blindés. Enfin, elle est en communication directe avec la Syrie par la « piste Arafat » aménagée dans le massif de l'Anti-Liban, ce qui permet l'acheminement rapide de renforts en hommes et en matériels.

En prenant position militairement au Liban-Sud, la résistance palestinienne aborde une période de son histoire particulièrement mouvementée. Son intrusion dans un pays en déséquilibre, politiquement et économiquement, va précipiter la décomposition de l'Etat et l'éclatement des tensions accumulées. Les fedayins se trouveront entraînés inéluctablement dans les conflits libanais aux côtés des progressistes, se substituant désormais dans les régions qu'ils contrôlent à un Etat déficient et discrédité.

Le défi à Israël

Par le renforcement de son offensive sur une frontière israélienne fragile et longtemps restée calme [20], la résistance palestinienne lançait un défi à l'Etat juif que celui-ci n'allait pas manquer de relever. La première attaque massive de l'armée israélienne contre l'Arkoub fut menée les 12 et 13 mai

17. Kapeliouk (A.) : « La sécurité d'Israël et le glacis libanais », *Le Monde Diplomatique*, avril 1978.

18. Rouleau (E.) : *Les Palestiniens, op. cit.*, p. 26.

19. Sur la région de l'Arkoub, cf. Baron (X.) : *op. cit.*, pp. 189 et suivantes.

20. 1968 : 11 opérations, 1969 : 97. Cf. Kapeliouk (A.) : *Le Monde Diplomatique*, avril 1978.

1969. Deux mille hommes soutenus par l'aviation, l'artillerie et une centaine de chars, participèrent à l'opération : deux soldats libanais furent tués ainsi que 30 fedayins.

En 1970, les engagements de l'armée israélienne en territoire libanais se multiplièrent. Des attaques quotidiennes eurent même lieu au début de l'année contre les villages frontaliers du Liban-Sud. Les responsables israéliens parlaient alors d'« opérations de police dans le cadre des activités habituelles contre les guérilleros » [21].

Les années 1971-1972 marquent un tournant décisif pour la résistance palestinienne au Liban. Après Septembre noir (1970) et l'affaiblissement de leurs infrastructures en Jordanie, les mouvements de guérilla vont être de plus en plus surveillés et contrôlés dans le Royaume. Le 27 janvier 1971, le roi Hussein prenait la décision d'interdire aux Palestiniens de lancer des opérations en territoire israélien à partir du sol jordanien [22]. Fuyant peu à peu une zone de plus en plus contraignante sur le plan stratégique, les combattants se déplacèrent en masse vers le Liban-Sud. En 1972, la région était devenue ainsi le principal centre d'activités de la résistance palestinienne après son élimination de Jordanie. « Le front de mer qui s'étend à plus de 50 km et le fond du pays étaient pratiquement devenus un immense Fatah-land [23] livré aux diverses factions palestiniennes » écrit Benassar [24].

Alors que se développaient les attentats terroristes palestiniens dans le monde, les ripostes de l'armée israélienne contre les concentrations et les bases de fedayins devenaient de plus en plus fermes. Ainsi, un mois après l'attentat de Lod, l'aviation israélienne bombardait Deir al Achayer dans l'Arkoub (cf. planche 12) : on y releva 19 morts parmi la population libanaise. Le 8 septembre 1972, les camps palestiniens de Nahr el Bared et le village de Rachaya furent bombardés. A la suite de la prise d'otages sanglante de Munich par un commando de « Septembre noir », des représailles massives furent décidées contre le Liban-Sud. Sous la forme d'une attaque terrestre, l'offensive fut la plus importante menée depuis la guerre des Six jours. L'état d'urgence fut proclamé au Liban ; le 19 septembre eurent lieu des manifestations antigouvernementales à Beyrouth et Saïda. Les participants y stigmatisèrent le manque de fermeté de l'armée libanaise face aux invasions de l'armée israélienne et reprochèrent au gouvernement la lenteur des secours dans les régions touchées par les combats.

En termes géopolitiques, la signification était claire. La résistance palestinienne avait lancé, à travers son implantation et son emprise sur le Liban-Sud, un nouveau défi, défi adressé cette fois à un Etat libanais moribond.

Le défi de la résistance à l'Etat libanais au Liban-Sud

Le gouvernement de Beyrouth fut, pour la première fois, mis en cause par l'opinion publique à la suite du raid israélien du 28 décembre 1968 qui détruisit au sol la flotte aérienne civile libanaise. L'attentat s'était déroulé sans que ses auteurs soient à aucun moment inquiétés par l'armée libanaise. Le problème qui se posait aux autorités était de taille. Il y avait certes déjà eu

21. *Le Monde,* 8 septembre 1970.
22. I.F.P. : *Le conflit israélo-arabe, op. cit.,* tome I, p. 120.
23. Du nom du Fatah, une des organisations qui composent l'O.L.P. Y. Arafat en est un des dirigeants.
24. Benassar, *op. cit.,* p. 193.

des accrochages entre les patrouilles libanaises et les fedayins, de même avec des soldats israéliens. Mais l'enjeu après le raid israélien était d'une toute autre portée : ce qui était clairement en cause, c'était la possible intégration à terme du Liban dans une véritable guerre avec l'Etat israélien. L'avertissement des autorités israéliennes fut à ce sujet d'une netteté sans appel : le 17 mars 1969, Golda Meïr déclara : « La responsabilité des activités de sabotage repose entièrement sur les Etats dont le territoire sert de base de départ aux raids. »

Les accords du Caire :

La présence palestinienne au Liban-Sud devint, dans l'année 1969, le thème de violents débats entre la droite chrétienne et certains notables chiites d'un côté, le Mouvement National (regroupant les partis de gauche) de l'autre. Une crise gouvernementale eut même lieu en janvier, le Premier ministre A. Yafi dut démissionner avec les membres de son cabinet. En octobre 1969, les tensions s'exacerbèrent et menèrent à des combats opposant l'armée à des groupes de fedayins dans la région de l'Arkoub. Pour éviter une déflagration généralisée, un accord de cessez-le-feu intervint le 2 novembre entre le chef de l'armée libanaise et Y. Arafat. Les pourparlers ayant eu lieu au Caire sous l'arbitrage de Nasser, le texte de l'accord, qui réglementait la présence palestinienne au Liban-Sud, fut dénommé « accord du Caire ». Il est difficile d'en obtenir la version originale intégrale, son contenu n'ayant pas été dévoilé, mais le recoupement de différentes versions et adaptations permet de dégager des grandes lignes et de tirer quelques conclusions géopolitiques [25].

L'idée centrale du compromis était la suivante : les Palestiniens avaient l'autorisation de participer à la révolution palestinienne au sein de la lutte armée mais devaient dans le même temps respecter les principes de la souveraineté et de la sécurité libanaises. Etaient octroyés aux combattants : des facilités de passage vers les régions frontalières, des points d'observation, l'usage de la route jusqu'à l'Arkoub (*cf. planche 13*). Parallèlement, et la contradiction allait apparaître dans toute sa lumière, il était affirmé que les déplacements des fedayins étaient strictement réglementés et que les autorités civiles et militaires libanaises conservaient le droit « d'assumer leurs attributions et leurs responsabilités entières sur l'ensemble du territoire libanais[26] ». La variante *Fiches du Monde Arabe* (F.M.A.) précise que le choix des possessions stratégiques de la résistance était effectué en accord avec l'Etat-Major libanais, « l'armée s'engageant à faciliter les opérations de retraite et d'approvisionnement des fedayins[27] ». Les accords du Caire seront complétés par plusieurs annexes de 1970 à 1972 [28], l'une d'entre elles (24

25. Cf. versions de A.F.P.-F.M.A., I.F.P. : *Les crises du Liban, op. cit.*, p. 28, et Baron (X.) : *op. cit.* (annexes).

26. Version A.F.P., in *P.P.S.* n° 291, Paris, La Documentation Française, août 1976 : « Guerre civile au Liban », 64 p., pp. 33-34.

27. *F.M.A.*, n° I-L 54.

28. Cf. *F.M.A.*, I-L 55.

février 1970) accordant à l'O.L.P. le droit d'exercer une totale juridiction dans tous les camps de réfugiés palestiniens.

Le trait marquant des accords libano-palestiniens sur le plan géopolitique est sans aucun doute l'abandon par le gouvernement central de la souveraineté libanaise dans la partie sud du pays. En dépit des intentions du texte de 1969, le Liban-Sud a bien été laissé aux mains des seules organisations palestiniennes. L'armée libanaise tentera en 1972 de récupérer le territoire qu'elle a imprudemment abandonné mais les renforts des forces palestiniennes chassées de Jordanie l'année précédente l'en empêcheront.

Face aux raids israéliens de 1970 à 1972, la population du Liban-Sud était démunie. Même si parfois quelques soldats libanais étaient engagés dans la riposte, c'étaient en fin de compte les forces palestiniennes seules qui combattaient l'armée israélienne. Devant la passivité de l'armée libanaise face aux incursions souvent meurtrières, « les fedayins prirent alors progressivement en charge la défense de leurs compatriotes mais aussi des agglomérations et des citoyens libanais[29] ». Unique rempart contre l'agresseur israélien, les combattants palestiniens trouvaient dans la défense des villages leur légitimité tandis que l'Etat, impuissant, apparaissait comme la source des malheurs du Sud. En définitive, à partir de 1972, le contrôle de l'O.L.P. sur une partie du Liban-Sud s'était substitué à un Etat devenu inexistant dans cette région libanaise. Sa prise en charge de plus en plus accentuée par les organisations palestiniennes faisait de ces dernières « un élément actif contre les autorités du pays[30] ».

L'Etat libanais ne survivra pas au dilemme qui se présentait à lui : d'un côté soutenir la résistance palestinienne et encourir les représailles israéliennes, donc engager le pays à terme dans une guerre avec l'Etat juif, de l'autre contrôler sévèrement les activités des fedayins à la manière de Hafez el Assad en Syrie, mais aboutir directement à une confrontation avec les mouvements de gauche libanais qui pouvaient s'exprimer dans le seul pays démocratique du Proche-Orient arabe, et qui soutenaient les forces de l'O.L.P.

La présence palestinienne au sud du Liban a ainsi mis en avant non seulement l'incapacité de l'Etat à contrôler son territoire, et à travers cela son manque d'autorité et sa faiblesse, mais aussi la fragilité du système politico-économique sur lequel il repose. A cet égard, le renforcement des mouvements de résistance au Liban-Sud et dans les camps palestiniens de Beyrouth constituera un défi idéologique pour l'Etat libanais et les communautés religieuses qui le représentent. Les mouvements de gauche, qui remettaient en cause le système économique et politique du Liban, vont utiliser l'affaiblissement consécutif de l'Etat pour tenter d'en changer les structures. Peu à peu, un front commun palestino-progressiste se dégagera, solidement ancré au Liban-Sud, terre oubliée et appauvrie, puis s'engagera définitivement dans une guerre civile sans issue.

La gauche libanaise, les conflits sociaux du Liban-Sud et les Palestiniens

Pour les habitants du Liban-Sud, la présence de la résistance palestinienne représentait plus qu'une foule d'individus réfugiés entourée et protégée

29. Rouleau (E.) : *Les Palestiniens, op. cit.*, p. 128.
30. Heradsvelt (D.) : *Les fedayins au Liban*, exposé fait au C.H.E.A.M., janvier 1970, 6 p.

par des combattants de l'O.L.P. Le mouvement palestinien est composé d'organisations de résistance qui sont aussi révolutionnaires, dotées d'un message politique. La fraction gauchiste animée par des chrétiens au sein du Front démocratique pour la libération de la Palestine (F.D.L.P.) par exemple, milite autant pour le recouvrement de la souveraineté arabe palestinienne sur le territoire de la patrie usurpée que pour le renversement de tous les régimes arabes « monarchiques », « bourgeois » et « réactionnaires ».

Le discours de la résistance eut des échos particulièrement favorables chez une partie de la population du Liban-Sud, déshéritée, déracinée dans la banlieue sud de Beyrouth, entre le champ de course et l'aéroport. La tutelle qu'exerçaient les notables du Liban-Sud sur les populations villageoises, l'exploitation de la main-d'œuvre agricole devenue salariée après avoir perdu sa terre, étaient des situations rendues par le message révolutionnaire palestinien non plus inéluctables, mais grosses de révolte et d'émancipation. La présence palestinienne militante donnait en quelque sorte un souffle nouveau aux revendications sociales d'une population délaissée par le gouvernement central et souvent démunie. Un membre du parti communiste libanais précisait cette idée en 1982 : « Bien accueillie en 1968-1969, l'arrivée des fedayins a eu un rôle très positif dans l'émergence des idées progressistes (...), a donné une impulsion aux mouvements revendicatifs (...), a aidé les Sudistes à se libérer en partie de la tutelle des grandes familles féodales[31]. »

Cette communion, ce dynamisme militant étaient essentiellement le fait des populations des camps du Liban-Sud et de la banlieue sud de Beyrouth. Aux premiers noyaux de réfugiés de 1948 installés dans les bidonvilles se sont peu à peu adjoints des travailleurs sunnites et kurdes, puis des paysans artisans du Liban-Sud. L'enquête du ministère du Plan de 1971 avait révélé la présence de « non-Palestiniens » dans les camps de réfugiés : 11 000 Libanais et 3 000 Syriens [32]. Le voisinage des révolutionnaires palestiniens et des Libanais paupérisés attentifs à toute propagande à caractère social constituait, dans les banlieues de la capitale principalement, la ceinture de la misère et de la colère. Avec une population à 64 % âgée de moins de 19 ans, les camps formaient le terreau sur lequel s'implantèrent, au début des années 70, les activistes des partis progressistes libanais véhiculant l'idée force de la lutte des classes, relayés par l'encadrement idéologique de la jeunesse palestinienne. Palestiniens et Libanais, victimes de la crise économique et du conflit israélo-arabe, avaient le sentiment d'appartenir à la même « communauté de la misère ». « Ils communiaient dans la haine de l'Etat libanais, de l'armée, des bourgeois maronites, qu'ils percevaient comme des ennemis[33]. »

Il faut noter ici l'aspect fondamentalement original de la lutte sociale au Liban. Il y a « persistance de l'organisation sociale confessionnelle comme cadre d'identification, de mobilisation et d'action sociales pour les groupes, couches et classes en conflit[34] ». Même si les maronites ne détiennent pas à eux seuls les richesses du pays (*cf. planche 10*), la communauté est cependant assimilée à l'ennemi. Il y a résurgence des rivalités confessionnelles plongeant leurs racines dans l'histoire du Liban.

---

31. Propos recueillis par Jarry (E.) : « Sud-Liban, le face à face », *op. cit.* mai 1982.
32. Cité par Baron (X.) : *op. cit.*, p. 190.
33. G. Tuéni, patron du journal *An Nahar*, cité par Rouleau (E.) : *Les Palestiniens, op. cit.*, p. 133.
34. Dubar (C.) et Nasr (S.) : *op. cit.*, p. 329.

Face à l'adversaire, perçu comme Etat-Maronite [35], la multiplication des conflits sociaux et l'absence de réactions de la part de l'armée libanaise face aux agressions israéliennes allaient renforcer les liens entre la résistance palestinienne et les populations du Sud fuyant les raids israéliens. Deux épisodes ont ponctué cette évolution !

En décembre 1974, le Liban-Sud est soumis à de violents bombardements israéliens, notamment la ville de Nabatieh. Le 11 janvier, une série de raids sur les villages de la région de Taibeh (*cf. planche 3*) est lancée par l'armée israélienne qui s'infiltre également dans l'Arkoub. Le village de Kfar Chouba est sévèrement pilonné. Malgré les très importants dégats matériels et les nombreuses victimes, l'armée libanaise, qui n'était pas intervenue pour défendre le village, tarde à acheminer les secours. « Pour beaucoup », écrit J. Gennaoui, « Kfar Chouba deviendra un symbole : c'est la résistance palestinienne qui s'est efforcée de défendre le village ; ce sont les organisations populaires de gauche qui se proposent d'aider les réfugiés[36]. »

Alors qu'entre 1973 et 1975 se multiplient les conflits sociaux, en particulier dans les milieux de planteurs de tabac, les mouvements palestiniens appuient de plus en plus régulièrement les revendications d'une population qui stagne dans la misère, et ce en particulier dans le Liban-Sud, symbole des « laissés-pour-compte du miracle libanais[37] ». Après les manifestations sanglantes de Saïda consécutives à un conflit social, le député sunnite de la ville, abattu dans la rue par un franc-tireur, est inhumé le 2 février 1975. C'est enveloppé du drapeau palestinien que son cercueil est accompagné jusqu'au cimetière.

Dès lors, à l'aube du déclenchement des « événements », le problème social et le problème palestinien apparaissent étroitement liés.

---

35. Gennaoui (J.) : *op. cit.,* p. 20.
36. *Ibid.*
37. Bourgi (A.) et Weiss (P.) : *Les complots..., op. cit.,* p. 50.

CHAPITRE 2

TERRITORIALISATION ET RECONQUÊTE TERRITORIALE AU LIBAN-SUD

La guerre civile qui se déclenche officiellement en avril 1975 a pour cause des tensions de toutes natures accumulées et exacerbées par le conflit israélo-arabe. Nous avons vu comment le facteur palestinien et le facteur social ont influencé la préparation des événements, de même que la revendication d'ordre confessionnel jouait son rôle dans la perception des antagonismes. Un dernier élément doit s'ajouter à ce faisceau de causalités.

A une crise sociale, économique, internationale, confessionnelle, se superpose et se rattache une crise politique profonde. Après la période interventionniste sur le plan économique et autoritaire sur le plan politique [1] du général F. Chéhab, s'effectue un « réinvestissement par les forces traditionnelles centrifuges[2] » de l'appareil d'Etat. Les clans, les réseaux de solidarité se disputent la conduite des ministères et le contrôle des banques ainsi que du port de Beyrouth. La « tribalisation » des institutions renforce la fragilité du pouvoir, favorisant le clientélisme politique, l'assise locale des féodaux, et une « accumulation privée considérable[2] ».

L'affaiblissement de l'Etat, déjà inexistant au Liban-Sud, amène l'éclatement politique de la société libanaise désarticulée, ce qui se traduit, sur le plan géopolitique, par l'activation des forces centrifuges opposées à l'Etat et à ce qu'il représente. Géographiquement éclaté, le Liban va être l'enjeu territorial des forces agissantes, à la fois politiques et militaires. Tandis qu'au nord se constitue un Liban phalangiste et chrétien, au sud tente de se construire un espace politique palestino-progressiste. L'ancrage territorial, tel est le véritable enjeu qui anime les événements du Liban-Sud entre 1970 et 1978.

1. Notamment violente répression des forces de gauche.
2. Dubar (C.) et Nasr (S.) : *op. cit.*, p. 330.

1 - Les tentatives de territorialisation

L'utilisation des Palestiniens pour la conquête du pouvoir

La gauche libanaise s'était déjà développée avant 1967, point d'aboutissement d'une mutation macro-économique essoufflée et année de tensions maximales au Proche-Orient. Si elle avait déployé ses forces — non sans mal — dans les milieux étudiants et syndicaux, les portes du pouvoir et l'accès à la direction du système politique libanais lui étaient interdits. « Les mécanismes de fonctionnement du système politico-confessionnel », écrivent C. Dubar et S. Nasr, « les dispositions de la loi électorale, la corruption administrative, les pressions et répressions politiques l'empêchaient de se faire représenter » massivement [3].

L'éclatement de l'Etat et son affaiblissement dans les années 70, favorisés par les défis militaires et idéologiques de la résistance palestinienne, offraient aux forces de gauche menées par K. Joumblatt la possibilité d'une conquête du pouvoir. Le déclenchement de la guerre civile, en 1975, précipita les événements.

L'épisode qui marque « officiellement » le début du conflit fait intervenir les Palestiniens et les chrétiens. Fusillades et règlements de compte, faute partagée, bavure, les versions sont contradictoires. Quoi qu'il en soit le résultat était là. Les forces militaires de gauche utilisèrent l'épisode pour se lancer dans la bataille, arguant de la menace que faisait peser la droite maronite sur la présence légitime des forces palestiniennes au Liban. La résistance palestinienne servit ainsi de levier politique dans la bataille que livrait K. Joumblatt contre le système libanais, mais elle ne s'engagea pas de suite aux côtés de ses alliés. Ainsi, jusqu'en décembre 1975, le soutien total des forces palestiniennes fit défaut à la gauche qui aurait pourtant bien aimé bénéficier de l'appoint militaire des combattants palestiniens très expérimentés. C'est le siège du camp de Tell el Zaatar, à partir du 4 février, qui « contribua à faire entrer la résistance palestinienne dans la guerre[4] ». A partir de cet instant, Y. Arafat, jusqu'alors réticent à s'engager dans le conflit libanais après ses succès diplomatiques à l'O.N.U., lança ses troupes dans la bataille. Les forces palestino-progressistes entraient en action et la guerre des deux ans débutait véritablement.

Notre propos ici n'est pas de retracer l'histoire intégrale de la guerre « gigogne[5] » du Liban, complexe dans ses retournements successifs et dans ses enjeux. Mais il est apparu indispensable de resituer la dynamique conflictuelle du Liban-Sud dans le cadre d'ensemble de la guerre du Liban. De cette façon s'affirme de manière plus claire la spécificité de cette région au sein d'une guerre aux caractères nationaux et internationaux.

Prenant sa source au sud où s'entrecroisent des faisceaux de tensions socio-économique, confessionnel et militaire, le conflit libanais débute pourtant, en avril 1975, dans la capitale et ses environs montagneux. Jusqu'en 1976 — mis à part les raids israéliens entre juillet et septembre 1975 —, le Liban-Sud « fut le coin le plus calme et le plus sûr de tout le Liban[6] ». Il ne

3. Dubar (C.) et Nasr (S.) : *op. cit.*, p. 331.
4. Bourgi (A.) et Weiss (P.) : *Les complots...*, *op. cit.*, p. 69.
5. Expression de L. George. Cf. « La guerre gigogne », *Le Monde*, 16-17-18-19 avril 1985.
6. Gennaoui (J.) : *op. cit.*, p. 5.

devint champ de bataille qu'à partir du moment où les milices chrétiennes, épaulées à Beyrouth par l'intervention de l'armée syrienne, reprirent le dessus face aux palestino-progressistes et tentèrent d'asseoir leur contrôle territorial sur les régions chrétiennes méridionales frontalières. Après avoir vaincu — provisoirement — les forces de gauche et les Palestiniens au centre du pays, les milices chrétiennes cherchèrent à mettre fin à la confiscation des espaces du Liban-Sud par leurs opposants. Détruire le contrôle politique, économique et militaire des forces palestino-progressistes sur ce territoire périphérique pour le ramener dans le giron du centre beyrouthin aux mains des chrétiens, tel fut un des buts de la guerre du sud de 1977 à 1978.

La reconquête du contrôle politique et militaire du Liban-Sud par les forces chrétiennes dans la foulée de l'intervention syrienne au Liban vise à mettre fin à ce que P. Kemp appelle la « territorialisation » des forces palestino-progressistes [7], ou du moins la tentative de territorialisation.

Ce concept pourrait être défini comme la prise en compte prioritaire du territoire comme élément de stratégie de conquête politique au niveau national ou au niveau d'une puissance locale, et ce au détriment d'autres facteurs plus particulièrement économiques tels les circuits financiers et les activités commerciales, qui n'exigent pas dans leur fonctionnement la maîtrise d'un vaste espace géographique.

L'O.L.P. au Liban-Sud : l'Etat dans l'Etat ?

Dans le Liban-Sud où l'expression « vide d'Etat » prend tout son sens, le pouvoir palestinien apparaît dans les années 70 comme le maître incontesté dans la région. Ne nomme-t-on pas la montagne de l'Arkoub, contrôlée par les fedayins et parsemée de camps d'entraînement le « Fatah-land » ? De même a-t-on souvent parlé de l'Etat dans l'Etat qu'aurait constitué l'O.L.P. dans le département du Liban-Sud.

En octobre 1977, J.-C. Guillebaud, de retour du Liban-Sud, écrivait dans *Le Monde* à propos de la résistance palestinienne : « C'est une présence militaire face à Israël mais sûrement pas une autorité politique régnant sur une région[8]. » En fait, l'O.L.P. n'était ni uniquement une présence militaire ni une organisation gouvernant les affaires du Liban-Sud. Jusqu'en 1978, les combattants palestiniens avaient sous leur contrôle une partie du territoire libanais allant de la frontière israélo-libanaise à la capitale avec une interruption dans le Chouf. Les camps de réfugiés constituaient en quelque sorte l'armature de cette emprise. Les institutions palestiniennes y remplaçaient dans les domaines de la santé et de l'éducation les services déficients ou inexistants de l'Etat libanais. Le Croissant rouge palestinien avec ses infrastructures et son personnel assurait les soins non seulement aux populations des camps mais aussi aux habitants des bidonvilles qui les jouxtent. Les fedayins exerçaient sur les routes des vérifications d'identité, la police des camps était aux mains du C.L.A.P. [9].

Bref, sans reconstituer tous les rouages administratifs et institutionnels d'un véritable Etat, les Palestiniens avaient pris cependant possession d'un territoire. « Partant d'un sentiment de spoliation qui est à l'origine de leur

7. Cf. Kemp (P.) : « La cité Etat », in *Esprit* nº 77-78, mai-juin 1983 pp. 53-67.
8. *Le Monde*, 15 octobre 1977.
9. Commandement de la Lutte Armée Palestinienne.

mouvement de résistance (...), les Palestiniens ont cherché à se reterritorialiser », écrit P. Kemp, « idéalement en Palestine, et en fait au Liban[10]. »

Après la première invasion israélienne massive de 1978, la résistance palestinienne a été repoussée vers le nord et son territoire s'est amenuisé. Mais si elle ne contrôlait plus que l'espace compris entre le Litani et la rivière Zahrani, elle restait cependant très présente dans son aire de souveraineté. Entre 1979 et 1981, les forces de l'O.L.P. ont procédé à une « sanctuarisation de la région qu'elles contrôlaient au nord de la F.I.N.U.L. » [11], ou, si l'on veut, à un renforcement de leur potentiel militaire dans cette zone. Après son reflux vers le nord, la résistance a opéré en quelque sorte une « densification » : disposant d'un espace restreint, elle était amenée à renforcer son potentiel militaire. A cette époque, les rapports de force entre l'Etat moribond et les forces palestiniennes témoignaient d'un côté de l'inexistence d'une autorité étatique influente, de la puissance de l'O.L.P. de l'autre. Un journaliste constatait dans *l'Orient le Jour,* le 12 décembre 1979 : « En 10 ans, les rapports se sont totalement inversés : en 1969, c'était la présence armée palestinienne au sud qui faisait l'objet de laborieux pourparlers, aujourd'hui, c'est la résistance qui consent à négocier un accord portant sur la présence de l'armée libanaise dans la même région. »

Si les forces palestiniennes ont été en fin de compte peu affectées par leur reflux vers le nord, l'allié progressiste a subi quant à lui un sérieux revers. Avec les Palestiniens, il s'est retrouvé maître d'un territoire bien moins étendu que ce qu'il envisageait de contrôler pour préparer sa conquête politique. La stratégie de territorialisation, en même temps qu'elle dévoilait son inefficacité, montrait là, devant le reflux spatial militaire, l'aboutissement logique de trois années de débacle politique. En effet, la stratégie avait trouvé ses limites bien avant l'invasion israélienne et l'échec de l'ancrage politique des palestino-progressistes au Liban-Sud constituait en définitive les prémisses de la défaite militaire à venir.

L'échec de la territorialisation palestino-progressiste

Les multiples tentatives de territorialisation des palestino-progressistes ont constamment échoué. La dernière en date, avant la désarticulation des structures économiques et politiques du Liban-Sud par l'armée israélienne en 1982, a lieu en avril 1982. Les partis de gauche tentent alors de mettre sur pied des « conseils locaux » pour lever l'impôt au Sud à l'instar des milices chrétiennes au nord de la route Beyrouth-Damas. Mais le projet n'aboutit pas devant les obstacles de taille que représentent les dignitaires religieux et les leaders musulmans, opposés à toute remise en cause, même partielle, de leur emprise sur les populations du Sud [12].

Au cours de ses tentatives de conquête du pouvoir politique, le mouvement progressiste a cherché à plusieurs reprises à mettre sur pied une véritable territorialisation, soit par l'intermédiaire de procédés administratifs, soit par le biais de relais économiques.

---

10. Kemp (P.) : « La cité Etat », *op. cit.,* p. 63.

11. Kassir (S.) : « Chronique de lutte populaire », *Revue d'Etudes Palestiniennes* nº 16, été 1985, pp. 3-61, p. 16.

12. Cf. Kassir (S.) : « L'avenir de l'Etat libanais : quel consensus national ? » *Le Monde Diplomatique,* juillet 1982.

La volonté de se substituer à l'Etat défaillant au sud du pays ne fait ici aucun doute : les 22 et 23 juillet 1976, le mouvement annonçait la création d'une administration dans les territoires qu'il contrôle. Le 31 juillet 1976, les partis progressistes constituaient un Conseil politique central « tenant lieu de gouvernement provisoire et chargé de s'occuper des problèmes de sécurité, de justice, de ravitaillement d'eau, d'électricité[13] ». L'application du projet se heurtera à la résistance des féodaux et au manque d'organisation et d'efficacité, notamment dans le domaine économique. En définitive, l'échec de la territorialisation affectera la confiance — déjà faible — accordée par les habitants du Sud au Mouvement National et minera à la fois sa légitimité et sa crédibilité, notamment parmi les populations chiites.

Examinons à ce propos le témoignage d'un chiite de Bint Jbeil recueilli par E. Jarry : « Au cours de l'été 1976, la Libye avait fait savoir qu'elle achèterait la récolte de tabac locale. Une offre qui tombait à point nommé car la Régie libanaise des tabacs ne s'était pas manifestée depuis deux ans et le tabac représentait 70 % en temps normal de l'agriculture de la région. Le Mouvement National a formé des commissions d'achat mais tout s'est déroulé dans unc tellc anarchie qu'en fin de compte une partie seulement de la récolte a pu être vendue à des prix plus bas que prévus[14]. » E. Jarry conclut : « Cette affaire a ouvert les yeux des gens sur l'incapacité des organisations politiques à remplacer un Etat qu'ils ne portaient pourtant pas dans leur cœur[15] ».

L'échec de la territorialisation du Mouvement National au Liban-Sud tient à plusieurs facteurs dont sans doute en partie la méfiance inspirée par un rassemblement laïc à une population essentiellement chiite et souvent fervente sur le plan religieux, surtout dans les campagnes. En poussant plus loin l'analyse, la défaite des progressistes pour établir un pouvoir territorial paraît résulter de ce que P. Kemp appelle « l'articulation du militaire à l'économique[16] ».

Et nous retrouvons là les caractéristiques du Liban-Sud exposées dans notre première partie : espace périphérique, en décalage avec les structures économiques du Liban central.

« Alors que du côté chrétien une véritable symbiose s'opérait entre les milices et les structures économiques du pays, du côté des palestino-progressistes il y avait décalage entre la résistance armée et l'économie[17]. » Le Liban possède une économie tertiarisée qui accorde la priorité dans le fonctionnement du système non pas au territoire mais à la ville, aux activités commerciales et de services, aux réseaux financiers et bancaires, ramifiés et denses. L'existence des milices chrétiennes reposaient sur ces réseaux. Les partis chrétiens, par leur encadrement et à l'aide du clientélisme contrôlaient les circuits économiques qui permettaient la bonne marche des affaires et une accumulation « primitive » indispensable à l'instauration éventuelle d'un mini-Etat localement centré sur la ville et sur le port [18].

Les différences avec le mouvement palestino-progressiste sont impor-

---

13. Schmeil (Y.) : in *Maghreb-Machrek* n° 95, 1er trim. 1982, p. 35.

14. Cité par Jarry (E.) : « Sud-Liban, le face à face », *op. cit.* (mai 1982).

15. *Ibid.*

16. Kemp (P.) : « La cité-Etat », *op. cit.*, p. 63. Voir aussi du même auteur : « La stratégie de B. Gemayel : atopie urbaine et utopie territoriale », *Herodote* n° 29-30, 3e trimestre 1983, pp. 55-82.

17. Kemp (P.) : « La cité Etat », *op. cit.*, p. 65.

18. M. Habib Deloncle, président de la Chambre de Commerce franco-arabe, déclarait en 1983 : « A défaut de la fin de l'occupation, on peut espérer la renaissance d'une certaine économie

tantes et révélatrices. Les armes, les équipements des combattants palestiniens et des miliciens de gauche étaient financés de l'extérieur par les partis frères et les pays amis, alors que les combattants chrétiens issus des couches moyennes de la société devaient payer leur propre armement. Les combattants progressistes étaient recrutés à l'intérieur des classes défavorisées du monde rural et des camps de réfugiés : le statut de combattant apparaissait alors comme une véritable promotion sociale. Sur le plan idéologique, l'accent était mis sur la conquête du territoire, sur la nécessité d'un appui des masses rurales, des « masses laborieuses », pour édifier une agriculture et une industrie fortes, ancrées dans le paysage. Le territoire primait tout, la personnalité palestino-progressiste était fondamentalement topique.

Pourtant le mouvement n'a pas réussi son ancrage : il n'a pas pu ou pas su s'intégrer dans des filières économiques qui lui auraient permis de s'implanter plus durablement sur le territoire conquis. Il n'y a pas eu édification d'une armature économique et politique mais simplement « parasitage » de filières atopiques (urbaines) au niveau individuel : corruption, trafic d'influence, racket. Financés non pas par le contrôle de mécanismes économiques libanais, mais par l'aide extérieure [19], « le Mouvement National et l'O.L.P. faisaient figure de simples rentiers, de simples consommateurs[20] ».

En fin de compte, dans l'articulation de la stratégie de conquête à l'économique, le Liban central et les milices chrétiennes se trouvaient dans un rapport de domination vis-à-vis du Mouvement National et de l'O.L.P., tous deux incapables de contrôler un territoire périphérique en décalage avec le système économique et géopolitique libanais.

2 - Les chrétiens à la reconquête du Sud

Soutenus par une assise militaire et économique solide, sûrs de leur contrôle des mécanismes créateurs de richesses, soutenus par un allié syrien inespéré puis, peu à peu, par les Israéliens de plus en plus soucieux de leur sort, les chrétiens se lancent, après leur réaction militaire dans Beyrouth et le Mont-Liban, à la reconquête des régions chrétiennes frontalières méridionales. L'offensive a plusieurs objectifs : écarter la menace directe que fait peser un mouvement dominé par les musulmans sur les populations chrétiennes, mettre fin à l'emprise de l'O.L.P. sur le Liban-Sud et rétablir la souveraineté libanaise, mais aussi élargir le champ du pouvoir chrétien au-delà des limites étriquées du Mont-Liban et de Beyrouth.

Le Sud était resté à l'écart de la première phase de la guerre en 1975, et, au début de 1976, des combattants palestiniens abandonnaient même leur base au Liban-Sud pour soutenir l'offensive des forces palestino-progressistes [21]. Le mois de septembre 1976 marqua à la fois le commencement de la guerre du Sud et l'entrée en jeu au Liban-Sud d'un troisième acteur après les Palestiniens et les progressistes : la communauté chrétienne.

libanaise dans Beyrouth et ses environs immédiats », in *Proche-Orient et Tiers-Monde,* nº 9, oct. 1983, p. 89.

19. Le mouvement progressiste possédait une caisse de soutien au Liban-Sud alimentée par la Libye à hauteur de 10 millions de dollars. Cf. Jarry, *op. cit.,* mai 1982.

20. Kemp (P.) : « La cité Etat », *op. cit.,* p. 64.

21. Sur la guerre du sud : *F.M.A.,* I-L 3, I-L 4, I-L 92 (1978-1979).

Dans un pays désormais éclaté, fragmenté en zones politico-militaires aux contours encore indécis où le pouvoir central n'avait plus aucune prise, la légitimité du pouvoir politique résidait dans la prise de possession militaire d'un espace. La puissance d'un protagoniste ne s'exprimait plus par un nombre d'adhérents ou par un groupe politique influent au Parlement mais par l'étendue et la position stratégique du territoire contrôlé par les armes. L'action créait la légitimité. Le gain de territoires devait révéler le rapport de force et constituer un atout dans d'éventuelles négociations.

La bataille du Sud et l'extension des enclaves chrétiennes

La guerre du Sud, qui débute en mars 1976, représente un déplacement du centre de gravité du conflit libanais. Certes, les combats ne cessent pas définitivement à Beyrouth, mais l'ouverture du front sud provoque de façon irréversible la polarisation de la guerre du Liban sur cet espace périphérique. S'étant écartée de leur foyer initial, les tensions y reviennent en quelque sorte de façon naturelle [22].

C'est l'éclatement, la désintégration de l'armée libanaise qui déclencha le début des combats. Les prémices de cet événement remontent aux manifestations de Saïda au cours desquelles l'armée intervint contre les manifestants. Plus tard, le 16 janvier 1976, l'aviation libanaise bombardait des positions palestino-progressistes près de Damour. Dès lors, les forces armées cessèrent de représenter l'unité nationale et la neutralité : elles s'engagèrent de plus en plus ostensiblement aux côtés des milices chrétiennes. Composées à 60 % d'effectifs musulmans, leur scission apparaissait inéluctable. Le 21 janvier, le lieutenant Ahmed al Khatib formait l'Armée du Liban arabe (A.L.A.) et s'engageait dans le conflit pour soutenir les Palestino-progressistes. « Sur un effectif de 18 500 hommes, plus de 50 % des soldats abandonnèrent leur poste et allèrent se joindre aux différents belligérants selon leur appartenance communautaire[23]. »

Au sud, les hostilités entre milices chrétiennes et palestino-progressistes se déclenchèrent après la prise des casernes de Marjayoun par les soldats de l'A.L.A. Les troupes chrétiennes ripostèrent et reprirent certaines d'entre elles. Le *statu quo* militaire s'installa pour un temps mais, à partir de septembre 1976, les forces chrétiennes lancèrent, avec le renfort de miliciens venus de Beyrouth, plusieurs offensives contre les positions palestino-progressistes. Les affrontements meurtriers dureront jusqu'à l'intervention israélienne de 1978, qui modifiera de façon durable l'équilibre géopolitique du Liban-Sud.

Jusque là le Liban-Sud et plus particulièrement les zones peuplées par les chrétiens à proximité de la frontière furent les champs de bataille où se déroulèrent, entrecoupées de cessez-le-feu, offensives et contre-offensives successives. Sans entrer dans les détails des manœuvres militaires et des combats [24], on peut cependant retenir de ces affrontements plusieurs faits géopolitiques marquants :

— En premier lieu, il faut prendre acte de l'importance capitale sur le plan

22. Benassar : *op. cit.*, p. 180 : « En 1977, l'affaire libanaise revient ainsi à son point de départ : que forme Fatah-land au bout du territoire libanais ? »

23. Sur l'éclatement de l'armée, I.F.P., *Les crises...*, *op. cit.* p. 51.

24. Pour plus de détails, cf. *F.M.A.*, IL3, IL4, 31 juillet 1979, nº 1337 et 7 août 1979 nº 1341.

stratégique du « verrou » que constitue la région de Marjayoun (*cf. planche 22*). Le contrôle des villages alentours ont été l'enjeu de multiples assauts notamment lors de la bataille de Khyam en septembre 1977 (*cf. planche 17*).
— En second lieu, notons au cours de ce conflit l'intervention de moins en moins discrète d'officiers puis de matériel offensif israéliens aux côtés des milices chrétiennes, en particulier pendant l'année 1977, année qui prépare le revirement syrien après la visite de Sadate à Jérusalem.
— Enfin, la guerre du Sud a eu pour conséquence l'élargissement des enclaves confessionnelles à la frontière israélo-libanaise. Avec l'aide des israéliens, les forces chrétiennes ont pris peu à peu le contrôle des régions autour des villages chrétiens frontaliers. Le 30 mars 1977, les Forces chrétiennes soutenues par l'artillerie israélienne occupaient la quasi-totalité de la bande frontalière sauf le verrou de Bint Jbeil (chiite) et le dernier village avant la mer, Naqoura. Le 21 juillet 1977, l'accord de Chtaura signé entre l'O.L.P. et ce qui restait de l'Etat libanais prévoyait le désengagement des forces, le retrait des combattants palestiniens et l'entrée de l'armée libanaise. Mais le chef des Forces chrétiennes, Saad Haddad, s'y opposa et dénonça l'accord à Metulla en Israël. L'armée libanaise fut définitivement écartée du conflit et évincée du Liban-Sud aux mains d'acteurs qui la dépassaient en termes militaires et qui ne reconnaissaient plus ce qu'elle représentait sur le plan politique : un Etat agonisant.

Bechir Gemayel, la souveraineté libanaise et le Liban-Sud

L'intérêt des chrétiens pour le Sud semble quelque peu tardif quand on songe à l'état de sous-développement dans lequel fut laissé le mohafazat du Liban-Sud pendant trente ans par les élites au pouvoir. Mais à l'aube des années 80, l'Etat maronite n'existe plus et le Liban chrétien était même menacé, selon certains, de disparition. Pour se maintenir au pouvoir, la communauté maronite devait regagner et reconquérir la souveraineté du pays dans sa totalité pour construire un Liban nouveau édifié sur des bases nouvelles et défendant fermement son indépendance. Telle fut la stratégie libaniste d'un maronite fervent comme B. Gemayel. Ressouder l'unité nationale autour de la corde sensible de la nation libanaise recouvrée, tout en confortant l'emprise chrétienne au-delà des frontières du Petit Liban, c'est-à-dire dans les régions périphériques [25].

Pour réaliser ses objectifs, B. Gemayel appuyait sa stratégie de conquête sur deux points principaux : d'une part le recouvrement de la souveraineté libanaise usurpée par les Palestiniens, d'autre part la mise en place d'un appareil quasi étatique sous son contrôle pour renforcer l'autorité chrétienne sur l'ensemble du pays, qu'il tenta de reconquérir avec ses miliciens.

Pour S. Abou, auteur d'une biographie de B. Gemayel, la guerre que livrait le nouveau chef des Kataëb (Phalanges) était une « guerre de libération nationale[26] ». Prenant en compte l'exaspération d'une partie de la population face à la présence jugée envahissante des organisations palestiniennes, et considérant ces forces étrangères comme unique responsable de la désagrégation du Liban et de l'Etat, Béchir partit dans ce qu'on pourrait appeler une véritable croisade. Dès 1977, il déclarait au journal *al Amal:* « Nous ne

25. Kemp (P.) : *La stratégie de B. Gemayel..., op. cit.*, pp. 72 et suivantes.
26. Abou (S.) : *Béchir Gemayel, op. cit.*, p. 118.

laisserons pas le Sud en proie au terrorisme palestinien[27]. » Plus tard, alors devenu responsable des nouvelles milices chrétiennes unifiées, il répondait, à une question sur le peuple palestinien : « Il est en train de s'implanter au Liban. On le refuse (...) aujourd'hui le refus est aussi musulman », puis, plus loin, cette affirmation lapidaire : « Il y a un peuple de plus dans cette partie du monde : les Palestiniens[28] » ; autant dire un peuple de trop. Selon Béchir, le Liban — et plus particulièrement le Liban chrétien — était menacé dans son existence même. Dès lors, sa survie légitimait l'élimination physique de la présence palestinienne. Les massacres de Sabra et Chatila démontreront à quel point les lieutenants de B. Gemayel avaient interprété son message politique.

Le deuxième pilier de la stratégie libaniste de Béchir était le renforcement du pouvoir chrétien face à un Etat démantelé, et la reconquête de territoires aux mains des Palestiniens et des progressistes. Au cours de l'année 1980, par une action militaire, les miliciens phalangistes de Béchir soumirent une partie des milices chrétiennes rivales. Celles-ci furent rattachées au commandement des Phalanges pour constituer les Forces libanaises. Après ce coup d'éclat audacieux et à la suite de la crise de Zahlé en 1981, B. Gemayel devint le chef incontesté de la communauté chrétienne dont les partis et les clans furent regroupés dans le Front libanais. Il renforça par ailleurs, en 1980, son contrôle sur l'Etat dans l'Etat créé dès avril 1976 au sein du territoire du Petit Liban chrétien. Dès cette époque en effet, les partis du Front s'étaient substitués aux institutions et organismes de l'Etat dans la zone qu'ils contrôlaient, établissant un « dédoublement institutionnel[29] ». Les membres du Front s'occupaient de la voirie, des travaux publics, de l'aide sociale et médicale, et prélevaient l'impôt[30]. En 1980 et 1981, les hommes de Béchir, technocrates et chefs militaires, exerçaient leur main mise sur cet appareil d'Etat fantôme, « remplaçant graduellement les structures moribondes de l'Etat libanais[31] ».

A la faveur de l'invasion israélienne de juin 1982, B. Gemayel, qui avait renforcé tactiquement ses liens avec Jérusalem, tenta de décentraliser les structures qu'il avait mises en place au Petit Liban. Deux faits l'en empêcheront : le contrôle trop faible exercé sur ses miliciens dans les combats du Liban-Sud et son assassinat le 14 septembre 1982[32].

Décidément, le Sud semblait rebelle à toute domination de la Montagne. Après l'occupation puis le retrait israéliens, le Liban-Sud échappa définitivement aux Forces libanaises alors que s'opérait l'émergence d'une quatrième force dans la région, la communauté chiite.

---

27. 10 août 1977, cité par Abou (S.), *op. cit.*, p. 193.

28. Interview de B. Gemayel par Sitbon (G.), *Le Nouvel Observateur,* 19-25 juin 1982 ; les propos de Béchir datent de la fin du mois de mai 1982.

29. Chabry (A. et L.) : *op. cit.*, p. 316.

30. Picard (E.) : « Rôle et évolution du Front Libanais dans la guerre civile », *Maghreb-Machrek* n° 90, 4e trimestre 1980, pp. 16-39.

31. Kemp (P.) : *La stratégie de B. Gemayel..., op. cit.*, p. 76.

32. Sur les troupes de Béchir au Liban-Sud, cf. Randal (J.) : *Going all the way..., op. cit.*, pp. 32-33 (version française).

CHAPITRE 3

LES CHIITES DU LIBAN-SUD : DE LA MARGINALISATION À LA CONQUÊTE DU POUVOIR

Nous avons déjà parlé de la communauté chiite en première partie de ce mémoire. Il s'agissait alors de montrer la situation géopolitique périphérique d'un groupe libanais marginalisé et déshérité. Nous y revenons à ce stade de notre analyse parce que les métoualis sont au centre de la guerre du Liban-Sud, qu'ils y participent et qu'ils la subissent. Mais surtout parce que, dans leur longue quête pour la reconnaissance et la dignité, les chiites sont aujourd'hui au cœur des enjeux du Liban-Sud. Combattant sur tous les fronts, la communauté est parvenue à se faire admettre comme gardienne de la souveraineté du Jabal Amel et des environs ; elle a, grâce à la reconquête de « son territoire », gagné un espace politique qu'on lui avait longtemps dénié le droit de posséder. Somme toute, la géopolitique du Liban-Sud est aussi une géopolitique du chiisme libanais.

Dans sa préface au livre de B. Lewis sur les Assassins, M. Rodinson définissait ainsi le chiisme : « C'est une vaste tendance protestataire, aspirant par nature, par principe au pouvoir, (...) qui a pu se maintenir toujours dans une opposition, le plus souvent vaincue, assez souvent aussi résignée à cette défaite, mais gardant des branches militantes donc orientant le contre-Etat qu'elle formait vers une lutte pour le pouvoir[1]. » L'évolution de la communauté chiite libanaise dans sa lutte pour la participation au pouvoir ou pour le pouvoir selon les tendances, c'est ce que nous nous proposons d'analyser maintenant.

1 - Les chiites dans le Grand Liban : vers la participation accrue aux destinées du Liban

La communauté fut pour le moins réticente à l'intégration de ses bastions dans le Grand Liban en 1920 (cf. première partie), ses élites caressant alors le rêve d'une grande Syrie musulmane susceptible de libérer les chiites de la tutelle chrétienne exercée, notamment en leur temps, par les derniers émirs

1. Lewis (B.) : *Les Assassins,* Paris, Flammarion, 1982, p. 20.

de la Montagne. Ce refus de l'autorité chrétienne n'est pas un vain mot, comme en témoignent les propos de cet officier chiite de l'armée libanaise recueillis en 1977 par J.-P. Péroncel-Hugoz : « Je n'ai rien contre le brave président Sarkis, mais qu'est-ce que vous voulez, nous mahométans, nous ne pourrons jamais nous habituer à l'idée de voir un chrétien à la tête de notre pays[2]. »

Pourtant, à bien y réfléchir, le Liban de 1920 présentait de gros avantages quant aux possibilités d'épanouissement d'une communauté pourchassée et persécutée historiquement par la majorité sunnite. Et en effet, les craintes des représentants de la communauté se sont vite atténuées : par son caractère communautaire original dans un Proche-Orient caractérisé par un océan démographique sunnite, le Liban offrait aux métoualis la chance d'une émancipation. En tant qu'espace multi-minoritaire, le Liban était plus apte à répondre aux aspirations des communautés qui le composent qu'un espace politique dominé par une large majorité confessionnelle. Le réflexe confessionnel prit finalement le pas sur le rêve nationaliste.

Evolution démographique et influence politique

Mais le ralliement à l'espace unifié libanais fut assorti de conditions. Un observateur du Liban dans les années 30 notait, dans un rapport fait au C.H.E.A.M., que « les leaders chiites ne verraient aucun inconvénient à rester libanais si on reconnaissait leurs droits » ; et, en faisant référence à l'agitation nationaliste (à la « tentation syrienne »), signalait « qu'on n'aurait pas grand-peine à les ramener au calme en prenant les mesures administratives qui s'imposent et en leur donnant au Liban la place à laquelle ils peuvent prétendre[3] ».

En émettant cette recommandation devant les administrateurs français, notre observateur ne se doutait sans doute pas de la portée d'un tel message. En effet, depuis son émergence politique après l'indépendance, la communauté chiite n'a cessé de réclamer une juste représentation au sein des institutions de l'Etat au regard de son importance numérique. Il est vrai que le pacte national non écrit de 1943 lui accordait la présidence du Parlement, mais au Liban les pouvoirs du chef de l'Etat sont importants et, surtout, l'administration et les organismes para-étatiques restaient aux mains des chrétiens, sans compter, bien sûr, la présidence de la République.

Le dernier recensement général de la population, nous l'avons signalé, remonte à 1932. Depuis lors, les chiffres ne sont qu'estimations et sondages, le plus souvent contradictoires, les différents partis ne prenant pas en compte les mêmes populations : les chrétiens, à fort taux d'émigration, incluent parfois les Libanais « de l'extérieur » dans leur total, alors que les musulmans ne tiennent compte que de la population résidente. Les chiffres précis n'existent pas, seuls des recoupements peuvent apporter des tendances. L. et A. Chabry proposent le chiffre de 600 000 personnes pour la communauté chiite du Liban, soit environ 18 % de la population [4]. P. Rondot propose une proportion de 24 % — contre 23 % aux maronites [5] —. Les estimations d'A. Leba, professeur à l'université libanaise Fanar, au début de 1985, sont les

2. Peroncel-Hugoz (J.-P.) : *Le radeau de Mahomet,* Paris, Lieu Commun, 1984, p. 96.
3. Lescot : *op. cit.,* p. 23.
4. Chabry (L. et A.) : *op. cit.,* p. 70.
5. Rondot (P) in *Proche-Orient et Tiers-Monde,* numéro spécial "Liban" n° 9, oct. 1983, p. 49.

suivantes : sur la population résidente du pays, les chiites seraient au nombre de 700 000, soit 25 % de la population totale, les maronites représentant alors 29 % [6].

La proportion donnée par Chabry apparaît dépassée. En 1943, il y a trente ans, elle était également de l'ordre de 18 à 20 %. Or les mouvements démographiques au Liban sont importants en dehors même de l'émigration. D'après une étude du docteur D. Yankey sur les taux de fécondité des populations libanaises par confessions, les musulmans semblent plus prolifiques [7] :

en milieu urbain :	musulmans :	6,53
	chrétiens :	3,70
en milieu rural :	musulmans :	7,75
	chrétiens :	7,18

Si l'on admet que la population urbaine dans ce pays avoisine 75 % de la population totale, on ne peut manquer de relever les différences de dynamiques démographiques entre les communautés. De plus, à l'intérieur du groupe musulman, il semble que l'accroissement de la communauté chiite soit le plus spectaculaire. A. Leba évoque des taux de croissance annuelle avoisinant 3 % dans certaines localités du Sud [8]. Sur ce plan, H. Farès conclut, dans sa thèse parue en 1973 : « Des indices de plus en plus nombreux montrent que du fait d'un taux de natalité très élevé et du fait que de toutes les communautés ils ont la tendance la plus faible à l'émigration, les chiites constituent aujourd'hui la plus grande communauté du Liban [9]. »

La prépondérance numérique des musulmans, du moins en termes de population résidente, n'a pas son prolongement naturel dans la représentation politique, notamment au sein du Parlement libanais. Celui-ci comprend 99 sièges (nombre multiple de 11), 6 « parts » étant accordées à la communauté chrétienne contre 5 à la communauté musulmane. Or, dorénavant, le rapport est sans doute inversé sur le plan démographique. La représentation parlementaire musulmane est donc affaiblie par rapport à son poids réel dans la société libanaise. Ainsi, d'après les chiffres du général P. Rondot, les maronites contrôlent 30 % des sièges alors qu'ils ne constituent que 23 % de la population du pays. Avec 19 sièges seulement au Parlement, la communauté chiite apparaît en revanche sous-représentée, puisqu'elle compose la population libanaise totale à hauteur de 24 % [10]. La lutte pour mettre fin à ce qui est considéré comme une sous-représentation politique [10] sera un des chevaux de bataille de la communauté montante au Liban après la Seconde Guerre mondiale.

Des responsabilités étatiques au fief politico-militaire

Emancipation, éveil, sont les termes qui expriment la montée en puissance des populations du Liban-Sud et de la banlieue sud de Beyrouth depuis une dizaine d'années.

---

6. Leba (A.) : « Le chiisme et le renouveau islamique contemporain », in *Herodote* n° 36, 1er trimestre 1985, pp. 105-109, p. 107.
7. Cité par Abou (S.) : *Béchir Gemayel..., op. cit.*, p. 323, note 92.
8. Leba (A.) : *op. cit.*, p. 107.
9. Farès (H.) : *Les conflits confessionnels dans l'histoire du Liban moderne,* Beyrouth, 1980, (en arabe), cité par Ibrahim (Amr. H.) : « L'effervescence minoritaire : la guerre du Liban et ses dialectiques minoritaires », *Esprit,* mai-juin 1983, pp. 115-143, p. 118.
10. Rondot (P.) : *Proche-Orient et Tiers-Monde, op. cit.*, p. 49.

Les chiites souhaitent avant tout se dévêtir de la chape marginalisante qui les couvre depuis la naissance du Grand Liban. Ils ont participé vaille que vaille à sa création et demandent avec force de pouvoir prendre place à la direction politique d'un pays qui est aussi le leur. « De toute façon, on ne peut plus ignorer les chiites ni les mettre hors du champ politique libanais », déclarait N. Berri à *Libération,* le 28 juin 1982, « nous sommes une partie du destin de ce pays ».

La communauté métouali du Liban n'a jamais cherché à prendre le pouvoir par la force, elle est en majorité profondément légaliste. Pour s'exprimer, pour s'épanouir, elle a en quelque sorte besoin de l'Etat. Etant la plus démunie, sans assise économique solide, le cadre étatique reste pour elle le meilleur moyen pour élever son niveau de vie et améliorer ses conditions d'existence. De plus, l'Etat peut fournir l'encadrement qui lui fait, pour l'instant, défaut. Les propos de N. Berri sont sur ce thème assez clairs : « Nous disons et répétons que nous sommes favorables à la légalité, que nous sommes pour un Etat juste, égal pour tous les Libanais, quelle que soit leur confession[11]. »

Dès 1982, N. Berri s'est prononcé en faveur de l'élection d'A. Gemayel. En novembre 1983 et en mars 1984, il a participé aux conférences de réconciliation de Genève et de Lausanne. Pour imposer les vues de la communauté chiite, le chef du mouvement Amal a utilisé les possibilités offertes par l'institution qu'il récusait par ailleurs. Le 7 mai 1984, il obtenait au sein du gouvernement le portefeuille de ministre d'Etat chargé des affaires du Liban-Sud, avec ceux de la Reconstruction, de l'Hydraulique et de la Justice.

Mais le principal leader de la communauté chiite a vite pris conscience du danger latent de sa position au sein d'un Etat, selon sa propre expression, de plus en plus « phalangisé ». En définitive, la représentation politique à un haut niveau ne suffisait plus pour s'imposer dans un pays où l'Etat central était considérablement affaibli : l'affirmation de la communauté chiite devait également s'inscrire sur un territoire, par la conquête d'un espace contrôlé par elle dans l'espace national morcelé. « Cette trajectoire », écrit S. Kassir, « rejoignait après bien des méandres et avec bien des nuances, celles des communautés maronites et druzes, dans le cadre d'une territorialisation des clivages[12]. »

Pour affirmer sa présence au centre du pays, le mouvement chiite a conduit, en février 1984, une insurrection dans le sud de Beyrouth, basée sur le ralliement de la 6e brigade de l'armée libanaise (composée de soldats chiites) à l'appel de N. Berri. Désormais, la communauté s'imposait dans l'antre même de tous les pouvoirs comme partenaire obligé dans la recherche de solutions à la crise multiforme du pays. Dans le même temps, et malgré son occupation par l'armée israélienne, le Liban-Sud était reconnu par le gouvernement d'union nationale comme un territoire chiite, livré à la gestion de cette communauté. Le mouvement mené par N. Berri obtenait ainsi une « continuité » géopolitique entre les espaces méridionaux et la banlieue sud de Beyrouth [13]. Ce double ancrage en faisait une force avec qui il serait

11. Entretien avec S. Nassib, *Libération,* 1er septembre 1983.

12. Kassir (S.) : « L'affirmation des chiites libanais », *le Monde Diplomatique,* mai 1985.

13. Cette « continuité » est en fait interrompue par le fief druze de W. Joumblatt dans le Chouf. Cf. planche 18.

désormais nécessaire de compter, quel que soit le déroulement futur des événements au Liban.

Le positionnement de la communauté chiite aux avant-postes du système politique libanais est l'aboutissement d'un long combat, en dépit de l'accélération de ce mouvement au cours de ces dernières années. Les obstacles à la conquête de la dignité et de la reconnaissance du chiisme comme force politique ont été nombreux et l'évolution s'est effectuée sur plusieurs fronts : au sein même de la communauté contre les féodaux d'une part, contre la pauvreté économique et le sous-développement intellectuel d'autre part ; à l'extérieur contre les forces de gauche, les Palestiniens, les Israéliens et les milices chrétiennes.

2 - La lutte pour l'émancipation politique

Deux exposés faits au C.H.E.A.M. au milieu des années 60 sur le Liban-Sud montrent la condition des paysans chiites du Jabal Amel et la vision que pouvait en avoir un observateur extérieur. N. Jabbour écrivait : « La vie politique au Liban-Sud est caractérisée par la faible importance des partis politiques. L'habitant du Liban-Sud est renommé pour sa bonté foncière et son attachement et sa fidélité aux leaders locaux[14]. » S. Nourreddine, dans sa monographie villageoise, rapportait quant à lui : « Notre paysan répugne à toute idée de coopération ou d'association. Il est naturellement immunisé contre le communisme ![15] ».

De fait, les populations rurales du Liban-Sud étaient sous la dépendance de propriétaires terriens dont la gestion des domaines relevait d'un mode d'exploitation féodal. Ces notables maintenaient judicieusement leurs paysans dans un analphabétisme profond, évitant ainsi tout sursaut revendicatif. Ils étaient d'autre part la courroie de transmission du pouvoir central et représentaient la communauté chiite au Parlement. De plus, ils apparaissaient comme responsables de la paupérisation du Sud et de l'exode de ses habitants. Tandis qu'après 1958, le « chéhabisme » tentait d'associer de façon significative les musulmans à la gestion du pays et aux bénéfices du développement, les « féodaux » du Liban-Sud réussirent à confisquer à leur profit les effets économiques de la modernisation du département. Ce sont eux en effet qui prirent le contrôle de certaines plantations de la plaine côtière et qui s'octroyèrent le monopole de la culture du tabac.

Les revendications qui se sont exprimées au début des années 60, notamment dans les milieux de planteurs de tabac, relevaient donc autant d'exigences économiques que d'une remise en cause du système de type féodal.

La récupération politique de ces mouvements contestataires surtout virulents dans le Sud s'effectuera pour les chiites dans deux directions : l'une laïque, l'autre religieuse, nettement plus importante.

---

14. Jabbour (N.) : *op. cit.,* (1964).

15. Nourreddine (S.) : *Monographie d'un village du Liban-Sud,* document du C.H.E.A.M., février 1965, 29 p. , p. 7.

L'encadrement politique de la communauté chiite : l'action de l'imam M. Sadr

L'année 1958 marque au Liban le vacillement du régime politique sous les coups du nassérisme qui regroupe les déçus et les détracteurs d'un système économique jugé trop libéral, favorisant un développement particulièrement inégal. Le discours laïcisant et égalitaire des partis de gauche trouva à cette époque des échos favorables dans les banlieues sud de Beyrouth et parmi la paysannerie du Liban-Sud. Ainsi le Parti communiste libanais (fondé en 1924) fut-il composé en majorité de chiites recrutés en milieu urbain mais aussi dans les plantations de tabac du Sud, où le parti disposait d'une forte influence [16]. En 1976, ses effectifs étaient évalués à 15 000 membres. Le Mouvement des chiites démocratiques, moins important numériquement, regroupait des personnalités chiites de gauche [17]. Ces deux partis s'engageront, en 1975, aux côtés du Parti socialiste progressiste (P.S.P.) de K. Joumblatt pour former le Mouvement National, ou forces progressistes.

Aux côtés de la revendication chiite « de classe » laïque s'est développée dès 1959 une revendication prenant comme bannière non pas le nationalisme pro-nassérien et les idéaux laïcs du communisme, mais l'Islam. Le porteur de ce nouveau message fut une personnalité religieuse très respectée au charisme extraordinaire : l'imam M. Sadr. Né en Iran, à Qom, ville sainte du chiisme, il est apparu sur la scène libanaise en 1959, à la demande du chef spirituel de la communauté à Tyr, Abdelhussein Charafeddine. M. Sadr engagea dès sa prise de fonction à la tête de la communauté chiite libanaise un processus qui contribuera à porter celle-ci au cœur de l'échiquier politique puis politico-militaire libanais.

Son premier objectif fut de réactiver la conscience politique des populations métoualis soumises à leurs féodaux et confinées dans une résignation sans avenir. Un exemple révélateur permet de comprendre comment M. Sadr a pu réintroduire dans l'univers mental et religieux des membres de sa communauté une forme d'activisme politique qui prendra par la suite une orientation parfois extrémiste.

Au cours d'une commémoration religieuse appelée « Achoura », les chiites se livrent à certains rites masochistes parfois spectaculaires d'automutilation ou de façon plus symbolique, de flagellation. Cette pratique, qui a pour but de maintenir dans la mémoire collective le souvenir du martyre de Ali et de sa descendance, a été longtemps soutenue et encouragée par les tenants de l'ordre établi, les détenteurs du pouvoir traditionnel à l'intérieur de la communauté chiite. Ce rite, qui permettait aux populations de « retourner sur eux-mêmes une agressivité privée d'exutoire[18] », était utilisé comme un moyen d'annihiler toute vélléité de révolte contre leur propre autorité. Mais il exprimait aussi la présence d'une force potentielle, d'un ressort combatif puissant que l'imam parviendra à canaliser à son profit.

Pour faire participer pleinement les chiites à l'espace multiconfessionnel du Liban, M. Sadr articula son action autour de l'émancipation politico-religieuse et économique de sa communauté en utilisant d'ailleurs parfois un registre idéologique révolutionnaire : « Notre nom (chiites du Liban, et non

16. Bourgi (A.) et Weiss (P.) : *Les complots..., op. cit.*, p. 36.
17. Sur les partis politiques libanais, cf. Chamussy (R.), *op. cit.*
18. Chabry (L. et A.) : *op. cit.*, p. 142.

plus métoualis) est celui d'hommes du refus, hommes de la vengeance, de la révolte contre toutes les tyrannies[19]. »

A travers ce qui apparaîtra comme un mouvement de masse — le mouvement des « déshérités » — et la revendication sociale d'une part, la création du Conseil supérieur chiite (C.S.C.) et l'affirmation du chiisme dans l'islam libanais d'autre part, l'œuvre de l'imam s'avérait être fondamentale pour l'avenir : elle allait permettre la « prise de conscience des chiites libanais en tant que classe et confession[20] ».

Lorsque M. Sadr arriva au Liban au début des années soixante, notables et clergé conservateurs étaient main dans la main pour défendre un immobilisme qui préservait leur pouvoir. Cette attitude se combinait en outre avec une certaine dépendance vis-à-vis de la communauté sunnite : c'est un organisme de cette confession, le Dar el Fatoua, qui assurait la gestion de certains intérêts des populations chiites[21], pourtant émancipées depuis 1926 par l'octroi d'un statut juridique qui leur était propre.

Sous l'impulsion de l'imam fut adoptée, le 19 décembre 1967, une loi instituant un conseil supérieur chiite qui devint l'autorité suprême du chiisme libanais ; il comprenait une assemblée de 1 300 membres, une commission juridique et une commission exécutive de 12 membres. En 1975, cinq partisans de M. Sadr furent élus à cette dernière commission, aux côtés de cinq membres de partis de gauche. La présence de responsables politiques engagés dans la mise en cause du système capitaliste libanais auprès de l'imam illustre les positions de celui-ci concernant la situation socio-économique de son pays et du Liban-Sud en particulier. Le deuxième front revendicatif qu'il anima avait trait en effet aux conditions de vie des populations de toutes confessions du Liban-Sud. Les pauvres, les laissés-pour-compte de ce que certains appelaient dans les années soixante le « miracle libanais », ce sont pour lui « ceux qui habitent les régions déshéritées, gravement sous-développées par rapport au centre[22] ». La justice sociale et l'amélioration de la vie quotidienne des populations paupérisées par un mal-développement, tels étaient les objectifs partagés par M. Sadr et l'évêque grec-catholique de Saïda, Monseigneur G. Haddad. En 1960, ces deux personnalités fondèrent le « mouvement social ». En 1970, M. Sadr soutint la grève générale déclenchée par la communauté chiite. Il créa, en 1971, un comité regroupant les chefs religieux musulmans et chrétiens du Liban-Sud pour réaffirmer l'existence et les problèmes de ce département auprès des autorités centrales. En 1974, il anima le dialogue interconfessionnel qui conduisit à la signature d'un mémorandum commun avec les chrétiens « de gauche ». Enfin, à partir de février 1974, l'imam participa aux manifestations d'ouvriers et de grévistes à Saïda, mouvements qui constituèrent l'amorce de la conflagration générale de 1975[23].

Si l'engagement social et le dialogue avec les autres confessions du Liban-Sud sont parmi les plus importantes réalisations de M. Sadr, elles

19. An Nahar, 18 février 1974, cité par Basbous (A.) et Laurent (A.) : *Guerres secrètes au Liban,* Paris, Gallimard, 1987, 370 p., p. 232.

20. Etienne (B.) : *L'islamisme radical,* Paris, Hachette, 1987, 365 p., p. 233.

21. Basbous (A.) et Laurent (A.) : *Guerres secrètes, op. cit.,* p. 231.

22. Cité par Kassir (S.) : « L'affirmation des chiites libanais », *op. cit.*

23. Sur l'action de M. Sadr, cf. Chabry (A. et L.), *op. cit.,* pp. 137-143, et Aucagne (J.) : « L'imam Sadr et la communauté chiite », *Travaux et jours* (Beyrouth), n° 53, oct.-déc. 1974, pp. 31-51.

restent cependant, face à la montée des périls, en marge de la structure géopolitique qui prend corps. Celle qui s'y rattachera sera sans conteste la mobilisation politico-militaire de la communauté chiite, l'œuvre de l'imam la plus décisive, ne serait-ce que parce qu'elle contient en germe le développement d'une radicalisation religieuse et révolutionnaire [24].

C'est en réunissant, le 18 mars 1974, 100 000 personnes dans la Beqaa pour prêter serment d'agir pour l'abolition du statut de déshérité que M. Sadr réussissait là où les partis laïcs avaient échoué : la mise en place et la canalisation d'une dynamique révolutionnaire de masse. Créé le 22 juin 1973, le rassemblement dénommé « mouvement des déshérités » fut amené à se doter dès l'aube du conflit libanais d'une branche armée dont l'existence fut dévoilée pendant l'été 1975. Amal (acronyme arabe de « bataillons de la résistance libanaise[25] », qui signifie également « espoir »), fut chargé à sa création de la défense des villages chiites du Liban-Sud. Encore faiblement encadré et équipé au début des combats au cours desquels les combattants s'engagent plutôt aux côtés des Palestiniens et des « progressistes », le mouvement Amal se structure et se développe peu à peu à partir de 1978, année de la disparition de l'imam Sadr en Libye. La prise en main de la direction du mouvement par Nabih Berri quelques années plus tard est représentative d'une dynamique soutenue par M. Sadr et peut-être plus féconde pour l'avenir du Liban-Sud et du Liban : l'émergence d'une élite chiite non religieuse et rénovatrice.

L'imam avait, quelques années avant sa disparition, amorcé le déclin des pouvoirs féodaux et la promotion d'un encadrement chiite formé de personnalités instruites, compétentes et susceptibles de prendre en charge les problèmes de la communauté au sein d'un gouvernement représentatif de l'ensemble des Libanais. Nabih Berri, chef du mouvement Amal depuis 1980 — après avoir évincé H. Husseini [26] —, est un exemple de cette nouvelle élite. Avocat libanais, émigré chiite enrichi aux Etats-Unis, technocrate, N. Berri est le symbole de l'ascension sociale d'une communauté jusqu'alors articulée dans sa composition sociale de façon bipolaire : d'un côté une masse laborieuse en majorité peu instruite, de l'autre une aristocratie religieuse et terrienne représentée par des notables au sein des institutions de la communauté. L'émergence d'une classe moyenne chiite est un phénomène nouveau — et en cours — au Liban. C'est elle qui est destinée à former l'encadrement pour le moment inadapté d'une communauté qui s'éveille et qui renferme un potentiel humain et une dynamique susceptible de renforcer le poids politique des chiites dans les prises de décision et les gouvernements auxquels ils pourraient être amenés à participer de façon privilégiée aux côtés des chrétiens.

L'affirmation de la communauté chiite face au mouvement palestino-progressiste

Dès le déclenchement des événements en avril 1975, l'imam est un de ceux qui cherchent à calmer les esprits et tentent de trouver un terrain

---

24. Pour un approfondissement de cette notion, voir Etienne (B.) : *L'islamisme radical, op. cit.*

25. Basbous (A.) et Laurent (A.) : *Guerres secrètes..., op. cit.*, p. 236.

26. Notable, président du Parlement libanais, symbole d'une direction contestée de la communauté chiite libanaise.

d'entente et de compromis entre les communautés et les partis engagés dans le combat. Mais les tensions accumulées font craquer de toute part un Liban désormais révolu.

Face à l'engagement du mouvement progressiste, M. Sadr prit peu à peu ses distances avec ses anciens alliés de gauche : Amal refusa de s'intégrer aux forces du Mouvement National. De plus en plus opposé à la ligne adoptée par K. Joumblatt, l'imam lui reprocha son impatience et son agressivité, puis en 1976 son alliance avec les forces palestiniennes.

Dès la fin de la guerre des deux ans, alors que les combats se déplaçaient vers le Sud frontalier, les forces islamiques et surtout Amal contestèrent aux progressistes le monopole qu'ils s'arrogeaient de la représentation islamique révolutionnaire libanaise. Des affrontements eurent lieu à cette époque entre les forces de gauche, notamment le Parti communiste libanais, et les premiers miliciens du mouvement Amal. La querelle s'est poursuivie jusqu'à aujourd'hui et des coups de force sporadiques ont eu lieu en 1985 à Beyrouth et au Liban-Sud entre ces deux forces antagonistes qui se disputent la légitimité du message révolutionnaire. Fondant son action sur un message revendicatif à caractère social, le mouvement de N. Berri ne peut accepter la présence déstabilisante de forces de gauche puissantes sur son flanc. Celles-ci, par leurs positions progressistes et par leur prosélytisme actif, mettent en péril l'assise du credo politique du mouvement chiite. Amal, en tentant d'affaiblir le P.C.L. et ses alliés, tente de sauvegarder ainsi le recrutement de sa base sociale sur laquelle empiètent les mouvements révolutionnaires de gauche.

De 1976 à 1978, les forces chiites des divers mouvements engagés dans les combats livrés par les palestino-progressistes ont rejoint peu à peu les rangs du mouvement confessionnel Amal. Les miliciens chiites mal entraînés avaient payé un lourd tribut aux affrontements de 1975 et 1976 qui s'étaient soldés par la défaite des palestino-progressistes dans la capitale. 25 000 morts avaient été relevés sur le champ de bataille ; 70 % avaient moins de 25 ans [27]. S. Turquieh notait ainsi en 1980 : « Longtemps les chiites avaient fourni l'essentiel de leurs forces aux partis de gauche alliés des Palestiniens. Ce sont eux qui sont tombés en plus grand nombre de 1975 à 1976[28]. »

Les conséquences de cet engagement en pure perte ne se sont pas fait attendre : en 1978, le mouvement Amal, resté en dehors du conflit, voyait ses rangs gonfler régulièrement grâce à l'abandon massif par les chiites du Mouvement National affaibli par la mort de son leader K. Joumblatt, assassiné en 1977. Dès lors, l'ancienne ligue de défense des villages chiites du Liban-Sud devint la première force politico-militaire de la communauté chiite.

La désaffection pour le mouvement progressiste marquait, au-delà de la perte de crédibilité du message politique des partis de gauche, une confessionnalisation croissante des clivages politiques libanais. Tandis que le P.S.P., noyau du mouvement progressiste, redevenait de façon majoritaire druze, le mouvement Amal s'affirmait comme le principal courant politique de la communauté chiite.

27. Chambre de commerce de Beyrouth, in I.F.P., « *Les crises du Liban* », *op. cit.*, p. 44.

28. « Le Liban, témoin du déséquilibre arabe », *Le Monde Diplomatique*, octobre 1980.

3 - La communauté chiite du Liban-Sud face à la double occupation de son territoire

Pour obtenir une place incontestée au sein de l'Etat libanais, la communauté chiite a dû d'une part prouver son attachement à la souveraineté du pays dans ses frontières internationales, d'autre part conforter son emprise sur le territoire qui lui était reconnu comme étant son espace réservé, le Liban-Sud.

La zone de peuplement chiite du Sud a subi plusieurs « occupations » depuis la guerre des Six jours. A. Majid Saleh, responsable du mouvement Amal au Sud, en compte trois : celle du régime palestinien des années 70, celle née de l'invasion israélienne de 1978, enfin celle perpétrée par les forces armées israéliennes de 1982 à 1985 [29]. La position de la communauté chiite était donc claire. Dans sa quête de légitimité, il s'est agi pour elle de lutter à la fois contre la présence palestinienne sur son territoire et contre l'occupation de ce même territoire par « l'ennemi sioniste ».

Le refoulement des Palestiniens

La concentration des Palestiniens au Liban-Sud (populations civiles et organisations para-militaires) constituait une menace pour la communauté chiite qui engageait son processus d'émancipation politique et territoriale. Les zones de peuplement chiite regroupaient les infrastructures de l'O.L.P. (dans les villes), les implantations militaires des mouvements de fedayins composées de camps d'entraînement et de positions d'artillerie. Alors que les populations du Sud revendiquaient aux yeux des autorités de Beyrouth la reconnaissance de leur fief, elles avaient le sentiment qu'une présence étrangère piétinait leur domaine réservé et usurpait la souveraineté d'un espace libanais. Bref, alors que le Palestinien avait été adulé par les mouvements progressistes au début de la guerre, il était rejeté de l'univers chiite [29].

Le revirement des populations chiites s'explique par leur situation dans les conflits du Liban. Depuis les premières installations de fedayins au Liban-Sud, les villageois du Jabal Amel ont été constamment pris sous le feu des représailles israéliennes. A travers les raids des uns et des autres, ils sont apparus comme les victimes d'un conflit imposé par la lutte armée palestinienne qui se servait de leurs villages pour une retraite ou des caches éventuelles. Cette coexistence inconfortable a en outre conduit une partie importante des chiites à fuir le Sud vers les bidonvilles de la capitale pour éviter les incursions israéliennes. En définitive, comme le dit justement un villageois de Nabatieh : « On ne pouvait empêcher les gens du Sud de penser que tous leurs maux provenaient de la présence de la résistance palestinienne[30]. » Les populations chiites supporteront de plus en plus mal un occupant de plus en plus envahissant par ses contrôles routiers, par ses rackets, par sa présence armée. Après l'invasion israélienne de 1978, dont les Palestiniens ont été rendus responsables, les prises de position des leaders chiites témoignaient d'une ferme détermination, comme l'indiquent les propos de chefs religieux cités par S. Abou : « Tous les Libanais, notamment les Sudistes, sont contre la résistance palestinienne qui a détruit leurs maisons,

29. *Le Monde,* 5 février 1986.

30. Propos recueillis par Jarry (E.) : *Sud-Liban, le face à face, op. cit.*

tué leurs enfants et corrompu leur terre », déclarait le cheikh M. J. Maghniyé le 8 décembre 1979 [31]. Quelques jours plus tôt, le vice-président du C.S.C., le cheikh M. M. Chamseddine, affirmait que les chiites « ne permettraient pas la réalisation de l'implantation palestinienne au Liban, même si nous devons subir le martyr[31] ».

A partir de cette époque, les rapports conflictuels entre chiites et Palestiniens vont se dégrader et mener à de sanglants combats. La lutte contre la loi palestinienne au Sud, contre « la mise sous sa coupe » d'une région revendiquée par eux, vont conduire les chiites les armes à la main vers de violents affrontements autour et à l'intérieur des camps palestiniens. Alors que se développent les tensions entre les deux groupes, l'invasion israélienne de juin 1982 marquera un tournant radical dans l'avenir des rapports chiito-palestiniens. Jugée comme temporaire, l'invasion israélienne a été plutôt bien accueillie par les populations du Liban-Sud, dans la mesure où elle était susceptible de liquider la présence armée de l'O.L.P. Dès le 28 juin 1982, N. Berri déclarait à *Libération* que « la phase du fusil palestinien au Liban était maintenant terminée ». Mais l'occupation du Liban-Sud a duré et après les évacuations successives de Tsahal, il était évident que les Palestiniens, et qui plus est des combattants, subsistaient en nombre important. Pour éviter le « retour de la mascarade palestinienne au sud[32] », le mouvement Amal, fort de sa supériorité numérique, va tenter de réduire de façon significative ces reliquats d'occupation. Mais la résistance palestinienne est expérimentée et l'offensive chiite conduit à la longue bataille des camps palestiniens de Beyrouth-Sud, au printemps 1985. Les pertes du côté chiite sont énormes face à celles des fedayins [33] et ces derniers s'accrochent à leur ultime refuge. Au terme d'affrontements finalement complexifiés par l'intervention de nombreux acteurs, un compromis s'instaurera : une présence armée palestinienne sera tolérée dans les camps, mais ceux-ci resteront sous la surveillance étroite des miliciens du mouvement Amal. Les relations demeurent de toute façon conflictuelles.

Même s'ils y subsistent en nombre important, les Palestiniens ont été refoulés d'un Liban-Sud restitué à ceux qui avaient vocation à le contrôler. Eloignée du champ de bataille dans un premier mouvement de rejet, la résistance palestinienne révolutionnaire a été chassée dans un second temps de l'imaginaire politique libanais [34]. La mainmise de l'« Etat-O.L.P. » ayant disparu, un « Etat-Amal », ou du moins un contrôle étendu des chiites sur leur territoire, tente de s'y substituer.

La lutte contre l'occupation israélienne

La seconde occupation du Liban-Sud semblait au premier abord plus difficile à combattre, puisqu'il s'agissait de l'armée israélienne, solidement entraînée, déterminée et supérieurement équipée. C'est pourtant contre cet ennemi réputé invincible que le mouvement chiite a acquis une véritable reconnaissance nationale et accédé à une dimension politique de premier plan. En provoquant le retrait des Israéliens du territoire national, la réaction

31. Cités par Abou (S.) : *Béchir Gemayel..., op. cit.,* p. 151.
32. N. Berri, *Le Monde,* 23 mai 1985.
33. Entretien avec F. Chipaux, journaliste au journal *Le Monde,* déc. 1985
34. Kassir (S.) : *Chronique..., op. cit.,* p. 11.

des habitants du Sud a démontré à la communauté internationale et en particulier arabe, la puissance de la résistance libanaise chapeautée par le mouvement Amal, et le poids de la communauté chiite dans la lutte contre l'ennemi israélien : « La résistance libanaise a réussi là où tous les Arabes ont échoué » affirmait N. Berri en février 1985 [35].

Si en 1985 les actions de la Résistance nationale libanaise (R.N.L.) ont été pour 80 à 85 % d'entre elles l'œuvre des populations chiites [36], il n'en a pas toujours été ainsi. En effet, à y regarder de plus près, le mouvement Amal n'a pas été l'instigateur des premiers attentats anti-israéliens commis au Liban-Sud, et s'il est apparu par la suite comme le principal initiateur et coordonnateur de ces actions, c'est parce qu'il a récupéré à son profit un mouvement né au sein des organisations de gauche et islamistes. La première opération, revendiquée par le Front de résistance nationale libanaise (F.R.N.L.) le 24 septembre 1982, est l'œuvre des membres du P.C.L. A ses côtés au sein du F.R.N.L. se trouve un amalgame hétéroclite formé de membres de l'Organisation d'action communiste au Liban (O.A.C.L.), des Hezbollahs, des frères musulmans et même quelques conseillers techniques palestiniens [37].

Ce sont les attentats perpétrés par ces organisations ou groupuscules au Liban-Sud, à Tyr, à Saïda et contre l'enclave frontalière de Haddad, qui ont amené progressivement les populations chiites à participer à la résistance. D'abord marginale, cette dernière, par son caractère incessant, a provoqué une répression israélienne continuelle dont les civils ont été les premières victimes, mais qui n'a jamais réussi à briser le mouvement de résistance. Au contraire, ces vagues de répression massive et parfois très dure ont contribué à renforcer la mobilisation populaire qui s'est vue stimulée par les succès croissants des actions clandestines. En définitive, si la mobilisation est, au cours des années 1984-1985, essentiellement chiite, ce sont bien les forces de gauche qui ont amorcé l'enchaînement classique « occupation-résistance-répression-résistance[38] », et ainsi fortifié les populations chiites face à l'occupant israélien.

Sans véritablement contrôler la totalité des opérations dont le nombre augmente considérablement à la fin de 1984, N. Berri est apparu comme le chef de file et le principal soutien de la résistance armée. En s'octroyant le titre de « ministre de la Résistance nationale » en février 1985, le chef d'Amal a couvert de son autorité l'envoi de commandos anti-israéliens dans le Sud [39], et s'est présenté ainsi comme le principal artisan de la libération et du recouvrement de la souveraineté libanaise au Liban-Sud.

Par son encouragement au soulèvement massif des populations chiites du Sud, par l'estampille « Amal » appliquée à de nombreuses actions de résistance, le mouvement de N. Berri a doublé une nouvelle fois les mouvements de gauche dans la canalisation de la mobilisation populaire et définitivement affirmé face au président Gemayel et à la communauté chrétienne l'irrésistible ascension politique de la communauté chiite libanaise.

35. Propos recueillis par L. George, *Le Monde,* 8 février 1985.

36. *Le Monde :* 20 février 1985.

37. Kassir (S.) : « L'élan de la résistance dans le sud du Liban », *Le Monde Diplomatique,* octobre 1984.

38. Rouleau (E.) : *Les Palestiniens..., op. cit.,* p. 15.

39. *Le Monde,* 8 février 1985.

4 - La menace islamiste au Liban-Sud

Cette ascension s'est révélée porteuse d'une évolution parallèle, animée par un courant situé dans le prolongement — mais plus tard à l'opposé sur certains points — du regroupement conduit par N. Berri : ce que l'on appelle « l'intégrisme » religieux.

L'épisode de l'occupation israélienne du Liban-Sud a en partie mis en lumière et encouragé un fait marquant dans l'espace communautaire et politique libanais : le renforcement du particularisme confessionnel musulman et l'intégration au discours religieux de thèmes révolutionnaires. Certes, l'imam Sadr avait, dès 1974, insufflé aux populations chiites déshéritées une certaine ardeur revendicative à caractère social, mais ces propos sur le devenir du Liban apparaissaient tolérants et respectueux de la spécificité multicommunautaire libanaise. Son dialogue remarqué avec les communautés chrétiennes témoignait de cette modération.

En fait, le message, l'action de l'imam ont amorcé une double dynamique à l'intérieur du chiisme libanais, représentée par deux branches à la fois proches par leurs origines et éloignées par leur engagement politique :

— un pôle légaliste, parfois tenté par la laïcité, attaché au confessionnalisme, convaincu que le système politique libanais peut être apte, sous réserve de certaines modifications tenant compte du nouveau rapport de force démographique, à gérer de façon satisfaisante l'Etat libanais. Ce courant est représenté actuellement par le mouvement Amal.

— un pôle plus radical, religieux et révolutionnaire, hostile au confessionnalisme jugé trop conciliant vis-à-vis des minorités non musulmanes, favorable à l'instauration d'une république islamique au Liban, ou à défaut au Liban-Sud.

Cette dernière tendance se définit en particulier comme un « mouvement islamique révolutionnaire[40] » catégorique dans son aversion pour le pouvoir chrétien instauré au Liban, pour le régime sioniste et l'impérialisme et dans son soutien et son admiration pour la révolution islamique iranienne.

Ces derniers liens soulèvent d'importantes questions. Pour A. Basbous et A. Laurent, le Liban aurait servi de « terrain d'apprentissage militaire et politico-religieux » à certains mollahs iraniens impliqués dans les troubles à Téhéran en 1978 [41]. Il semble en effet qu'un certain nombre de cadres de la future République islamique d'Iran aient été présents et actifs au Liban-Sud dès le début des années soixante-dix. A l'époque, l'imam Sadr, devenu parent éloigné de Khomeiny, aurait favorisé l'implantation dans son fief d'opposants au Chah et ainsi contribué à la diffusion de thèmes mobilisateurs tel celui des liens de solidarité transnationaux des chiites du Moyen-Orient.

Ce qui apparaît clair, c'est en fin de compte que la révolution iranienne, faisant suite à la disparition énigmatique et dans des circonstances non encore élucidées de l'imam Sadr en Libye, a fortement contribué à activer l'embryon idéologique et militaire auquel la crise économique libanaise, les prises de position des religieux et les drames de la guerre du Liban avaient donné naissance.

---

40. H. Fadlallah, grand dignitaire chiite, in Kassir (S.) : « Chronique... », *op. cit.*, 1985, p. 42.

41. Basbous (A.) et Laurent (A.) : *Guerres secrètes...*, *op. cit.*, pp. 235-236.

Les mouvements chiites pro-iraniens s'affirment d'une part en opposition avec les partis laïcs de gauche par leur caractère fondamentalement religieux, d'autre part en compétition avec le chiisme modéré basé sur le légalisme de N. Berri. A ce dernier titre, ils constituent au Liban-Sud un défi territorial au mouvement Amal et à ses choix politiques.

Alliés de circonstance de celui-ci à l'intérieur de la résistance libanaise [42], ils s'opposent actuellement aux ambitions des chiites modérés de contrôler le Liban-Sud, pour fonder les bases d'une république islamique dans cet espace mouvant et ouvert aux initiatives les plus antagonistes.

Amal et les islamistes s'opposent tout d'abord sur leurs projets politiques respectifs. Alors que le parti de Dieu (Hezbollah) voit dans la résistance libanaise « une fraction du mouvement islamique d'aujourd'hui[43] » et donc le prélude à l'instauration d'un régime proche de celui de Téhéran [44], Amal base son action sur le recouvrement de la souveraineté libanaise d'un côté, la rénovation du système politique libanais vers un régime plus démocratique, accordant aux chiites une place correspondant à leur poids numérique dans les institutions de l'Etat de l'autre.

Les deux branches du chiisme libanais sont ensuite en désaccord sur l'extension à donner au mouvement de lutte contre Israël. Un dirigeant d'Amal expliquait en mars 1985 que « la résistance nationale prendra fin sur la frontière libanaise. Libérer Jérusalem c'est le problème du monde arabe. Le Liban a assez payé[45] ». Le dignitaire chiite H. Fadlallah, leader d'une tendance pro-iranienne, a des objectifs sur ce plan plus ambitieux. Il déclarait en effet en avril 1985 : « Notre lutte ne s'arrêtera pas lorsque les soldats israéliens se seront retirés du Sud-Liban. Le sionisme étant intimement lié à l'impérialisme, nous continuerons à les combattre avec la plus grande ardeur[46]. » Sur ce point l'alignement sur la pensée de l'imam Khomeiny est patent et la solidarité des chiites au-delà des frontières est réaffirmée par les propos tenus par le guide spirituel iranien en août 1987 : « J'annonce mon soutien sans limite (...) à toutes les luttes islamiques (...) de l'héroïque jeunesse musulmane pour la libération de Jérusalem. J'exprime mes remerciements aux chers jeunes du Liban qui ont fait honneur à la communauté islamique[47]. »

L'offensive militaire des membres de groupuscules islamiques au Liban-Sud est en fait pour le moment plutôt dirigée contre les alliés d'Israël, les troupes de l'Armée du Liban-Sud, et non pas contre l'armée israélienne directement. Mais le harcèlement des hommes de l'A.L.S. et de la zone de sécurité amène l'Etat-Major de Tsahal à riposter avec vigueur à ce qui apparaît comme de véritables assauts en règle. Le 3 janvier 1987, à la suite d'une offensive de 80 assaillants du Hezbollah contre une position de l'A.L.S., Israël menait un raid meurtrier contre une place « intégriste[48] ». Mais les lourdes pertes subies par ces militants ne peuvent avoir d'effet dissuasif.

---

42. Amal sert de « couverture » aux attentats anti-israéliens perpétrés par les Hezbollahs et les frères musulmans dans la région de Saïda. *Le Monde* 22 septembre 1984.

43. In Kassir (S.) : « Chronique... », *R.E.P.*, n° 16, *op. cit.*, p. 42.

44. Des intégristes venus de Beyrouth manifestèrent pour cette cause dans la ville de Saïda libérée, le 20 février 1985, *Le Monde*, 21 février 1985.

45. *Le Monde*, 30 mars-1er avril 1985.

46. In Kassir (S.) : *op. cit.*, p. 41.

47. *Le Monde*, 4 août 1987.

48. *Le Monde*, 4 janvier 1987.

Il faut noter en premier lieu que le sacrifice de sa vie pour la cause suprême — en l'occurence la libération de la Palestine [49] — donne accès au martyre, élément essentiel et mobilisateur dans l'imaginaire chiite. Le cheikh Fadlallah fait ainsi peu de cas du « nombre des martyrs de la résistance, du moment qu'elle a réussi à rendre caduque la théorie de la sécurité d'Israël[50] ».

En second lieu, force est de constater que la motivation religieuse des « fanatiques » est doublée par un encadrement poussé des combattants mené par les Iraniens. Les soldats de Dieu sont non seulement rigoureusement entraînés, mais également largement rémunérés par rapport aux autres milices : 4 000 Livres libanaises par mois contre 2 à 3 000 L.L. pour Amal et le P.S.P. [51]. De plus, les opérations sont rétribuées en dollars par des fonds iraniens (entre 7 à 9 millions de dollars par mois estime-t-on) redistribués par certains cheikhs de villages.

La présence iranienne au Liban-Sud ne fait qu'accentuer l'antagonisme entre Amal et les islamistes. N. Berri, défenseur d'une certaine forme de nationalisme et d'une entité libanaise, accepte avec réticence l'aide en hommes fournie par Téhéran à ses principaux rivaux. Dès 1979, la République islamique se proposait d'envoyer des volontaires pour combattre aux côtés des palestino-progressistes. Le 4 décembre, une organisation iranienne annonçait le départ de 1 000 volontaires mais le gouvernement prenait alors des mesures pour empêcher la venue de ces combattants. A partir de 1982 cependant, des groupes de combattants iraniens participaient aux affrontements à Souk el Gharb et à Beyrouth pour soutenir les Palestiniens. Depuis lors, leur présence se perpétue dans la plaine de la Beqaa et se développe au Liban-Sud [52], ce qui constitue une sérieuse menace pour le mouvement Amal. Car si les islamistes empiètent sur son assise idéologique, ils « grignotent » surtout son ancrage territorial au Liban-Sud. Comme chaque groupe libanais confessionnel, clanique ou autre, les groupes islamiques disposent de fiefs entre Beyrouth et la zone de sécurité israélienne (*cf. planche 21*), notamment les villages de Jibchit et Tebnine qui sont, outre certaines régions autour de Baalbeck et Tyr, aux mains de combattants pro-iraniens [53].

Enfin les rivalités internes au Liban-Sud ressortissent souvent à des luttes internationales qui trouvent dans cet espace incontrôlable un lieu d'expression privilégié. Ainsi l'attitude des mouvements chiites vis-à-vis de la Force intérimaire des Nations unies au Liban (F.I.N.U.L.) [54] illustre leur alignement sur certains aspects des rapports de force internationaux. « La F.I.N.U.L. est une force d'occupation aux ordres de l'Etat français[55]. » « Le contingent français agit en tant que puissance mandataire (...), il s'ingère dans les affaires intérieures de la population du Liban-Sud[56]. » Relevées dans l'hebdomadaire du Hezbollah, *Al 'ahd,* ces citations sont à rapprocher

---

49. « La Palestine sera libérée par les armes », Cheikh Toufaïli, un des membres fondateurs du Hezbollah au Liban, *Le Monde,* 26 mai 1987.

50. *Le Monde,* 24 avril 1987.

51. « La loi rampante du Hezbollah », F. Chipaux, *Le Monde,* 25 octobre 1986.

52. Voir la carte établie par Basbous (A.) et Laurent (A.), *Guerres secrètes..., op. cit.,* p. 240.

53. *Le Monde,* 19 février 1986.

54. Cf. 3e partie, chap. 3, 4.

55. *Le Monde,* 23 septembre 1986.

56. Cité par *Le Monde,* 24 novembre 1986.

des opérations de harcèlement et d'intimidation menées par les islamistes contre la présence de la France au sein de la F.I.N.U.L. qui a conduit au retrait des 2/3 de son contingent en décembre 1986. Comment ne pas lier ces actes à la difficile partie de bras de fer diplomatique que se livraient Paris et Téhéran concernant le conflit du Golfe et le problème des otages français au Liban ?

Caisse de résonance des rapports tendus entre l'Iran et la France, le Liban-Sud l'est aussi dans une certaine mesure de ceux contradictoires entre le régime de H. el Assad et celui de Khomeiny. Si la Syrie se trouve être un des derniers soutiens arabes de la République islamique, elle s'y oppose au Liban par le fait que les activistes pro-iraniens y mettent à mal son influence et empiètent sur son domaine « réservé ». Ainsi, fidèle allié de la Syrie, N. Berri soutient-il les forces de l'O.N.U. au Liban-Sud [57] en partie parce qu'elles contribuent à freiner la mainmise totale des islamistes et des Palestiniens sur ce territoire.

Mais le mouvement Amal se sent de plus en plus menacé. En témoignent une tendance à la radicalisation de ses positions vis-à-vis des Palestiniens (siège des camps de Beyrouth et de Saïda en 1986 et 1987) et des groupes chiites pro-iraniens (3 morts lors d'un affrontement à Beyrouth entre miliciens du Hezbollah et de Amal en septembre 1986) [58].

Dans ces conditions, le Liban-Sud va-t-il devenir dans les années qui viennent un territoire exclusivement contrôlé par les activistes chiites radicaux, prémice d'une islamisation à l'iranienne de l'ensemble du pays ? Le mouvement chiite modéré va-t-il perdre les bénéfices d'un combat, politique dans le cadre du Liban et territorial au Liban-Sud ?

En fait, les partisans d'un régime islamique au Liban sont numériquement faibles, mais leur extrémisme pourrait «faire échouer les tentatives de compromis de la majorité[59]. » Les miliciens d'Amal « tiennent » le Liban-Sud non occupé mais la multiplication de cellules « intégristes » mitant la nasse tissée par le mouvement de N. Berri pourrait remettre en cause la conquête territoriale de ce dernier. Le danger réside aussi à l'échelle nationale. Amal peut être amené, pour ne pas être débordé par les courants religieux extrémistes, à radicaliser son discours revendicatif et compromettre ainsi l'avenir d'un Liban multicommunautaire.

En définitive, le noyau géopolitique islamiste est bel et bien un des défis majeurs qu'affronte aujourd'hui le Liban-Sud dans son processus d'intégration à un hypothétique Liban réunifié.

57. « Je tiens à rappeler notre position ferme et constante concernant la résolution 425 des Nations unies et la F.I.N.U.L. et, ce qui en découle, le soutien (...) absolu de notre part à l'égard des forces internationales au Liban-Sud », *le Monde,* 14 août 1986.

58. *Le Monde,* 7 septembre 1986.

59. *Rapport Annuel Mondial sur le Système Economique et les Stratégies,* (R.A.M.S.E.S.), 1985-1986, Paris, Atlas Economica, 1985, sous la direction de T. de Montbrial ; cf. « Le Proche-Orient et le conflit libanais », pp. 93-100, p. 97.

Conclusion :

De la frontière à l'invasion

Les antagonismes entre les forces du mouvement Amal et les Palestiniens, alliés aux islamistes de façon de plus en plus accentuée, illustrent la géopolitique périphérique du Liban-Sud. Les chiites guidés par N. Berri tentent de réorienter l'espace qu'ils ont conquis vers le pôle politique beyrouthin, vers le nord, pour y gagner, à partir d'une assise territoriale forte, une juste participation à la gestion de l'Etat libanais. Cette démarche tend en quelque sorte à être contrée, neutralisée par la volonté des forces palestiniennes et islamiques « radicales[60] » de poursuivre de façon prioritaire la lutte pour la destruction de l'ennemi sioniste, c'est-à-dire d'orienter le combat politico-militaire vers le sud.

Cette opposition de deux visions, de deux stratégies de conquête territoriale perpétue d'une certaine manière l'oscillation latente du Liban-Sud balloté entre la Montagne libanaise au nord et la Palestine au sud.

Ces fluctuations essentielles à l'intérieur même du territoire libanais sont en outre avivées par le caractère frontalier du Liban-Sud. Avec les interventions israéliennes, invasions et occupations, se prolonge et s'accentue ce facteur géopolitique oscillatoire.

60. Pour reprendre les termes de Etienne (B.) in *L'islamisme radical, op. cit.*

TROISIÈME PARTIE

ISRAËL ET LE LIBAN-SUD

Traiter en dernière partie de cet ouvrage le thème des relations entre le Liban-Sud et l'Etat d'Israël peut paraître une gageure, étant donné l'étendue historique de ces relations et la masse d'écrits réalisés sur ce sujet. Deux raisons nous poussent cependant à relever le défi.

D'abord, dans la perspective géopolitique que nous avons esquissée la focalisation sur le facteur israélien apparaît comme un aboutissement. Ce dernier résume à lui seul les caractères du Liban-Sud dans ses dimensions confessionnelle, historique, géographique, économique, démographique et concentre la dynamique géopolitique de l'espace périphérique et frontalier. Par son omniprésence au Liban-Sud depuis sa création, l'Etat d'Israël apparaît comme une composante principale dans la naissance et pour la solution des problèmes de cet espace.

Il aurait été possible de retracer depuis 1948 l'histoire mouvementée et conflictuelle du Liban-Sud dans ses relations avec Israël, mais la pérennité et l'intensité des antagonismes entre les deux espaces étatiques auraient conduit à des propos trop volumineux et d'ordre strictement chronologique. Or la limitation que nous nous imposons nous permet justement d'éviter cette direction, en facilitant l'adoption d'une ligne géopolitique synthétique. Notre analyse ne saurait par conséquent être exhaustive, mais elle s'attachera à dégager d'un écheveau de faits et d'interrelations complexes quelques éléments marquants de la vision et de la représentation israélienne du Liban-Sud d'une part, des faits et des tendances qui ont orienté les affrontements continuels entre Libanais et Israéliens dans cette partie reculée du pays du Cèdre d'autre part.

Les représentations, ou ce qu'on pourrait appeler les « projections » sont, dans les rapports d'Israël avec le Liban-Sud, intimement liées aux événements du dernier demi-siècle de part et d'autre de la frontière israélo-libanaise. Depuis la création de l'Etat d'Israël, les actions de ce pays en territoire libanais semblent relever d'une vision constante des territoires situés à sa frontière nord.

La perception du Liban-Sud par les Israéliens est articulée de façon fondamentale autour d'une ambiguïté permanente. Toute la logique des actions entreprises au Liban-Sud oscille en effet entre le principe de la légitime défense et la tentation annexionniste. Sécurité et conquête territoriale sont les deux axes géopolitiques qui, séparément ou non, ont fait et font peser sur le Liban-Sud une menace quant à sa souveraineté et son rattachement à la Montagne libanaise.

Que ce soit en 1978 ou en 1982, ou même encore à l'heure actuelle, les interrogations majeures subsistent. Israël assure-t-il face aux terrorismes palestinien puis chiite une défense légitime, ou prend-il des gages territoriaux à caractère permanent et définitif?

Au-delà d'une problématique incertaine, contentons-nous de prendre la mesure de l'importance accordée au Liban-Sud par les responsables israéliens. Qu'il soit menaçant ou attirant, le « Liban-Sud constitue un espace vital pour la sécurité d'Israël[1] ».

La sécurité comme but légitime, des moyens ambigus pour y parvenir telles seront quelques unes des idées directrices de notre analyse dans cette dernière partie consacrée au Liban-Sud face à Israël.

---

1. Déclaration d'Y. Allon, ministre des Affaires étrangères israélien, 31 janvier 1977, in *I.F.P.*, « Les crises du Liban », *op. cit.*, p. 63.

CHAPITRE PREMIER

LA PERCEPTION D'UN TERRITOIRE AU NORD D'ISRAËL : DE LA CONQUÊTE LÉGITIME À LA LÉGITIME DÉFENSE

1 - Les revendications territoriales israéliennes

Pour les juifs d'Israël, la possession de la terre de Palestine n'est pas seulement la matérialisation de leur libération de la persécution universelle, c'est aussi la restauration d'une nation dispersée sur le sol ancestral conquis il y a quelques millénaires. Face à l'histoire, le contrôle de l'intégralité des territoires occupés par les tribus juives représente donc pour certains Israéliens un impératif moral et religieux.

Le mouvement ultranationaliste d'extrême droite, dont le message est parfois véhiculé par des personnalités religieuses, exprime de façon virulente cette tendance. En juillet 1982, T. Drori, grand rabbin de Kyriat Shmoneh, déclarait que « le Liban, c'est la terre d'Israël[2] ». Sans recommander ni exiger l'annexion totale pure et simple du territoire libanais, certains nationalistes n'hésitent pas cependant à prôner une annexion partielle du Liban, en d'autres termes celle du Liban-Sud. Le dirigeant du parti nationaliste d'extrême droite Tehya, le député Y. Neeman, s'est ainsi prononcé en faveur d'une annexion du Liban méridional, arguant que cette région avait été habitée aux temps bibliques par les tribus d'Israël [3] (cf. planche 14). Mais la position des membres du Tehya, soutenus, entre autres, par le rabbin Kahane, ne se limite pas à quelques discours enflammés, elle possède également un prolongement dans l'action militante : en décembre 1984 s'organisaient à Jérusalem des groupes de colons juifs désireux d'aller créer la première implantation israélienne au Liban, « avec ou sans autorisation officielle[4] ». M. Peled, dans un entretien paru en novembre 1982, affirmait par ailleurs que des documents prétendant que le Liban-Sud faisait partie de la terre promise selon la Bible avaient circulé dans les rangs de l'armée israélienne dès juin 1982 [5].

---

2. In Ma'ariv (israélien, droite), 12 juillet 1982, cité par Halévi (I.), in « Revue de la presse israélienne », *R.E.P.* nº 5, automne 1982, pp. 241-267, p. 256.
3. *Le Monde*, 30-31 décembre 1984.
4. *Ibid.*
5. In la revue *Les Temps Modernes*, nº 436, novembre 1982, p. 857.

La revendication territoriale ultra-nationaliste sur le Liban s'était faite très pressante au lendemain de la guerre des Six jours qui vit l'extension de la superficie d'Israël aux dépens d'Etats arabes limitrophes, Liban excepté. A l'époque, la progagande des annexionnistes rejoignait en partie l'ancienne revendication sioniste des débuts du mandat britannique sur la Palestine. En décembre 1968, D. Ben Gourion, répondant à une question sur le concept de « Grand Israël », déclara : « Il y a 40 ou 50 ans, lorsque nous parlions du foyer national juif, il s'agissait toujours de toute la Palestine. Les frontières en étaient le Litani et le désert[6] » (cf. planche 14). L'extension des limites de l'Etat d'Israël fut une tentation constante pour ses dirigeants, et ce en dehors du prétexte militaire de la menace terroriste palestinienne. Dès 1954, M. Sharett était intervenu à plusieurs reprises pour dissuader le gouvernement de prendre la décision d'envahir le territoire libanais [7].

Les motivations annexionnistes de la part des ultra-nationalistes ou des partisans sionistes du Grand Israël, qui reposent sur des fondements historico-religieux, ne doivent pas cependant occulter un des arguments originels des pionniers du mouvement sioniste qui fondaient leurs revendications en partie sur des bases économiques.

Dans son autobiographie, C. Weizmann, principal responsable de ce mouvement, raconte son entrevue avec le général Gouraud en 1921 à Paris, avant l'accord définitif anglo-français établissant les frontières des deux mandats : « J'essayai de le convaincre », dit-il, « de l'importance pour la Palestine des eaux du fleuve Litani[8]. » Face aux revendications de la France basées sur les accords Sykes-Picot relativement vagues, les sionistes se sont efforcés, aux côtés des Britanniques, de repousser vers le nord les limites de la Palestine pour les uns, du futur Etat juif pour les autres. La ligne frontière septentrionale était fixée par le mouvement de C. Weizmann à la ligne Saïda-Qaraoun [9], c'est-à-dire bien au-delà du fleuve Litani. Mais les événements suscités en partie par la France dans le Jabal Amel ont permis à cette dernière d'asseoir durablement son autorité au sud du fleuve. En définitive, la haute Galilée allait être rattachée au Liban.

C. Weizmann s'était appuyé sur des considérations économiques pour soutenir ses revendications territoriales. Dans une lettre adressée au Premier ministre britannique Lloyd George en décembre 1919, il écrivait : « L'avenir économique de la Palestine dépend entièrement de l'eau nécessaire à l'irrigation et à la production d'électricité, eau essentiellement en provenance des pentes du mont Hermon, des sources du Jourdain et du fleuve Litani[10]. » Remarquons que le versant ouest du massif de l'Hermon, un des principaux affluents du Jourdain, le Hasbani, ainsi que le fleuve Litani dans son intégralité, se trouvent sur l'actuel territoire libanais.

Plus tard, et même jusqu'en 1982, les eaux des grands fleuves du Proche-Orient à proximité de l'Etat israélien ont été l'enjeu de conflits et objets de convoitise. Dans les années 50, alors que se nouait la querelle israélo-arabe autour du plan Johnston organisant la répartition des eaux du Jourdain, un

---

6. Cité par Renglet (C.) : *Israël face à l'Islam,* Toulouse, Horvath, 1983, p. 68.

7. Sharett (Y.) : « Controverse historique dans le journal de M. Sharett. L'Etat juif et l'intégrité du Sud-Liban », *Le Monde Diplomatique,* décembre 1983.

8. *The Autobiography of C. Weizmann,* Londres, East and West Library, 1950, p. 360.

9. D'après Bourgi (A.) et Weiss (P.) : *Israël et le Sud-Liban, op. cit.,* p. 94.

10. *Ibid.*

projet israélien (projet Cotton) prévoyait le détournement de 400 millions de mètres cubes annuels des eaux du fleuve Litani, soit l'équivalent de 55 % de son débit. Ce projet n'aboutira pas mais l'avertissement au gouvernement libanais était sévère. Ce dernier, prenant prétexte de la menace et des visées de son puissant voisin, s'abstiendra de toute intervention dans le domaine de l'irrigation dans la partie méridionale du cours du fleuve, abandonnant à son sort et à son sous-développement le Liban-Sud.

Le problème de l'approvisionnement en eau est vital pour l'Etat hébreu qui veille constamment à augmenter ses capacités de réserve et de distribution. La moindre ébauche de modification des alimentations des fleuves qui arrosent le nord d'Israël, après avoir traversé les Etats arabes voisins, constitue une menace pour l'irrigation des champs et la consommation des habitants du centre du pays. En 1964, l'aviation israélienne est intervenue en Syrie pour bombarder des installations destinées à régulariser le Banias, fleuve syrien alimentant le Jourdain. A la suite d'une décision des Etats arabes réunis en sommet, des stations de pompage avaient été mises en place en territoire libanais pour détourner du Hasbani, autre affluent du Jourdain, les eaux normalement utilisées au-delà de la frontière israélo-libanaise pour l'irrigation du « doigt galiléen ». Devant la crainte d'une rupture des approvisionnements consécutive à ce projet, les autorités israéliennes menèrent une action préventive [11], n'hésitant pas à recourir aux armes pour trancher le conflit.

Dans cette optique du maintien ou de l'augmentation des ressources hydrauliques, l'on conçoit l'attrait que peut représenter le fleuve Litani, alors que les possibilités de son débit apparaissent, aux yeux des Israéliens, sous-utilisées par les Libanais eux-mêmes, et que les disponibilités en eau du lac de Tibériade s'amoindrissent du fait de l'augmentation du taux de salinité.

Des observateurs avaient signalé en 1983 des chantiers directement mis en place par l'armée israélienne aux abords des sources situées aux confins du Liban-Sud [12]. Pendant l'été 1984, des officiels libanais ont protesté contre l'annexion rampante des sources du Wazzani : Israël déplaçait selon eux les barbelés de la frontière internationale et engageait des travaux routiers dans cette zone. « Des enquêteurs des Nations unies dépêchés sur les lieux ont été refoulés à plusieurs reprises », indique S. Kassir [13].

Les problèmes d'approvisionnement en eau du nord d'Israël n'expliquent pas, à eux seuls, le concept de « sécurité » de l'Etat israélien, mais ils mettent en lumière l'importance qu'il faut accorder à l'aménagement du territoire dans la compréhension des menaces qui pèsent sur cet autre territoire périphérique face au Liban-Sud qu'est le nord d'Israël.

2 - Le nord d'Israël : un front pionnier juif

Les territoires situés au nord de l'Etat hébreu, la Galilée israélienne et le Liban-Sud ont un point géopolitique en commun : la situation étatique périphérique. Mais ces deux espaces s'opposent radicalement en terme de dynamique de développement. Si le Liban-Sud a été délaissé, marginalisé

11. Cf. sur cet épisode, *Encyclopedia Universalis,* 1971, tome 9, p. 971.
12. Entretien avec F. Chipaux.
13. Kassir (S.) : « Chronique de lutte populaire », *op. cit.,* p. 38.

dans le processus de modernisation et dans l'imaginaire montagnard et beyrouthin, le nord d'Israël a longtemps été considéré comme un front pionnier, un domaine de conquête. La Galilée est une frange pionnière dans l'édification de la nation juive et dans la mise en place d'un espace en voie d'aménagement [14].

Le sort de la Galilée demeura incertain dans le découpage des zones d'influence puis des mandats entre français et britanniques. D'après les accords Sykes-Picot de mai 1916, la ligne de partage anglo-française s'étendait en ligne droite de Saint-Jean-d'Acre au point septentrional du lac de Tibériade. En septembre 1919, les accords de Deauville entre Lloyd George et Clemenceau intégraient le doigt galiléen à la zone française, c'est-à-dire l'excluaient de la Palestine[15]. Par la suite les Britanniques suggérèrent l'adjonction à leur zone du fleuve Litani, reculant la frontière de la Palestine vers le nord jusqu'à Saïda. Enfin, pendant la Seconde Guerre mondiale, le général Dentz qui combattait les Britanniques et les gaullistes au Levant, installa sa ligne de défense face aux troupes alliées sur le fleuve Litani et à Marjayoun [16].

La guerre ne remettait cependant pas en cause les conventions du 23 décembre 1920 et du 3 février 1922 concernant les rectifications de frontières des futurs mandats. Dès cette époque, les Libanais devaient renoncer à la région de Houlé et, le tracé frontalier devenant définitif [17], il était clair que l'Etat juif, s'il voyait le jour, ne pourrait aller au-delà de cette nouvelle ligne.

Dans un cadre restreint par rapport à leurs ambitions originelles, les sionistes occupaient toutefois au maximum les espaces inclus dans l'Etat en construction. Malgré les restrictions britanniques, les colonies des pionniers étaient localisées « dans la mesure du possible à la périphérie afin de renforcer de ce fait les revendications territoriales : les kibboutzims s'érigeaient en frontière vivante[18] ». Isolées les unes des autres, les implantations juives marquaient sur le sol les jalons d'Israël. Leurs positions influencèrent les experts chargés d'élaborer les frontières de l'Etat juif reconnues en 1947 par les Nations unies.

Au cours de la première guerre israélo-arabe, la frontière nord de la Palestine manqua d'être remise en cause par une contre-attaque des forces israéliennes. Lorsque les hostilités reprirent en juillet 1948, les hommes du Palmah s'emparèrent de Nazareth et bousculèrent l'armée libanaise engagée aux côtés de l'Armée de libération arabe de Kawukji. En octobre 1948, les forces israéliennes, menant leur contre-offensive vers le nord, lancèrent l'opération « Hiram[19] » pour occuper de façon définitive la Galilée et refouler les dernières troupes arabes n'ayant pas respecté le cessez-le-feu. A la suite de cette initiative, une bande de 5 à 6 kilomètres de large comprenant plusieurs villages fut occupée à l'intérieur du territoire libanais jusqu'au fleuve Litani.

14. Guichonnet (P.) et Raffestin (C.) : *op. cit.,* p. 76.

15. Kapeliouk (A.) : « La sécurité d'Israël et le glacis libanais », *Le Monde Diplomatique,* avril 1978.

16. Saleh (J.) et Sioufi (A.) : *Les 6001 jours du Liban,* Toulouse, Privat, 1974, 256 p., p. 242.

17. Cf. Nantet (J.) : *op. cit.,* p. 249.

18. Denant (P.) : « Les implantations israéliennes en territoire occupé », in *Herodote* nos 29-30, 1983, pp. 153-186, p. 158.

19. *Atlas of Israël,* cartography, physical geograpy, human and economic geography, history, Jerusalem, Ministry of Labour, éd. Elsevier, publishing company, Amsterdam, 1970, 71 planches. Cf. planche IX-12, voir aussi Barnavi (E.) : *Israël au XXe siècle,* Paris, PUF, mars 1982, 320 p.

Les troupes juives se retirèrent rapidement du Liban-Sud, et l'armistice, signé le 23 mars 1949 à Ras Naqoura entre Israël et le Liban, fit coïncider les lignes d'armistice avec les frontières internationales du Liban de 1922, frontières garanties par la Commission des Nations unies pour la surveillance de l'armistice en Palestine (United Nations Truce Survey Organisation) [20].

Ce fut en quelque sorte en 1949 que débuta pour la Galilée israélienne une période relativement calme de son histoire. Les incidents frontaliers se déroulaient principalement à l'est et au sud du territoire israélien, et le nord du pays apparaissait comme une zone privilégiée pour la colonisation et la mise en valeur du front pionnier intérieur.

Pendant 20 ans la Galilée resta à l'écart des champs de bataille frontaliers : des habitants construisaient des fermes jusque sur la ligne d'armistice. Mais dès 1970, la menace palestinienne à la frontière apparut de façon brutale. Le nombre des incidents passait alors de 35 en 1968 à 105 cette année-là [21], et la recrudescence des attentats faisait de la région un des théâtres importants de la lutte israélo-palestinienne. Depuis lors, la menace terroriste n'a cessé de peser sur le développement de la haute Galilée israélienne.

La présence juive en haute Galilée et plus généralement au nord d'Israël est, depuis la guerre des Six jours, une préoccupation importante des planificateurs. Cette région septentrionale, surplombant la plaine d'Esdrelon et le lac de Tibériade, est une « forteresse naturelle[22] » et les minorités nationales et religieuses y ont survécu dans une relative sécurité. Sa position périphérique et frontalière en fait d'autre part une zone stratégique pour l'Etat hébreu, un glacis défensif au nord des aires fortement peuplées du centre du pays et de la côte.

Ces considérations sont à mettre en parallèle avec les données suivantes : les populations arabes hors des territoires occupés — qui sont minoritaires au sein d'Israël dans ses frontières de 1949 — sont établies à 60 % en Galilée [23] et la population juive y représente une minorité. En 1948, seulement 4,7 % des juifs du nouvel Etat y étaient implantés [24] et depuis cette date, le centre de gravité du peuplement juif s'est déplacé de façon continue vers le sud du pays.

Non seulement la Galilée ne parvient pas à attirer de migrants, mais elle se déjudaïse. En 1976, un expert israélien de la planification insistait sur la nécessité « d'influencer la direction des flux migratoires internes » pour inverser la balance « extrêmement négative » de la région nord [25]. Allant dans le même sens, mais dans le domaine économique, J. Klatzman écrivait en 1980 : « Moins importante sans doute sur le plan des dépenses mais vitaux sur le plan politique sont les investissements en cours en Galilée, en vue

---

20. Cf. *Encyclopedia Universalis,* édition 1968, vol. 9 (1971), p. 972.

21. *Ibid.,* p. 972.

22. Nir (D.) : in *Histoire de l'Etat d'Israël, op. cit.,* p. 88.

23. Errera (E.) et Ben Simon (D.) : *Israël et ses populations,* Bruxelles, Complexe, 1977, 415 p., p. 237.

24. Bachi (R.) : in *Histoire de l'Etat d'Israël, op. cit.,* p. 139.

25. Brutzkus (E.) : « Plan pour la répartition spatiale d'une population de 5 millions d'habitants en Israël », *Méditerranée,* n° 25, 1976, pp. 73-82, p. 79.

d'augmenter la population juive dans une région où elle est actuellement très minoritaire[26]. »

La crainte d'une prépondérance croissante de la population arabe et de son emprise sur ce territoire périphérique — liée au solde migratoire juif négatif et au différentiel de natalité arabo-juif — est le prolongement d'une peur justifiée. En perdant le contrôle de la Galilée, l'Etat israélien va au devant de la menace irrédentiste constituée par les Arabes géographiquement proches de la Cisjordanie. A ce titre, il apparaît vital de contrer toute amorce de renouveau nationaliste galiléen pouvant ébranler à terme, à travers la revendication d'un Etat palestinien, la cohésion d'Israël[27].

Ne pouvant mettre fin à la désaffection des habitants juifs pour les territoires du nord, le gouvernement tente de maintenir les populations dans les villes de développement à la périphérie de la Galilée, à proximité de la frontière libanaise. Or la menace palestinienne constitue un sérieux handicap pour atteindre cet objectif, comme le montre l'exemple suivant.

La ville de développement Kiryat Shmoneh (*cf. planche 16*) a perdu une partie de sa population depuis 1970. Les habitants de cette implantation située en contrebas du massif galiléen libanais (*cf. planche 22*) ont surnommé leur cité « Kiryat Katiouchoth » (la ville des Katiouchas) du nom de l'armement utilisé par les fedayins pour bombarder la haute Galilée israélienne[28].

Comme pour d'autres localités adossées à la frontière libanaise, le danger est proche. Après la première attaque importante contre un bus scolaire à Avivim en 1970, A. Golan écrivait dans la revue *Arche :* « Les terroristes sont venus par Yaroun, un petit village libanais perché, *menaçant,* sur le versant de la colline *en face*[29]. »

Les attaques ponctuelles des fedayins lors d'incursions spectaculaires sont efficaces non pas tant pour des raisons de comptabilité macabre que parce qu'elles créent une psychose de l'attentat et des conditions de vie très difficiles. Même en facilitant les investissements et les expropriations de terres arabes (*cf. planche 15*), les autorités ont le plus grand mal à retenir une population juive qui trouve finalement de plus grands avantages économiques et financiers en s'installant dans les territoires occupés ou les grandes agglomérations. Les cités frontalières septentrionales nouvellement créées qui constituent des postes d'observation et d'alerte rapide privilégiés, sont dès lors peuplées par des juifs orientaux, souvent démunis, et qui reprochent au gouvernement de les négliger au profit des colons.

En définitive, assurer la sécurité de la haute Galilée c'est en quelque sorte recréer une dynamique de développement dans une région pionnière à haut risque pour ses occupants. Défendre le Nord, c'est assurer l'occupation par des juifs du territoire israélien tout en élargissant les zones de peuplement et la dispersion des juifs sur leur terre. C'est enfin empêcher la population galiléenne d'abandonner cette région « sensible » dans le système de défense

---

26. Klatzman (J.) : in *Histoire de l'Etat d'Israël, op. cit.,* p. 226-227.

27. Tawil (R.) : « Il n'est pas réaliste de penser qu'une fois un Etat palestinien créé, les Arabes de Galilée ne demanderont pas le rattachement de leur province à cet Etat », *Jeune-Afrique,* nº 806, 18 juin 1976.

28. Propos de 1981, in Randal (J.), *op. cit.,* p. 258.

29. *Revue du F.S.J.U.,* nº 160, 26 juin-25 juillet 1970. C'est nous qui soulignons.

d'Israël. « Si nous ne ripostons pas lorsque le nord est attaqué », affirme un historien israélien, « la nouvelle se répand jusqu'à Haïfa, Tel Aviv et Jérusalem. Et les juifs nord-africains déshérités qui peuplent en grande partie les régions septentrionales s'enfuiront, semant la panique sur leur passage[30]. »

La présence des combattants palestiniens au Liban-Sud met en péril la colonisation juive du nord d'Israël et représente une menace pour la cohésion de cet Etat. Les réactions israéliennes à ce défi, c'est ce que nous allons examiner maintenant.

---

30. Decocq (A.), Haussling (J.), Vaudeplas (A.) : *Israël et le Sud-Liban : ce qu'il faut savoir.* C.I.D. informations, C.I.D.M.O. de Bruxelles distribué par le C.I.D.I.P. de Paris, juillet 1984, 27 p., p. 14.

CHAPITRE 2

LA MENACE PALESTINIENNE AU NORD DE LA GALILÉE

1 - La nature de la menace

Il faut distinguer tout d'abord la réalité de la menace, matérialisée par les pertes israéliennes, du danger potentiel que représente aux yeux des habitants des territoires périphériques la présence des fedayins sur la frontière nord.

L'insécurité régnant en Galilée depuis l'augmentation des opérations de commandos palestiniens à partir de 1969-1970 peut se traduire concrètement par les chiffres fournis par l'armée israélienne. Entre 1969 et 1981, le nombre des victimes israéliennes, civiles et militaires, dans les bombardements et attentats contre les habitants de la Galilée est de 298. Il se décompose comme suit :

	tués	blessés
civils	75	184
soldats	6	30
policiers	1	2
Total	82	216

(source : C.I.D.I.P., IMA II-2.3)

Les actions terroristes sont de plusieurs types. Les infiltrations de combattants à travers la frontière israélo-libanaise sont le prélude à des poses de mines, à des prises d'otages (Maalot, 1973), à des attaques de convois ou d'objectifs isolés (attaque au bazooka d'un autobus à Avivim, 1970), à des mitraillages. Cependant, avec le renforcement de la surveillance frontalière les bombardements prennent le dessus sur les incursions et l'emploi des lance-roquettes Katiouchas devient largement répandu (Galilée occidentale 1979, Kiryat Shmoneh, doigt galiléen 1981). Les attaques et les tirs d'artillerie ne sont pas tous meurtriers, mais leur fréquence à certaines périodes contraint les habitants à l'exode ou à la protection forcée dans des blockhaus. Ainsi, du 15 au 21 juillet 1981 ont eu lieu 58 bombardements harcelant principalement les villes de Naharya et Metulla.

La perception du danger palestinien libanais va cependant au-delà des simples signes belliqueux en provenance des collines du Liban-Sud. Les pluies d'obus n'apparaissent que comme l'appendice d'une concentration menaçante de combattants mais aussi de populations supérieures en nombre et prolifiques. La position des pionniers sépharades des villes de développement du nord est donc inconfortable : entre les 300 000 ou 400 000 Palestiniens à leur frontière nord et les milliers d'Arabes de Galilée, l'assise de leur existence semble fragile.

La précarité de la présence juive dans la zone nord est ressentie comme l'illustration de l'encerclement de l'Etat hébreu par les masses arabes. Ce que d'aucuns affirment être le réflexe paranoïaque d'une communauté persécutée est pour les dirigeants israéliens une réalité sensible. Ainsi, pour A. Sharon, la multitude démographique arabe au nord d'Israël représente la fermeture du demi-cercle marquant l'état de siège définitif d'Israël par ses ennemis. Pour le général israélien, les problèmes globaux de la sécurité d'Israël sont en effet situés à l'intérieur de trois cercles, dont le premier et le deuxième sont constitués par le terrorisme palestinien et les pays arabes, le troisième étant représenté par le monde communiste [1].

Comme nous l'avons signalé auparavant, l'importance des concentrations de fedayins au Liban-Sud est difficile à cerner en raison d'une part de la mobilité des combattants (passages de la frontière syro-libanaise, renforts et migrations de Beyrouth vers le sud) et de la variation sur plusieurs années des effectifs militaires, variation consécutive aux représailles israéliennes qui provoquent également une modification de leur localisation. Au-delà d'un examen détaillé de ces fluctuations, notons dès à présent deux caractéristiques de la présence armée palestinienne au Liban-Sud : les combattants sont à la fois concentrés et dispersés.

La dispersion est le résultat d'une dissémination des bases d'artillerie et des camps d'entraînement, dont le Fatah-land est l'illustration majeure. Des petites unités de combat se localisent dans des aires dépeuplées et reculées ou à proximité de villages, au sud du Litani. Leur destruction exige soit l'intervention de l'aviation de façon très ponctuelle et précise, soit le ratissage à l'aide d'un usage massif de blindés. En 1980, quelque 40 positions avaient été repérées dans la zone de la F.I.N.U.L. par les observateurs israéliens [2].

Le déploiement des forces s'organise aussi autour de « poches » renfermant plusieurs positions, telles les zones de Tyr et de Nabatieh. La concentration des fedayins est le propre des camps de réfugiés dans lesquels ils peuvent le cas échéant trouver caches et aide de la part de la population. D'après les Forces de défense d'Israël, le camp palestinien de Tyr renfermait en 1981 plusieurs quartiers généraux du Fatah, des dépôts du F.P.L.P. et des bureaux de recrutement [3].

Le regroupement des combattants palestiniens est à l'échelle du Liban tout entier une dernière caractéristique du Liban-Sud. Selon L. George, les deux tiers des forces palestiniennes présentes dans ce pays en 1979 se trouvaient localisés dans le Sud ; mais l'auteur y englobe les forces des camps

---

1. *Le Nouvel Observateur*, n° 930, cité dans *Maghreb-Machrek* n° 98, p. 83.
2. Israel Defence Forces spokesman, 19 août 1980, C.I.D.I.P., IMA II-2.0, p. 1.
3. *Ibid.*, p. 3.

de Beyrouth-Sud [4]. D'après les F.D.I., 50 % des effectifs terroristes stationnaient en 1981 dans la région comprise entre la frontière israélo-libanaise et Saïda, occupant ainsi 20 % du territoire libanais [5].

L'Etat israélien est, depuis 30 ans, en guerre contre les Palestiniens et leur forme de combat que les uns qualifient de « résistance », et les autres de « terrorisme ». Quelle que soit la dénomination adoptée, la lutte des fedayins a comme propriété de s'être polarisée depuis 15 ans sur la frontière israélo-libanaise, constituant en Galilée israélienne et en haute Galilée libanaise un front mouvant et tourmenté. Quelque peu surpris par la brutalité de l'entrée en scène de cette zone, paisible depuis 1949, dans le conflit israélo-arabe, les autorités israéliennes ont rapidement organisé une riposte et tenté de mettre sur pied une protection efficace de leur territoire. Plusieurs moyens ont été adoptés, s'appuyant d'abord sur des actions ponctuelles, reposant par la suite sur des offensives de plus grande envergure.

2 - L'organisation de la riposte

La ligne de défense

Alors qu'à la fin des années 60 la ligne de front du Jourdain se hérissait de systèmes de surveillance et de défense, la frontière galiléenne n'était défendue que par quelques barbelés. La route qui longe la ligne d'armistice de Ras Naqoura à Kiryat Shmoneh apparaissait comme une cible facile pour les assaillants qui pouvaient se replier à quelques kilomètres seulement à l'intérieur du territoire libanais après chaque opération.

A la suite de l'attaque du bus scolaire d'Avivim au cours de l'été 1970, l'Etat israélien mettait en place un premier dispositif de contrôle frontalier en dépêchant aux confins de la Galilée et de la plaine de Houlé une « police des frontières » dont les membres furent recrutés au sein de la communauté druze israélienne. Pratiquement cette police devait traverser par petites unités la frontière internationale de façon occasionnelle pour contrôler les villageois et établir des postes d'observation sur les collines surplombant la ligne d'armistice [6].

Cependant, il faut le remarquer, ce n'est que très récemment qu'a été prise la décision de renforcer le dispositif de surveillance à la manière de ce qui fut réalisé sur le Jourdain. En mai 1985, Israël a achevé à grands frais sur une distance de 120 kilomètres la consolidation de sa protection frontalière à l'aide de systèmes d'alerte électronique, de projecteurs, de tranchées et de blocs de béton surmontés de chevaux de frise [7]. Le « rideau de fer » établi le long de la frontière israélo-libanaise aura coûté quelque 170 millions de dollars à l'Etat israélien [8].

La mise en place tardive de ces moyens de protection peut s'expliquer par la volonté des militaires israéliens de repousser la ligne de front palesti-

---

4. *Le Monde,* 12 janvier 1979.

5. Les F.D.I. dénombrent 12 000 terroristes au Liban : 1 000 à Saïda, 6 000 entre le Zahrani et la frontière israélo-libanaise, 3 000 à 5 000 à Beyrouth, C.I.D.I.P., IMA II 2.1.

6. Cf. compte rendu d'une telle opération la revue *L'Arche* n° 160, 6 juillet 1970.

7. *Le Monde,* 26-27 mai 1985 et 8 juin 1985.

8. *Le Monde,* 7 mai 1985.

nienne plutôt que d'en figer la limite aux confins mêmes du territoire national. C'est sous la pression terroriste née de l'occupation du Liban-Sud de 1982 à 1985 que les officiels ont réagi dans ce sens. Les techniques nouvelles d'attentats, notamment à l'aide de véhicules piégés (conduits par des membres de la R.N.L.) ont contribué à cette décision.

Si l'imperméabilité de la frontière permet d'empêcher les infiltrations, elle est d'une totale inefficacité dans le domaine des bombardements potentiels. Les militaires ont donc été amenés très tôt à envisager des ripostes en profondeur sur le sol libanais. A la légitime défense sur une ligne frontalière s'est substituée l'attaque préventive sous de multiples formes.

Les raids israéliens au Liban-Sud

Le second moyen pour contrer l'ennemi palestinien, c'est la destruction des « sanctuaires » sur le territoire au sein duquel il s'est implanté. Au Liban, la latitude israélienne apparaît vite importante, dans la mesure où l'Etat n'y maîtrise plus la situation. Au Sud en particulier, l'armée libanaise semble trop peu nombreuse et de toute façon réticente à s'engager contre les Palestiniens, qui occupent une grande partie du mohafazat, et contre les Israéliens.

La première offensive contre le pays du Fatah et de l'O.L.P. eut lieu en 1970 sur les pentes de l'Hermon[9]. Des blindés intervinrent dans cette opération de ratissage qui provoqua une évacuation massive de certains villages frontaliers libanais.

Dans la foulée de l'élimination par le roi Hussein de la puissance armée palestinienne à l'est du Jourdain, et à la suite des attentats perpétrés par les extrémistes du F.D.L.P. et du F.P.L.P. dans le monde, l'armée israélienne lança en 1972 une série de raids de représailles en Syrie et surtout au Liban. Des attaques conjointes terre-air-mer furent lancées contre le Liban-Sud, au cours desquelles des camps d'entraînement tels Hasbaya, Mahun, Tebnine, Deir al-Ashayer et des bases navales palestiniennes furent pilonnées (*cf. planche 12*).

A partir de la première incursion de mai 1970, les interventions israéliennes au Liban-Sud ont eu lieu chaque année, de façon quasi régulière, comme le montrent ces quelques exemples :

— 10-14 janvier 1972 : raids israéliens contre des bases de fedayins au Liban-Sud ;

— 25-28 février 1972 : les troupes israéliennes pénètrent trois jours durant dans la région de l'Arkoub ;

—17-18 septembre 1972 : deuxième phase de représailles après l'attentat de Lod : attaque terrestre, la plus importante depuis la guerre des Six jours : 24 morts parmi la population civile libanaise ;

— 10 avril 1973 : raid israélien à Beyrouth ;

— 15 août 1973 : adoption par le Conseil de sécurité des Nations unies, à l'unanimité, d'une résolution demandant à Israël de s'abstenir de violer l'intégrité territoriale du Liban ;

— Avril 1974 : raids israéliens de représailles au Liban-Sud ;

— 16-19 mai 1974 : bombardement par l'aviation israélienne de six camps

9. Pour la première fois l'armée israélienne passa une nuit en territoire libanais, du 13 au 14 mai.

palestiniens et de six villages libanais à la suite d'une attaque de commando palestinien contre Maalot. 60 morts ;
— 18-20 juin 1974 : bombardements de représailles après une opération de fedayins à Kfar Chamir en Israël (3 morts). On relèvera 70 morts et 180 blessés après le passage de la chasse israélienne ;
— 14-15 janvier 1975 : bombardements israéliens dans le Liban-Sud (Arkoub) ;
— 7 juillet 1975 : Tsahal occupe le camp palestinien de Tyr ;
— 17-25 octobre 1976 : les signes d'intervention israélienne au Liban-Sud se multiplient ;
— 21 avril 1977 : bombardements israéliens au Liban-Sud ;
— 26 juin 1977 : intervention de l'aviation israélienne au Liban-Sud pour soutenir les milices chrétiennes face aux palestino-progressistes.
— 20 septembre 1977 : les forces israéliennes interviennent contre les palestino-progressistes à Kfar Kella, Houna, Deir Minas, Tallet Oueida.
(Une chronologie assez complète peut être obtenue à partir de : I.F.P., *Le conflit israélo-arabe,* 1984, *op. cit. ;* I.F.P., *Les crises du Liban,* 1983, *op. cit., P.P.S.* n° 291, août 1976, *op. cit. ;* Baron (X.), *Les Palestiniens, op. cit.*).

La stratégie israélienne de représailles sous forme de raids meurtriers apparaît insuffisante au cours de l'année 1977, alors que la guerre du Liban s'est déplacée vers le sud où s'affrontent palestino-progressistes et milices chrétiennes. La menace palestinienne est plus que jamais présente aux portes de la Galilée, au moment où les forces de l'O.L.P. s'engagent dans de violents combats pour conserver le contrôle des villages frontaliers.

L'année 1978 marquera un tournant décisif — annoncé par des signes avant-coureurs dès 1976 — dans la mise en œuvre du dispositif de sécurité offensif israélien. Sans abandonner radicalement la tactique de harcèlement par des opérations de commandos localisées, l'Etat-major israélien décide pour la première fois d'investir massivement la zone occupée par les terroristes, dans le but avoué de repousser de manière décisive et définitive la présence armée palestinienne vers le nord.

L'invasion du Liban-Sud de mars 1978 prélude à l'intégration dans le vocabulaire stratégique israélien des concepts de « zone tampon » et de « ceinture de sécurité ». Elle bouleverse surtout les données géopolitiques instaurées au Liban-Sud depuis les premières implantations de bases palestiniennes.

CHAPITRE 3

PREMIÈRE INVASION ISRAÉLIENNE MASSIVE ET NAISSANCE DE LA ZONE TAMPON

1 - L'invasion

Repousser les terroristes au-delà d'une ligne aussi éloignée que possible de la frontière israélienne, telle était l'idée directrice de l'opération menée dans la nuit du 14 au 15 mars 1978, qui s'est appuyée sur des effectifs estimés à 25 ou 30 000 hommes. Selon le communiqué publié le 14 par la radio de l'armée israélienne, l'objectif était de « liquider les bases de fedayins le long de la frontière ainsi que les installations spéciales à partir desquelles ils s'entraînaient à lancer des opérations contre Israël[1] ».

Le 15 mars, pour parer aux critiques des détracteurs de la politique israélienne au Liban-Sud, le général E. Weizman, ministre israélien de la Défense, précisait que son pays n'avait pas « l'intention d'occuper le Liban-Sud » mais d'empêcher que les fedayins y reviennent[2].

L'ambiguïté soulevée au début de ce chapitre a cependant ressurgi à la suite de l'invasion. Comment l'Etat israélien comptait-il régler le sort de la menace palestinienne sans en venir à la prise de possession de gages territoriaux au Liban ? Comme le fait justement remarquer A. Kapeliouk, « lorsqu'éclata la guerre des Six jours en 1967, le président du Conseil de l'époque, L. Eshkol, n'avait-il pas déclaré, lui aussi, qu'Israël ne poursuivait aucune visée territoriale et que son seul objectif était de « repousser les agresseurs[3] ? » En fait, il s'agissait bien en 1978 de gages territoriaux puisque le Premier ministre israélien annonçait après une visite au village chrétien d'Alma ech Chaab, le 15 avril, que l'armée israélienne resterait au Liban-Sud aussi longtemps qu'un accord garantissant que les fedayins n'y retourneraient plus ne serait pas conclu.

Quand, le 13 juin 1978, après trois mois d'occupation, les forces israéliennes se sont retirées du Liban-Sud, M. Begin n'avait pas vraiment réalisé tous ses objectifs. Le jour de l'évacuation, M. Dayan, alors ministre des Affaires étrangères israélien, adressait un message aux Nations unies

1. D'après *F.M.A.*, n° 945, 2 mai 1978, I-L 94.
2. *F.M.A.*, n° 945, *ibid.*
3. Kapeliouk (A.) : *Israël et le glacis libanais, op. cit.*, avril 1978.

dans lequel il reprochait à cet organisme d'avoir permis le retour des fedayins au Liban-Sud. Au même moment, le général israélien A. Ben Gal, commandant en chef du secteur nord, déclarait quant à lui : « Si la présence de fedayins venait à représenter à nouveau un réel danger, je recommanderais une nouvelle opération militaire au Liban-Sud. »

Plusieurs considérations permettent de comprendre le demi-échec de l'opération dans sa tentative d'affaiblir la présence palestinienne.

En premier lieu la « résistance inattendue », selon la presse juive, des Palestiniens et leurs opérations de harcèlement sous la forme d'attaques de guérilla n'ont pas permis une victoire aussi complète que prévu. Les fedayins sont restés souvent insaisissables et si Tsahal est parvenu à s'emparer de quelques unes de leurs places fortes, notamment le château de Beaufort, les potentialités des forces palestiniennes en armes et en hommes n'ont pas été atteintes de façon irréversible.

En second lieu, la présence syrienne à proximité de la rive nord du Litani n'a pas rendu possible la poursuite de l'avancée des troupes israéliennes au-delà du fleuve : le franchir, c'était aller au-devant d'affrontements sérieux avec les éléments de la Force arabe de dissuasion (F.A.D.) stationnés dans la Beqaa. Le 15 mars, E. Weizman, s'adressant indirectement à H. el Assad, exprimait l'espoir que « la Syrie comprendra qu'il s'agit d'une opération limitée[4] ».

De plus, les pressions américaines, par l'intermédiaire de l'O.N.U., ont fortement modifié les ambitions des stratèges israéliens. Un an après la visite d'A. el Sadate à Jérusalem, et alors que se prépare camp David dans le cadre du processus de paix inauguré par J. Carter, l'irruption israélienne en territoire libanais est apparue quelque peu inopportune. En prenant l'initiative de la résolution 425 du Conseil de sécurité et en menant de façon rapide les procédures d'envoi d'une force d'interposition des Nations unies, les Etats-Unis ont voulu accélérer le retrait des troupes israéliennes et tenter ainsi de neutraliser[5] le front ouvert au nord d'Israël.

Enfin, l'Etat libanais, affaibli par la guerre civile et par les querelles internes à la communauté chrétienne, n'est pas apparu assez fort pour garantir un accord sur la présence palestinienne au Liban-Sud. De toute façon, l'éclatement de l'armée ne permettait pas d'honorer de quelconques engagements concernant le contrôle d'une force armée au Liban.

L'échec israélien apparaît patent à la lumière de ces quelques constatations. En fait, il serait insuffisant de ne voir dans l'invasion et l'occupation de 1978 qu'une tentative avortée. Lorsque le retrait total des forces de Tsahal s'effectue en mai, la physionomie géopolitique du Liban-Sud a été modifiée de façon significative. En effet, au lieu et place des zones d'implantations palestiniennes entre la frontière israélo-libanaise et le fleuve Litani se trouvent d'une part les 6 000 hommes de la Force intérimaire des Nations unies au Liban, et d'autre part l'enclave chrétienne du commandant S. Haddad.

La présence de ces deux forces (cf. planche 17) provoquée par l'invasion israélienne constitue l'amorce par Israël de la mise en place d'une zone tampon à sa frontière septentrionale. Si la force des Nations unies se révèle,

4. *F.M.A.* n° 945, *op. cit.*

5. Colin (J.-P.) : « Liban 1980 : les paradoxes de la F.I.N.U.L. », *Revue Juridique et Politique,* n° 4, oct.-déc. 1980, pp. 771-788, p. 772.

comme l'avaient prévu les Israéliens, peu efficace dans le dispositif de protection contre le terrorisme palestinien, en revanche l'allié chrétien incarné par Haddad semble une valeur plus sûre. Les Israéliens vont dès lors utiliser pleinement les possibilités politiques et militaires offertes par cette alliance pour tenter de renforcer la protection de leur frontière à travers la zone de sécurité chrétienne du Liban-Sud.

2 - Israël et les chrétiens du Liban-Sud

Le 10 juin 1978, après la deuxième étape du retrait israélien du Liban-Sud occupé jusqu'au Litani depuis le mois de mars, le commandant des forces de l'O.N.U. au Liban, le général Erskine, faisait savoir que « les forces israéliennes refusent de remettre leurs positions à la F.I.N.U.L. et veulent les livrer aux troupes et milices chrétiennes libanaises[6] », contrairement à ce que prévoyait la résolution 425 des Nations unies établissant la force d'interposition jusqu'à la frontière israélo-libanaise [7].

De fait, lors de l'évacuation totale de la zone occupée par leurs troupes, les Israéliens ont remis 14 positions à la F.I.N.U.L. au sud du Litani, mais ont laissé aux milices chrétiennes le contrôle d'une bande de territoire large de 5 à 10 kilomètres, située le long de la frontière, du littoral à l'ouest à Marjayoun à l'est (*cf. planche 17*). Cette zone, confiée aux alliés d'Israël à sa frontière nord, est ce que le général israélien M. Gour avait appelé, dès le début de l'invasion, la « ceinture de sécurité ». Elle relie entre elles les trois poches de peuplement chrétien au Liban-Sud adossées à la ligne frontière israélo-libanaise.

L'édification de cette zone chrétienne tournée vers Israël plutôt que vers le reste du Liban avait été préparée par les autorités juives dans le cadre du rapprochement israélo-chrétien amorcé dans les premières années de la guerre civile au Liban.

La « bonne frontière »

Les contacts entre les chrétiens du Liban, et le Liban-Sud plus particulièrement, avec le nord d'Israël avaient été favorisés dès les premiers mois de 1976. Le 10 mars furent ouverts des points de passage à la frontière israélo-libanaise pour faciliter les conditions de vie des villageois éloignés du centre beyrouthin et isolés par les palestino-progressistes du reste de la communauté chrétienne. Israël inaugurait ainsi la politique de la « bonne clôture ». Les habitants du Sud en majorité chrétiens mais aussi parfois chiites purent traverser la frontière à Doved, Metulla et Hanita (*cf. planche 3*) pour y recevoir des soins médicaux dans des centres de secours et des dispensaires créés à leur intention, de même que pour s'y ravitailler. Le 1er octobre 1976, 9 420 habitants avaient été soignés dans des centres en Israël [8]. D'autre part, certains emplois furent offerts dans les champs ou les usines de Galilée à des

---

6. *F.M.A.*, no 1005, I-L.100, 11 juillet 1978.

7. 19 mars 1978 : première résolution réaffirmant « l'intégrité territoriale, la souveraineté et l'indépendance politique du Liban à l'intérieur de ses frontières internationalement reconnues ». Cité par Bourgi (A.) et Weiss (P.) : « Israël et le Sud-Liban... », *op. cit.*, p. 97.

8. Kapeliouk (A.) : « Le rôle multiple d'Israël dans la crise libanaise », *Le Monde Diplomatique*, décembre 1976.

ouvriers agricoles qui avaient perdu leur outil de travail au cours de la première phase de la guerre [9].

Cependant, la « bonne frontière », présentée comme une entreprise humanitaire [10], et comme un exemple de « fraternité israélo-arabe » [11], a rapidement montré ses limites et dévoilé son véritable objectif. En fait, l'« irrésistible coopération » [12] entre Israël et les enclaves chrétiennes révélait, dès l'automne 1976, sa fonction politique et ses impératifs militaires.

L'A.L.L. et la ceinture de sécurité

Lorsque la guerre du Liban s'est déplacée en 1976 vers le sud, l'Etat israélien s'est engagé irrémédiablement aux côtés des chrétiens qui combattaient les forces palestino-progressistes. Cette année de troubles constitue une véritable « époque charnière dans la stratégie israélienne[13] », dont l'axe prioritaire devient le développement de la coopération avec les milices chrétiennes.

Il s'agissait d'une part d'aider à contrer toute tentative de renforcement de la présence militaire palestinienne au Liban-Sud — ce à quoi s'attachaient les chrétiens à l'automne 1976 — et de créer dans le même temps une zone tampon au nord d'Israël. Le journal *Hazan Haze,* organe du général M. Dayan, précisait en 1979 ces objectifs : « Israël arme et entraîne des villageois du Sud-Liban pour chasser les Palestiniens du Fatah-land et des autres régions frontalières. L'objectif est de créer une zone tampon entre Israël et les Palestiniens au Liban[14]. »

Pour ce faire, l'Etat-Major israélien s'est appuyé sur la dissidence du responsable des Forces libanaises au Sud, l'ancien commandant de l'armée libanaise en poste à la caserne de Marjayoun, le commandant Haddad. Celui-ci avait manifesté très tôt un indéfectible attachement aux principes israéliens de défense, concernant notamment l'élimination de la présence palestinienne. En 1979, il déclarait : « Les chrétiens et Israël ont le même ennemi, nous menons le même combat[15]. »

Haddad s'est révélé un allié indispensable pour les Israéliens. C'est lui qui a mené les opérations politiques et militaires qui ont conduit à l'édification de la ceinture de sécurité : en pleine phase d'occupation israélienne, il annonçait le 27 mars 1978 la formation de l'Armée du Liban-Sud chargée d'assurer la sécurité des enclaves chrétiennes ; un an plus tard, le 18 avril 1979, il proclamait « l'Etat du Liban Libre », faisant sécession avec 850 km^2 de territoire libanais sous son contrôle. Officier félon, il était alors inculpé à Beyrouth de haute trahison [16]. Les liens entre l'Armée du Liban-libre (redevenue l'armée du Liban-Sud en 1984) et Tsahal semblaient très étroits, à tel

9. *Le Monde,* 21 septembre 1977.
10. Kassir (S.) : *Chronique d'une lutte populaire, op. cit.,* p. 15.
11. Cité par Corm (G.) : *Le Proche-Orient éclaté, op. cit.,* p. 171.
12. A. Ben Gol, général commandant le front nord, *Le Monde,* 23 avril 1979.
13. Kassir (S.) : *Chronique..., op. cit.,* p. 15.
14. Kapeliouk (A.) : *Le rôle multiple..., ibid.*
15. *Le Monde,* 23 avril 1979.
16. I.F.P. : *Les crises du Liban, op. cit.,* p. 69.

point que le général Weizman déclarait, le 19 mars 1978 : « Le commandant Haddad est considéré comme faisant partie de nos forces[17] ».

Mais les Israéliens n'ont pas laissé leur allié totalement libre de ses mouvements et les forces israéliennes ont été constamment présentes aux côtés de l'A.L.S. puis de l'A.L.L. Ainsi, depuis 1976, les Israéliens ont-ils en permanence investi le Liban-Sud, et plus particulièrement la ceinture de sécurité.

3 - Gages territoriaux et stratégie de contrôle de la bande frontalière

Il semble bien qu'en intervenant dans le conflit entre palestino-progressistes et milices chrétiennes au sud du Liban, l'armée israélienne ait posé les jalons d'une occupation durable de la bande frontalière. En tout cas, la stratégie suivie dès le début des combats paraît s'être inspirée d'une telle politique : contrôler la zone tampon par une présence armée aux côtés des forces chiito-chrétiennes de l'armée du Liban-Sud.

Un observateur notait en 1976 que les patrouilles israéliennes circulaient librement dans le sud du Liban. Le 1er septembre, un officier israélien déclarait au journal *Ma'ariv :* « Nous sommes la seule autorité du Liban-Sud[18]. »

Au cours des affrontements de 1977 pour le contrôle des positions frontalières, l'armée israélienne est intervenue à plusieurs reprises aux côtés des milices chrétiennes : le 21 avril, le 10 juin, le 26 juin. Poursuivant leur stratégie d'implantation après l'invasion de 1978, les Israéliens ont ouvert la frontière israélo-libanaise et établi leur domination sur la zone frontalière en coopération avec les forces de l'A.L.L. qu'ils équipaient et entraînaient, comme l'a reconnu officiellement le Premier ministre, M. Begin en août 1977 [19]. Depuis, la présence de Tsahal est continue dans cette zone : des officiers de renseignements encadrent aujourd'hui encore les hommes de l'A.L.S., et des patrouilles poursuivent leur surveillance dans la bande frontalière.

Dans ces conditions, l'Etat israélien a-t-il annexé de fait une partie du territoire libanais depuis 1978 ? Le commandant Haddad prenait soin de préciser, dès 1979, que « les allégations selon lesquelles la région frontalière serait annexée par Israël sont dénuées de tout fondement ». Cependant la tentation annexionniste est bien réelle, et des propos de M. Dayan tenus en 1954 jettent une lumière saisissante sur les objectifs israéliens : « Il serait seulement nécessaire de trouver un officier, fût-ce un simple major. Nous pourrions gagner sa sympathie ou l'acheter pour l'inciter à se proclamer sauveur des maronites. Alors l'armée israélienne entrerait au Liban, occuperait le territoire nécessaire (...). Les territoires du Sud seraient totalement annexés par Israël et tout irait pour le mieux[20]. » N'oublions pas d'autre part qu'Israël s'apprête, en 1977-1978, à rendre par étapes le Sinaï

17. Cité par Kapeliouk (A.) : *Israël et le glacis libanais, op. cit.*

18. Kapeliouk (A.) : « Le rôle multiple d'Israël... », *op. cit.*

19. Kapeliouk (A.) : *Israël et le glacis libanais, op. cit.*

20. Journal de M. Sharett, cité par Bourgi (A.) et Weiss (P.) : « Israël et le Sud-Liban », *op. cit.*

aux Egyptiens. La possession de « gages politiques et territoriaux redoutables [21] » s'inscrit peut-être dans la stratégie de l'Etat hébreu.

Qu'il y ait ou non volonté d'annexion, l'élément important reste la mise en place par Israël d'une stratégie de contrôle de la bande frontalière qui s'articule autour de deux objectifs : la modification de la répartition spatiale et confessionnelle de la population afin de consolider l'emprise chrétienne dans la zone tampon ; l'établissement d'une ceinture de sécurité hermétique à toute infiltration étangère.

Cette ceinture qui court le long de la ligne d'armistice israélo-libanaise (*cf. planche 17*) sur une profondeur de 8 à 15 kilomètres, englobe 70 villages et contient les trois enclaves chrétiennes adossées à la frontière. Sur quelque 700 km^2, on y compte une cinquantaine de localités chiites, 11 villages chrétiens et 6 localités druzes à l'est [22]. En 1979, la population résidente était estimée par les israéliens à environ 100 000 habitants, de confession chiite à hauteur de 60 %, de confession chrétienne maronite et grec-catholique à hauteur de 35 à 40 %. Enfin le noyau druze du Wadi at-Taïm était évalué à 3 000 personnes [23]. Les données chiffrées sont cependant sujettes à caution. En effet, la population du Liban-Sud, depuis 1976, se caractérise par son extrême mobilité, en particulier à cause des violents combats du conflit libanais et, surtout, de l'invasion israélienne de 1978.

De 1977 à 1979, avec une pointe en 1978, quelque 250 000 habitants ont été contraints par les événements de se déplacer. Dès les mois de septembre et novembre 1977, les Israéliens, en bombardant les villages du Liban-Sud, inauguraient un processus de remodelage géopolitique et démographique de la région. Ces raids ont contribué ainsi à drainer vers la zone frontalière contrôlée par les milices chrétiennes une population chiite et surtout chrétienne en quête de protection, de soins et de travail [24]. Mais ces modifications premières apparaissent minimes au regard de celles provoquées par l'offensive israélienne de 1978 qui a bouleversé radicalement l'équilibre démographique des régions méridionales.

Sur les 445 000 habitants que comptait le Liban-Sud en 1977, 200 000 ont fui l'avancée israélienne, se dirigeant principalement vers les pôles urbains de Saïda et Beyrouth. 75 000 Libanais et 50 000 Palestiniens se sont réfugiés dans la capitale libanaise tandis que 30 000 Libanais et 34 000 Palestiniens fuyaient en direction de Saïda [25]. En 1979, les quatre sous-préfectures particulièrement atteintes par les combats (Tyr, Bint-Jbeil, Nabatieh, Marjayoun) avaient perdu 50 % de leur population.

Finalement, dans les premiers mois de 1978, l'espace compris entre la frontière israélo-libanaise et le fleuve Litani apparaît comme un véritable no man's land, comparé aux concentrations démographiques antérieures (cf. planche 8). Le fait est particulièrement sensible dans la zone tampon contrôlée par les miliciens du commandant Haddad, où L. Bitterlin estime la population à 15 ou 20 % de ce qu'elle était avant la guerre civile [26].

---

21. Corm (G.) : *Le Proche-Orient éclaté, op. cit.*, p. 193.
22. *Le Monde*, 26-27 mai 1985.
23. *L'Orient le Jour* (libanais), 16 février 1979.
24. Cf. A. H. Ibrahim, *L'effervescence minoritaire, op. cit.* (1983).
25. *Le Monde*, 9-10 avril 1979.
26. Bitterlin (L.) : « Le Liban-Sud, la guerre pour demain », in *France-Pays Arabes*, octobre-novembre 1979.

En provoquant le dépeuplement des confins méridionaux du Liban, l'Etat d'Israël a en quelque sorte rendu plus « lisible » sa future zone de sécurité : avec l'abaissement du taux de densité démographique, il a rendu la dissimulation des terroristes palestiniens au sein de la population désormais plus clairsemée beaucoup plus délicate. D'autre part, à travers la poursuite des pressions militaires sur les populations chiites en particulier, il a favorisé l'émergence d'une zone de peuplement chrétien étendue au nord de sa frontière.

Après la proclamation de l'Etat du Liban-Libre en avril 1979, les forces israéliennes ont mené une campagne de harcèlement des zones peuplées méridionales, entraînant l'exode d'une partie de leurs habitants, pour « faciliter l'extension du Liban-Libre[27] » et donc l'emprise chrétienne militaire et démographique sur la zone de sécurité. Cependant les déplacements sélectifs des populations du Liban-Sud — en schématisant : musulmans vers le nord, chrétiens vers le sud — ne sont qu'un des aspects du processus de contrôle de la ceinture de sécurité.

Le deuxième axe de la stratégie israélienne repose sur la nécessité de donner à l'espace tenu par l'A.L.L. un caractère imperméable à toute incursion ou infiltation « étrangère ». Respectant cette logique, les forces armées israéliennes, soit directement, soit par l'intermédiaire de leur allié, se sont opposées à plusieurs reprises aux tentatives de l'armée libanaise de reprendre pied aux confins du pays. Le 31 juillet 1978, un détachement de 700 hommes de l'armée pénètre dans le périmètre d'action de la F.I.N.U.L. pour se rendre à Tebnine en passant par Marjayoun. Avant même d'avoir atteint cette localité, il est arrêté par les tirs des miliciens de Haddad. Un incident de ce type se renouvellera le 18 avril 1979 [28]. De même, en mars 1981, Israéliens et soldats de l'A.L.L. s'opposent à nouveau à l'entrée de l'armée régulière dans la zone frontalière : l'unité libanaise de 50 hommes doit effectuer un retrait de 15 kilomètres vers le nord [29].

La mise en place et la sauvegarde de la zone de sécurité instaurée par Israël au nord de son territoire l'ont amené aussi de façon logique à s'opposer en permanence aux forces de l'O.N.U. dépêchées au Liban-Sud, dans ce que les Israéliens considéraient comme un domaine réservé d'intervention.

4 - La F.I.N.U.L.

Les rapports d'Israël avec l'O.N.U. n'ont jamais été d'une cordialité excessive. Aux yeux des Israéliens, l'objectivité intrinsèque des Nations unies est fondamentalement suspecte, comme l'indique cette déclaration de I. Shamir le 16 juin 1982 : « Nous n'avons pas confiance en cet organisme à majorité automatique anti-israélienne[30]. » De plus, l'efficacité des forces d'intervention de l'O.N.U. pour parer la menace terroriste est sérieusement mise en doute par les Israéliens.

Ces conditions diplomatiques et stratégiques peuvent expliquer en partie le dépassement de l'objectif des 10 kilomètres au-delà de la frontière fixé par

27. I.F.P., *Les crises du Liban, op. cit.,* p. 71.
28. *Ibid.,* pp. 68-69.
29. *Le Matin de Paris,* 18 mars 1981 ; *L'Orient le Jour,* 13 mars 1981.
30. Legrain (J.-F.) : *La guerre israélo-palestinienne, chronologie, op. cit.,* p. 112.

les officiers de Tsahal lors de l'invasion de mars 1978. Devant la crainte de l'instauration à leur frontière d'une force d'interposition des Nations unies qui y aurait fixé la zone de tension palestinienne, les forces d'Israël ont poussé l'offensive jusqu'au Litani, ce qui leur a permis, tout en concédant lors de leur retrait un territoire à la F.I.N.U.L., de conserver dans le même temps des gages territoriaux dans la zone de sécurité. « Israël a dépassé les limites de la "zone de sécurité", expliquait le chef d'Etat-Major de l'époque, le général M. Gour, en raison de la décision américaine hâtive et prématurée de précipiter le vote au conseil de sécurité en vue de l'envoi des casques bleus au Sud-Liban[31]. »

La principale critique adressée par les Israéliens à la F.I.N.U.L. est que celle-ci est inadaptée dans ses objectifs et ses moyens à la véritable tâche qui lui incombe, la séparation des forces combattantes.

Dès le vote de la résolution 425 demandant à Israël de « cesser immédiatement son action militaire contre l'intégralité territoriale du Liban et de retirer sans délais ses forces de tout le territoire libanais », le délégué israélien aux Nations unies estimait la résolution « inadéquate et péniblement insuffisante » dans la mesure où elle ne condamnait pas le terrorisme [32].

Si les Israéliens ont accepté finalement la force d'interposition, c'est pour l'intégrer, en dépit de ses faiblesses, dans le dispositif de protection avancée mis en place en partie avec la ceinture de sécurité. Les postes de la F.I.N.U.L. sont conçus comme la première « couche » de contrôle : « La F.I.N.U.L. jouera le rôle d'une barrière politique et militaire », déclarait I. Rabin en évoquant le futur dispositif de sécurité israélien. « Avec cette force au nord, l'A.L.S. au sud, et la possibilité pour Israël d'exercer son droit à l'auto-défense en cas d'infiltration terroriste, nous mettrons la Galilée à l'abri des Katiouchas[33]. »

Le souhait israélien est de repousser au maximum vers le nord la localisation des contingents de casques bleus. A ce titre, Israël s'est vivement opposé aux autorités libanaises qui craignaient, par les fonctions même de la force d'interposition, une partition durable du territoire libanais. Lorsque se sont engagées à Naqoura les négociations israélo-libanaises sur le retrait israélien du Liban, dans les derniers mois de 1984, les négociateurs israéliens ont proposé un déploiement très au nord de leur position actuelle des forces de l'O.N.U., au niveau de la rivière Awali et de la Beqaa, pour servir d'espace tampon entre la zone occupée par Tsahal et les implantations terroristes refoulées ainsi à plus de 40 kilomètres de la frontière méridionale du Liban. Mais pour les négociateurs libanais, la position centrale de la F.I.N.U.L. évoquée par Israël menaçait à terme l'unité du pays. Au début des pourparlers, N. Berri affirmait ainsi : « Le projet israélien qui prévoit le déploiement de la F.I.N.U.L. entre les fleuves Awali et Zahrani constitue un plan de "chyprianisation" du Liban-Sud au terme duquel l'Etat hébreu pourra conserver la partie la plus fertile de cette région en sus des eaux du Litani[34]. »

---

31. Cité par Benassar : *Anatomie d'une guerre..., op. cit.,* p. 202.
32. Cf. *F.M.A.,* nº 951, 9 mai 1978, I-L.96.
33. *Le Monde,* 31 octobre 1984.
34. *L'Orient le Jour,* 1er décembre 1984.

Fonctions et rôle de la F.I.N.U.L.

La F.I.N.U.L. a été beaucoup critiquée par les militaires israéliens, ignorée même en juin 1982, en raison de son manque d'efficacité quant à la lutte contre le terrorisme palestinien. Il est vrai que ses 4 000 puis 6 000 hommes n'ont pas véritablement assuré l'imperméabilité de la zone sous leur contrôle (cf. planche 16). Pourtant, dans un rapport en date du 19 mars 1978 (cote 12 611), le secrétaire général de l'O.N.U. notait que cette force « devait faire tout ce qui est en son pouvoir pour prévenir une reprise des combats et pour que sa zone d'opération ne soit pas utilisée par des activités hostiles, de quelque nature que ce soit ». Si l'on admet que son objectif fondamental était bien de « faire écran entre les Palestiniens et leurs adversaires[35] », il faut reconnaître que la F.I.N.U.L. n'a pas rempli sa mission : elle n'a pas réussi à empêcher les infiltrations palestiniennes au sein même de sa zone opérationnelle.

Cependant, par ses contrôles des déplacements, des armes lourdes et des activités militaires des différents protagonistes, par son rôle dissuasif, elle a contribué à éviter une véritable politique de harcèlement de la part des fedayins. De 1978 à 1981, son action est apparue relativement efficace, puisqu'elle est parvenue à obtenir la saisie de pièces d'artillerie et à contrôler les batteries d'armes lourdes dans son champ d'opération. L'année 1981, pratiquement sans incidents, a marqué son âge d'or [36]. Mais l'invasion israélienne de juin 1982, au cours de laquelle ses soldats ont été « bousculés », symbolise la « faillite totale[36] » de sa mission militaire défensive. Dès lors, son rôle d'interposition s'est amenuisé au profit d'un rôle accru d'observation et d'assistance civile. En juin 1982 lui est attribuée la tâche intérimaire d'étendre la protection et l'assistance humanitaire de la population de sa zone fortement éprouvée par l'invasion israélienne. La mission n'en est pas moins importante que les précédentes.

Alors que Tsahal semblait occuper durablement le Liban-Sud, le regard de la F.I.N.U.L., qui contrôlait les déplacements de chacun, a renforcé la confiance des habitants et permis la création, autour de certains de ses postes d'observation, de zones d'activités socio-économiques. « Nous observions les allées et venues des différentes armées », raconte un ancien soldat français de la F.I.N.U.L., « nous comptions les chars des uns et des autres[37] ». La population ressent la présence des forces de l'O.N.U. comme une sécurité, un gage d'impartialité. Pour l'imam de Jouaya, « ce qui compte plus que les armes de la F.I.N.U.L., ce sont ses yeux[38] », sa simple existence au milieu de populations meurtries.

La F.I.N.U.L. est plus qu'une force neutre, c'est aussi un acteur très important de la vie civile, notamment le contingent français qui assure la logistique. A côté de l'observation renforcée de 1982 à 1985, la force intérimaire a accompli en effet toute une série d'actions à caractère administratif dans des régions dévastées et privées de tout encadrement civil étatique. Elle a participé également à la remise en état des circuits de distribution d'eau et d'électricité, à la reconstruction de maisons et de routes. Elle s'est surtout

35. Colin (J.-P.), *op. cit.*, p. 784.
36. Analyse séquentielle de J.-P. Filiu, entretien avec l'auteur (janvier 1986).
37. *Le Monde*, 16-17 février 1986.
38. *Le Point*, 13 mai 1985, nº 660.

substituée à l'Etat défaillant en assurant des formalités administratives et en participant à la restauration d'un réseau éducatif local.

En 1979, un événement remarquable avait renforcé sa crédibilité et son aura parmi les populations du Liban-Sud. La F.I.N.U.L. était parvenue cette année-là à organiser pour la première fois, depuis 1974, les examens du baccalauréat de quelque 1 000 élèves des districts de Bint Jbeil et Marjayoun. Du 7 au 23 Juillet, les lycéens purent, à tour de rôle au quartier général de la Force, tenter d'assurer leur avenir dans une région traditionnellement délaissée par les pouvoirs publics et durablement affectée, notamment dans ses infrastructures éducatives, par les combats meurtriers qui y avaient pris corps [39].

En dernière analyse, si la F.I.N.U.L. n'a pas rempli pleinement son rôle militaire et si elle n'a pas réussi à neutraliser la zone de tensions sud-libanaise, elle a néanmoins réinvesti ses potentialités humaines dans le soutien à une population en plein désarroi qui appréhende aujourd'hui vivement son possible retrait. Au prix de pertes importantes [40], elle a contribué, à travers la communauté internationale dont elle est l'émanation, à faire en sorte que le Liban-Sud ne devienne pas une terre oubliée, livrée aux ambitions des acteurs qui en ont fait leur champ de bataille.

---

39. Cf. Colin (J.-P.) : *op. cit.*, p. 778.

40. 120 casques bleus ont été tués depuis 1978 lors d'affrontements avec les Israéliens et l'A.L.S. en particulier,*Le Monde*, 1er avril 1986.

CHAPITRE 4

L'OPÉRATION ISRAÉLIENNE « PAIX POUR LA GALILÉE »

PRÉAMBULE : les forces en présence en mai 1982

Les Israéliens avaient provoqué, dans le sillage de leur intervention de mars 1978, l'apparition de deux nouveaux acteurs au Liban-Sud : les forces du commandant Haddad et les contingents de la F.I.N.U.L. Cet épisode de l'histoire du Liban marqua un démembrement maximal du territoire libanais et un éclatement de la souveraineté étatique qui se réduisit en juin 1982 au palais de Baabda et ses alentours. A l'aube de la seconde invasion israélienne, un tableau géopolitique montrant la territorialisation des forces en présence témoigne de la quasi-disparition de toute parcelle de souveraineté nationale libanaise. (*cf. planche 19*).

Au sud, l'enclave chrétienne de Haddad forme au sud de la zone F.I.N.U.L. la ceinture de sécurité du dispositif israélien. Au nord du Litani s'est opérée une concentration des forces palestiniennes et progressistes jusqu'à la banlieue sud de Beyrouth. Quelques centaines de terroristes infiltrés forment en outre des « poches » à l'intérieur des secteurs dévolus à la force intérimaire. Au nord du pays, dans la quasi-totalité de la Beqaa et à l'est de Beyrouth, les Syriens, sous le couvert de la F.A.D. mise en place en 1976, occupent plus de la moitié du territoire libanais. A l'ouest de la zone syrienne, entre le Mont-Liban et la mer, le réduit chrétien centré sur la baie de Jounieh conserve, sous la protection des milices chrétiennes réunifiées sous les ordres de B. Gemayel, une véritable autonomie. Enfin la capitale, Beyrouth, véritable microcosme libanais, concentre tous les antagonismes et les conflits du Proche-Orient. La muliplicité des groupes et groupuscules en fait, selon un document du C.I.D. de Bruxelles, « la capitale mondiale du terrorisme[1] ».

Au début de 1982, le Liban, sur le plan militaire, constitue une concentration extraordinaire de moyens en hommes et en puissance de feu. Avec entre 1 500 et 2 000 hommes, l'armée du Liban-Libre forme numériquement le groupe le plus faible. Mais son armement fourni par Israël lui confère une

1. Documents tirés de *France-Israël-Informations,* juin-juillet 1982, documents du C.I.D.I.P., Paris.

capacité de défense et d'attaque assez conséquente. La F.I.N.U.L. ne dispose pas d'armement offensif mais les 7 000 casques bleus de la force intérimaire assurent le quadrillage d'une zone étendue et représentent un risque d'affrontement par le rôle d'interposition qu'ils peuvent être amenés à jouer. Avec 30 000 soldats, la Force arabe de dissuasion, composée exclusivement de recrues syriennes, met Damas au rang de principal belligérant en termes de superficie contrôlée et de puissance de feu. Enfin, les moyens militaires de l'O.L.P. et des « progressistes » équipés et entraînés par l'Union Soviétique (ainsi des soldats druzes du P.S.P.) font de ces groupes une importante force combattante. Selon des chiffres cités par E. Jarry, ils disposent de 60 chars T 34, d'artillerie de 122-130 mm et de missiles Sam 7 et Sam 9 acquis en 1981 [2].

L'OPÉRATION «PAIX EN GALILÉE» :

Examiner, disséquer de manière exhaustive les fondements, les processus, les faits qui ont conduit l'Etat hébreu à s'engager massivement en territoire libanais n'est pas ici notre propos. Mais à ne pas approfondir l'appréhension de l'ensemble de ces phénomènes, on risque de tomber dans l'idée que l'invasion israélienne n'est que le résultat d'une réaction d'exaspération passagère. C'est donc entre ces deux extrémités, pointilleuse et simplificatrice, que nous tenterons de présenter une vision synthétique de l'engagement israélien au Liban-Sud.

1 - Les objectifs israéliens

L'Etat d'Israël a longtemps fondé son action au Liban sur le thème de l'éradication de la menace palestinienne. C'est donc le premier aspect à prendre en compte dans l'étude de ses motivations.

Après de durs combats, cette menace semblait s'être quelque peu atténuée en juillet 1981. Le 24 juillet, le gouvernement israélien et Y. Arafat annonçaient séparément l'observation d'un cessez-le-feu entre leurs troupes. Mais le 22 octobre 1981, Israël lançait un raid au sud de Beyrouth, rompant la trêve instaurée par les « accords » de juillet. Le 9 mai 1982, l'artillerie palestinienne reprenait du service en bombardant le territoire israélien.

Face à la persistance de la menace et à la suite de l'assassinat du diplomate israélien Y. Barsimantov à Paris, le gouvernement israélien envisageait, dès le 5 avril, l'éventualité d'une nouvelle intervention en territoire libanais contre l'O.L.P. Elle se produira deux mois plus tard, le 6 juin 1982.

Comme en 1978, l'objectif est de repousser l'agresseur. Officiellement, il s'agit d'éloigner les forces palestiniennes au-delà de 40 kilomètres au nord de la frontière israélo-libanaise. En fait, la riposte « n'est pas qu'une réaction

---

2. Chiffres donnés par Jarry (E.) : « Sud-Liban, le face à face... », *op. cit.,* et *Le Monde,* 8 juin 1982. Selon ces sources, les Palestiniens disposent alors de 10 000 combattants, le Mouvement National de 3 000.

épidermique d'un peuple menacé[3] » comme nous le verrons plus loin, mais dans le discours israélien, c'est bien de la présence palestinienne armée au Liban-Sud dont il est question.

D. Meridor, porte-parole du Conseil des ministres israéliens, déclarait, le 4 juillet 1982 : « Tous les terroristes palestiniens doivent quitter le Liban. » Mais déjà l'objectif est apparu plus ambitieux puisqu'il ajoutait : « Le gouvernement rejette catégoriquement toute proposition prévoyant la présence physique ou symbolique, sous forme organisationnelle ou militaire des Palestiniens au Liban[4]. » Autrement dit, le but n'était pas seulement l'élimination de la force combattante palestinienne, mais aussi l'éloignement de la population civile des camps de réfugiés. Le 4 août, D. Meridor faisait savoir que les Palestiniens vivant dans la « zone des 40 kilomètres » devraient être relogés plus au nord et dispersés au-delà, en dehors des agglomérations libanaises [5]. Le ministre chargé de la question des réfugiés en Israël précisait même, en octobre 1982, qu'un plan existait pour l'évacuation des réfugiés du Liban-Sud vers le nord du pays. La destruction systématique des camps relevait donc de cette politique : évacuer les combattants de l'O.L.P. mais aussi « recaser les 400 000 Palestiniens installés dans les camps et autour des villes[6] ».

L'objectif semblait en partie atteint dès la fin de 1982. D'après la Fédération internationale des Droits de l'Homme (F.I.D.H.), les camps de réfugiés palestiniens « ont été détruits au Liban-Sud à 80 %, ceci par une volonté délibérée de la part de l'armée israélienne[7] ». De plus, sur les 200 000 Palestiniens présents avant l'invasion, seuls 60 000 sont restés dans les camps du Liban-Sud, les autres affluant en masse vers la Beqaa sous contrôle syrien, selon les sources israéliennes [8].

La modestie des objectifs annoncés au début de l'invasion a été contredite par les faits. « Ces 40 kilomètres annoncés comme la limite de l'opération *Paix en Galilée,* c'était du "bidon" », révélait un conseiller au ministère israélien de la Défense, le 8 juillet 1982 [9]. En effet, l'armée israélienne investit Beyrouth en août 1982, et le « nettoyage » du Liban de l'ennemi héréditaire palestinien est apparu comme un des buts ultimes de l'invasion.

L'opération « Paix en Galilée », dont la dénomination peut faire penser qu'il ne s'agit en fait que de permettre aux régions frontalières de se développer en toute sécurité (cf. 3e partie, chapitre 1), semble plutôt résulter de l'application d'une stratégie politico-militaire plus vaste, englobant l'ensemble du conflit israélo-arabe, et donnant par-là même au Liban-Sud toute sa dimension internationale.

En effet, Israël s'était engagé en 1979, sous la conduite du « faucon » M. Begin, dans des négociations de paix avec l'Egypte, dont les accords

---

3. Vernant (J.) : « La stratégie israélienne au Liban », in *Défense Nationale* n° 38, septembre 1982, pp. 117-123.

4. Legrain (J.-F.) : *Chronologie..., op. cit.,* p. 153.

5. *Ibid.,* p. 195.

6. Kapeliouk (A.) : *Enquête sur un massacre,* Paris, Seuil, décembre 1982, 115 p., p. 72.

7. Extrait d'un rapport du F.I.D.H., septembre 1982, cité par Filiu (J.-P.) : « Les phases de la répression israélienne au Sud-Liban », *R.E.P.* n° 16, été 1985, pp. 63-86, p. 68.

8. Kessler (P.), Parisi (R.) : « Visite au Sud-Liban », *Esprit* n° 11-12, novembre 1982, pp. 272-281, p. 280.

9. Général S. Baum, in *Maghreb-Machrek,* n° 98, 4e tri. 1982, p. 80.

prévoyaient la restitution du Sinaï et la mise en place d'un processus d'autodétermination pour les Palestiniens des territoires occupés en échange de la paix. La première constatation est que le retrait de l'armée israélienne du Sinaï, achevé le 28 avril 1982 et couplé à la paix israélo-égyptienne, a déplacé le centre de gravité des conflits au Proche-Orient et a laissé en quelque sorte les mains libres aux Israéliens sur le front nord. C'est ce que reconnaissait le général S. Gazith, ancien chef des renseignements militaires, le 18 juin 1982 : « Derrière la victoire au Liban, il y a l'accord de paix avec l'Egypte. Sans lui, l'armée israélienne n'aurait pas pu envoyer au nord des concentrations aussi puissantes ni exercer une telle menace sur le front syro-libanais[10]. » D'autre part, la neutralisation de l'aire de tension israélo-égyptienne a permis à Israël de renforcer son emprise sur le territoire du Golan occupé en 1967. En décembre 1981, l'Etat hébreu a annexé le plateau du Golan syrien et soumis le territoire à la législation israélienne [11]. La restitution du Sinaï s'avérait donc être une ultime concession territoriale.

La deuxième constatation découle de cette politique territoriale très ferme inaugurée par le Likoud. Après le blocage des négociations sur l'autonomie des Palestiniens en mai 1980, le gouvernement de M. Begin a accéléré la construction et le renforcement des implantations juives dans les territoires occupés et plus particulièrement en Cisjordanie. Le 17 juin 1981, le Premier ministre inaugurait la 165e implantation décidée par son cabinet [12]. Pour M. Begin et ses électeurs sépharades qui peuplent les régions pionnières d'Israël, l'autonomie des Palestiniens de Cisjordanie ne peut être qu'administrative et non pas territoriale. Pour imposer son plan, le Likoud devait donc provoquer l'affaiblissement de la centrale palestinienne, dont l'audience était importante dans les territoires occupés. Il semble que l'invasion du 6 juin relevait de cette perspective : briser l'O.L.P. au Liban, c'était à la fois permettre le renforcement de l'aménagement du nord d'Israël et la poursuite de l'annexion rampante (*creeping annexation*) de la Cisjordanie. « La guerre du Liban-Sud, c'est la guerre de Judée-Samarie par Liban interposé », explique E. Barnavi [13]. « Un des principaux buts de l'opération », affirme quant à lui l'écrivain B. Evron, « c'était, en détruisant le seul territoire dominé par l'O.L.P., de briser le moral et la colonne vertébrale du peuple palestinien, afin d'appliquer dans les territoires la version begino-sharonienne de l'autonomie[14] ».

En définitive, la Judée-Samarie apparaissait à terme comme la principale cible de l'état-major israélien et plus particulièrement des membres du Likoud, la coalition de M. Begin. Affirmer que l'invasion n'a constitué qu'une diversion est cependant excessif ne serait-ce que par l'importance de la puissance militaire mise en œuvre, des destructions massives, des pertes humaines libanaises et palestiniennes en regard des pertes israéliennes de

---

10. Kapeliouk (A.) : « La liquidation de l'obstacle palestinien », *Le Monde Diplomatique*, juillet 1982.

11. Schattner (M.) : in *l'Etat du Monde 1983, annuaire économique et géopolitique mondial*, sous la direction de F. Gèze, A. Valladao, Y. Lacoste, Paris, éd. La Découverte/Maspero, p. 260.

12. I.F.P. : *Le conflit israélo-arabe*, tome 2, *op. cit.*, p. 92.

13. Barnavi (E.) : « Un tournant pour l'Etat d'Israël après la guerre du Liban », *Etudes*, n° 358/1, janvier 1983.

14. In *Yedio'th Aharonoth*, 11 juin 1982, Halevi (I), *op. cit.*, p. 243.

Galilée (cf. 3e partie, chapitre 2). Si l'invasion du 6 juin a été en partie une affaire politique interne à Israël, elle a été également une opération d'envergure internationale et régionale.

2 - La confrontation avec la Syrie

Lorsque l'Etat d'Israël, après la réduction des tensions à sa ligne frontière méridionale, s'est engagé dans une politique territoriale et militaire énergique sur son front nord, il s'est retrouvé, dans ses entreprises au Liban, face à un de ses ennemis les plus intransigeants dans le domaine des relations internationales, la Syrie.

L'ennemi juré de l'Etat sioniste — qu'il voue dans ses discours à la destruction — est depuis 1976 maître d'une partie du Liban. Un des derniers pays dit du « champ de bataille » face à Israël depuis la signature de la paix israélo-égyptienne, la Syrie, occupe sous le couvert de la Force arabe de dissuasion et avec la bénédiction d'un sommet arabe restreint tenu à Riyad en octobre 1976, la moitié nord du Liban, à l'exception du secteur tenu par les Forces libanaises. En 1982, la présence des forces de Damas constituait un défi et une nouvelle menace pour Israël depuis les accords de désengagement israélo-syrien sur le Golan.

Le 8 janvier 1976, S. Pérès, alors ministre israélien de la Défense, déclarait qu'« une invasion syrienne au Liban aurait des conséquences les plus graves ». Pourtant, le 11 janvier 1976, plus de 150 blindés syriens atteignaient, par l'est et le nord, la plaine de la Beqaa sans que l'armée israélienne intervienne. Attitude au premier abord paradoxale, mais qui illustre bien l'ambiguïté du conflit entre Israël et la Syrie à propos du Liban. Y a-t-il réellement antagonisme ? En fait, comme nous allons le voir, les relations israélo-syriennes en territoire libanais relèvent plus d'une convergence forcée que d'une situation d'affrontement direct et d'engagements militaires au cours desquels les protagonistes envisageraient de se détruire.

La Syrie et la résistance palestinienne au Liban

Le premier élément de convergence concerne, nous semble-t-il, la résistance palestinienne. Israël et la Syrie n'ont pas, sur le devenir et le rôle de cette force, la même optique, mais les moyens utilisés par chacun des deux protagonistes en font dans certaines circonstances particulières des alliés objectifs. C'est du moins l'impression que retirait du comportement syrien lors de l'invasion israélienne du 6 juin le président égyptien H. Moubarak qui déclarait le 28 du même mois : « La Syrie a conclu "une entente cordiale" avec Israël[15]. » La communauté d'intérêt n'est cependant pas à ce point large qu'on en conclut à une véritable collaboration en vue de l'élimination de la résistance palestinienne armée. Certes, le but israélien est clair à ce sujet : il s'agit essentiellement de détruire ou de rendre totalement inefficace la force combattante des fedayins aux frontières d'Israël. Le jeu syrien apparaît plus obscur et plus subtil.

Fondamentalement, l'objectif de Damas et en particulier du président actuel H. el Assad est de contrôler les activités et les hommes de la résistance

---

15. Legrain (J.-F.) : « *La guerre israélo-palestinienne* », *op. cit.*, p. 137.

au Liban. D'abord parce que les forces palestiniennes progressistes et révolutionnaires constituent aux portes de la Syrie un facteur politiquement destabilisant et qu'elles représentent une menace potentielle aussi bien pour le régime du parti Ba'th que pour les autres régimes « bourgeois » du Proche-Orient. En ce sens, les Palestiniens apparaissent comme une sorte d'arme à double tranchant qui peut servir d'outil politique en vue d'une destabilisation des Etats limitrophes mais qui peut également se retourner contre le pouvoir syrien lui-même. D'où la ferme surveillance instaurée par H. el Assad dès 1970 sur les troupes palestiniennes stationnées en territoire syrien. Ensuite parce que le contrôle et la maîtrise de la résistance dans ses opérations et ses prises de position constituent une carte maîtresse dans le jeu diplomatique au Proche-Orient, permettant au possesseur de cet atout d'acquérir une position dominante sur la scène proche-orientale, ce que fait la Syrie au détriment de l'Egypte jugée « capitularde » après la signature des accords de Camp David.

Dans l'optique de la lutte contre tout déviationnisme de la résistance et toute volonté d'indépendance de sa part, la Syrie rejoint par une convergence d'intérêts ponctuelle un des objectifs israéliens : l'élimination de l'O.L.P. En s'opposant à la centrale palestinienne de Y. Arafat, et plus spécialement à son courant politique jugé trop conciliant, la Syrie s'adjoint un allié de circonstance dans ses opérations militaires. Le 28 septembre 1983, les troupes syriennes, décidées à liquider la ligne arafatiste au sein de l'O.L.P., préparaient l'assaut contre la ville de Tripoli où s'étaient retranchées les forces loyalistes palestiniennes. Au même moment, la marine israélienne s'efforçait d'instaurer le blocus maritime de la cité libanaise en arraisonnant les bateaux grecs qui se dirigeaient vers Tripoli avec armes et renforts [16].

Enfin, la maîtrise d'une force combattante au Liban telle que les groupes armés de la résistance palestinienne (les dissidents de l'O.L.P.) permet à la Syrie de poursuivre le combat contre Israël en l'engageant de préférence en dehors de son territoire, à partir d'une zone sous sa protection, la moitié nord du territoire libanais et la Beqaa, sans encourir directement les représailles de l'Etat hébreu comme en 1972. Depuis son accession au pouvoir en 1970, le général H. el Assad n'a eu de cesse d'enserrer les forces palestiniennes dans un carcan qui empêche tout écart susceptible d'aller à l'encontre de ses intérêts. En avril 1971, il interdisait aux commandos palestiniens de lancer des opérations à partir du front syrien en direction d'Israël et canalisait les raids sur la ligne d'armistice israélo-libanaise [17]. D'après J.-F. Legrain, la Syrie s'était engagée lors de la signature des accords du Golan de 1974 à « respecter scrupuleusement la clause visant à empêcher toute infiltration de commandos palestiniens à travers ses lignes[18] ». I. Rabin relevait ainsi dans un entretien au *Nouvel Observateur* au début de 1986 : « Sur le Golan il n'y a pas eu de tirs, d'infiltrations ou d'incidents depuis 10 ans[19]. »

---

16. Legrain (J.-F.) : « La dissidence palestinienne », *Esprit,* avril 1984, pp. 17-31, p. 25.

17. Bourgi (A.) et Weiss (P.) : *Les complots libanais, op. cit.,* pp. 81-82.

18. Legrain (J.-F.) : « La dissidence... », *op. cit.,* p. 12. Voir Carré (0) : *Septembre noir, refus arabe de la résistance palestinienne,* Bruxelles, éd. Complexe, 1980, 160 p.

19. In *Le Nouvel Observateur,* 17-23 janvier 1986, pp. 38-39.

La Syrie et Israël au Liban-Sud : établissement et fluctuations de la ligne rouge

Est-ce à dire que la Syrie a définitivement abandonné l'idée d'un affrontement direct avec Israël ? En fait il semble bien qu'une « mise au point » ait été effectuée par les belligérants dès la première invasion israélienne concernant le dépassement de seuils géographique et militaire en territoire libanais.

Le 18 mars 1978, le général M. Gour, chef de l'Etat-Major israélien déclarait : « Dès le début (de l'offensive), nous n'avons pas attaqué une seule unité des forces de dissuasion (composée de Syriens) et nous avons respecté leur honneur et leur sécurité[20]. » Huit ans plus tard, en janvier 1986, I. Rabin affirme : « D'ailleurs les Syriens évitent tout affrontement là où nous sommes directement en contact[21]. » La paradoxale convergence d'intérêts entre Israël et la Syrie, « massant leurs troupes et faisant monter les enchères[22] » sans passer aux actes, résulte d'une sorte de compromis entre les deux puissances militaires sur la nécessité de délimiter au cœur du territoire libanais éclaté une « ligne rouge » partageant leur zone d'influence respective. En somme, les affrontements ponctuels, les périodes de tension, et en dernier lieu l'invasion israélienne du Liban en 1982, apparaissent comme les manifestations de cette partie de bras de fer entre deux forces antagonistes qui se disputent chacune le contrôle d'un pays qu'elles ont contribué à mettre à feu et à sang.

Les années 1976 et 1977 ont marqué pour la Syrie une période de test des réactions israéliennes face à l'avancée vers le sud de ses troupes. Le 28 juin 1976, elles menaient une offensive en direction de Saïda en bombardant la ville et les installations pétrolières de la zone côtière de Zahrani. Le 12 octobre, l'armée syrienne continuait sa progression vers le sud sur l'axe reliant Jezzine à Saïda, puis quelques mois plus tard faisait avancer, à deux kilomètres au nord de Nabatieh, un contingent de soldats de la F.A.D. Le 14 février 1977, après les menaces de riposte proférées par Israël au mois de janvier, les forces de la F.A.D. se repliaient, reculant définitivement à quelques kilomètres au nord du Litani [23]. La ligne rouge décrétée par les Israéliens au sud de laquelle toute incursion syrienne serait considérée comme une menace directe contre Israël s'établissait ainsi au fleuve Litani. En mars 1978, les forces israéliennes s'abstiendront de franchir cette ligne vers le nord [24].

Cependant, devant l'aggravation de la tension israélo-syrienne à la suite de ce qu'Israël considérait comme une rupture de l'équilibre du niveau militaire, la situation s'est peu à peu modifiée. En 1981 éclatait la crise des missiles syriens, épisode au cours duquel l'aviation israélienne est intervenue dans la Beqaa pour détruire les batteries SAM disposées par la Syrie en direction d'Israël. En plus de la rupture du degré de puissance de feu maximum, l'Etat-Major israélien jugeait menaçante l'emprise syrienne au Liban. Ainsi l'opération « Paix en Galilée » a-t-elle eu également pour

20. Benassar : *op. cit.*, p. 201.

21. *Le Nouvel Observateur*, 17-23 janvier 1986.

22. Cf. chronologie I.F.P. : *Les crises du Liban, op. cit.*

23. *Ibid.*, p. 50.

24. Kapeliouk (A.) : « Israël et la tentation chrétienne », *Le Monde Diplomatique*, novembre 1978.

objectif de repousser vers le nord la « ligne rouge » jusqu'alors sise sur le fleuve Litani. La mise en place de la nouvelle ligne de partage des zones d'influence ne s'est pas faite sans heurts. Du 7 au 15 juin 1982 ont eu lieu des affrontements de blindés syro-israéliens dans le Chouf et au sud de la Beqaa. Du 22 au 26 juin, l'armée israélienne a mené une offensive contre l'armée syrienne qui était refoulée à 20 kilomètres à l'est de Beyrouth. La « ligne rouge » s'est établie peu à peu sur la route Beyrouth-Damas. De juin 1982 à juin 1985, Tsahal et l'armée syrienne resteront face à face sur la ligne de partage des zones de contrôle (cf. planche 19). Aucun mouvement massif de troupes ne sera signalé après le retrait israélien et seuls quelques hommes des services de renseignements syriens seront comptabilisés au-delà de la « ligne rouge » israélienne [25]. En dernière analyse, il semble bien que les « règles du jeu » acceptées par les deux parties depuis 1982 ont été tant bien que mal respectées[26].

Vision syrienne

La concession à Israël du territoire du Liban-Sud par la Syrie peut paraître surprenante à la lumière des discours et proclamations des dirigeants syriens concernant l'inéluctable « réunification » du Liban et de la Syrie. Le président Assad ne déclarait-il pas que « la Syrie est chez elle au Liban depuis des siècles[27] » ? En fait le contrôle de la ville de Saïda représente pour les responsables de ce pays l'ultime avancée réellement nécessaire de leur emprise sur le Liban. En effet, en menant une analyse géopolitique de la configuration spatiale syrienne, on peut remarquer que seul le contrôle de la route Beyrouth-Damas et du territoire au nord de cet axe offre un intérêt stratégique et économique pour la Syrie.

Le principal handicap de ce pays, en termes d'organisation spatiale, réside dans la difficulté et le faible nombre de ses accès au rivage de la Méditerranée orientale (cf. planche 18). Face à l'axe politico-économique que forment les villes de Damas, Hama, Alep, Homs, se trouvent en écran du nord au sud : les montagnes du Jabal Ansarieh et les massifs libanais de l'Anti-Liban jusqu'à l'Hermon. La basse plaine de l'Oronte et la plaine du Akkar ayant été respectivement rattachés à la Turquie en 1939 et au Liban en 1920, la Syrie ne dispose que de deux ou trois axes majeurs reliant le désert au rivage levantin. En outre, compte tenu de la position excentrée de la capitale syrienne, l'accès à la mer par Beyrouth aménagé dès la fin du XIXe siècle apparaît comme une ouverture naturelle de l'hinterland syrien vers la Méditerranée. Le contrôle de la route Beyrouth-Damas permet d'autre part de désenclaver la région sud-ouest et le Jabal druze. Jusqu'à très récemment la frontière jordanienne était tenue close par suite des différends entre le président Assad et le roi Hussein sur la question palestinienne, et la région de Damas se trouvait coupée de ses relations avec le sud. De plus, depuis 1948 les échanges économiques dynamiques ont disparu avec la Palestine et la sauvegarde de la vie économique de la région sud-ouest réside largement

25. D'après J.-P. Filiu, entretien.

26. Après l'installation des missiles syriens dans la Beqaa, I. Rabin déclara le 29 décembre 1985 que l'initiative syrienne représentait « une rupture des règles du jeu acceptées par les deux parties depuis 3 ans », *Le Monde,* 31 décembre 1985.

27. *Le Point,* 26 décembre 1983.

dans son ouverture sur sa façade occidentale avec Beyrouth. Coupée enfin de son accès vers le Liban-Sud via Quneitra après l'occupation du Golan, la Syrie se devait de renforcer son contrôle sur les axes traversant les chaînes du Liban à hauteur de Damas et Tripoli.

En l'absence de toute perspective de reconquête du plateau du Golan, la Syrie polarise donc ses efforts sur l'ouverture de son pays vers la mer plus que vers l'ancienne Palestine. D'aucuns à ce propos n'hésitent pas à présenter l'abandon de la souveraineté sur le Golan comme le résultat d'un marché entre Israël et le président Assad. Ainsi R. Eddé (libanais) dans un entretien à *Libération,* déclarait : « Lorsqu'Israël a annexé le Golan, Assad s'est contenté de renouveller le mandat des casques bleus présents sur sa frontière avec Israël. Or il aurait très bien pu le refuser et ouvrir un nouveau front sur le Golan. Il existe donc un accord tacite entre Israël et la Syrie. Israël veut une partie du Liban et est disposé en échange à céder la Beqaa, Tripoli et Akkar à la Syrie qui revendique ces régions[28]. »

Il est certain en effet que le manque d'agressivité de l'armée syrienne sur le front du Golan est un fait significatif depuis une dizaine d'années. La tension israélo-syrienne semble s'être déplacée du territoire occupé en 1967 — dont la limite nord marque une frontière directe et stabilisée par les forces des Nations unies — vers une frontière à l'intérieur du territoire libanais, plus mouvante et délimitant des zones d'influence où s'exercent les jeux inter-communautaires plus ou moins maîtrisés par les deux belligérants.

Au beau milieu de la zone de fluctuation de cette « ligne rouge », le Liban-Sud apparaît comme l'ultime aire de tensions entre Israël et le dernier Etat arabe « actif » du champ de bataille israélo-arabe.

28. 21 juillet 1982.

CHAPITRE 5

ISRAËL AU LIBAN-SUD : ANNEXION OU LÉGITIME DÉFENSE ?

Les motivations géopolitiques syriennes ont l'avantage de ressurgir de façon relativement claire dans les discours des dirigeants de Damas. En 1976 à Koweït, M. Khaddam, ministre syrien des Affaires étrangères, déclarait : « Le Liban demeurera un pays uni ou retournera à la Syrie de laquelle il a toujours fait partie[1]. » Ce qui, autrement dit, annonçait, après l'éclatement du pays en 1975, l'invasion syrienne de 1976 et une satellisation partielle du Liban faute d'unité et de souveraineté nationales.

Par contre, les déclarations publiques des responsables israéliens amènent à se poser la question de leurs véritables intentions quant au sort du Liban. Ainsi M. Begin, après une entrevue avec le président R. Reagan, le 21 juin 1982, affirmait qu'« Israël n'a pas envahi le Liban (...). On envahit un pays lorsqu'on veut l'annexer ou le conquérir en partie. Nous ne convoitons pas un pouce du territoire libanais[2] ». Quelques jours plus tard A. Sharon, ministre israélien de la Défense, exigeait un « statut spécial » pour le sud du pays à défaut d'un traité de paix [3].

La position du gouvernement israélien est aux yeux des dirigeants arabes parfaitement claire. C. Kibli, secrétaire général du conseil de la Ligue arabe réunie à Tunis en septembre 1984, estimait qu'« Israël prépare la voie à une annexion totale ou partielle qui amputera définitivement le Liban d'une partie de son territoire [4] ». Enfin le président A. Gemayel confiait quant à lui : « Nous devons craindre l'annexion d'une partie de notre territoire, à l'instar de ce qui se passe au Golan et en Cisjordanie[5]. »

Y a-t-il eu finalement tentative d'annexion du Liban-Sud de la part des Israéliens en 1982 ? Au-delà des impératifs de sécurité légitime, y a-t-il eu résurgence de la tentation sioniste d'étendre les limites du Grand Israël

1. Benassar : *op. cit.,* pp. 23-24.
2. Cité par Legrain (J.-F.) : *La guerre israélo-palestinienne, op. cit.,* p. 123.
3. I.F.P. : *Les crises du Liban, op. cit.,* p. 90.
4. *Le Monde,* 26 septembre 1984.
5. Entretien avec F. Chipaux, *Le Monde,* 14 février 1986.

jusqu'au fleuve Litani ? C'est la question principale que nous nous poserons dans l'analyse des agissements et des objectifs israéliens au Liban-Sud de 1982 à 1985.

1 - La tentation annexionniste

Le Liban-Sud territoire occupé

L'interrogation que nous avons formulée avait été soulevée dès 1976 à la Knesseth (parlement israélien) par un député du Moked, M. Païl. Celui-ci avait demandé à ses collègues si « le Liban était devenu un territoire occupé pour avoir droit aux services du gouvernement militaire[6] ». De fait cette année-là les responsables de l'aide aux chrétiens du Liban étaient d'une part le colonel A. Orly, coordonnateur des activités dans les territoires occupés, d'autre part le lieutenant-colonel A. Dan, gouverneur militaire du plateau du Golan. Mais l'engagement israélien au Liban-Sud en 1976-1977 ne relevait pas véritablement d'une logique annexionniste. Ce n'est qu'à la suite des préparatifs et de la réalisation de l'opération « Paix en Galilée » que la question pouvait légitimement être énoncée.

Même si elles ont été mineures en regard de l'occupation qui allait suivre, des rectifications « physiques » de frontière avaient été observées en mai 1982 par des journalistes européens. E. Jarry rapportait alors que des militaires israéliens posaient des barbelés à l'intérieur du territoire libanais afin « d'annexer des positions stratégiques[7] » sur les premières collines de haute Galilée. D'autre part on notait avec appréhension dès les débuts de l'invasion de juin la progression de bulldozers de l'armée israélienne aux côtés des chars dans la région de Marjayoun, dans le prolongement du doigt galiléen. Mais les marquages visibles sur le terrain d'une éventuelle annexion ne peuvent à eux seuls permettre de tirer des conclusions. C'est plutôt dans l'organisation de la présence israélienne au Liban-Sud que se trouvent les signes les plus tangibles de l'occupation durable.

Sur le plan administratif, on apprenait en juin 1982 la nomination de gouverneurs militaires israéliens dans les principales agglomérations du Sud et, à la fin de 1982, l'installation par le ministère de l'Intérieur israélien d'antennes de son administration à Nabatieh, Saïda, pour la délivrance d'autorisations d'entrée en Israël[8]. Les fonctionnaires du ministère de la Défense avaient d'autre part très tôt mis en place un système pénitentiaire composé de lieux de détention en territoire libanais — dont le principal fut le fameux camp d'Ansar renfermant plusieurs milliers de prisonniers libanais et palestiniens — et de quatre centres d'interrogatoire[9].

En fait, dès 1982 et de façon accentuée à partir de 1983, le Liban-Sud prend des allures de territoire occupé sous contrôle israélien. Si l'on emploie par analogie le terme de « cisjordanisation » pour décrire les modalités d'application de la loi israélienne au Liban-Sud, c'est non pas par excès de

6. Cité par Kapeliouk (A.) : *Le rôle multiple..., op. cit.*, déc. 1976.
7. Jarry (E.) : *Sud-Liban, le face à face, op. cit.*, mai 1982.
8. Legrain (J.-F.) : *La guerre israélo-palestinienne, op. cit.*, p. 104.
9. Nabatieh, Mar Elias, Tyr, Jabal Safi, *Le Monde*, 20 septembre 1984.

langage mais parce que les moyens mis en œuvre au Liban-Sud ont aussi effectivement un caractère économique et social que l'on retrouve dans l'occupation de la Judée-Samarie.

Israël et l'économie du Liban-Sud

Si les phénomènes politiques et militaires ont été mis en avant dans la « couverture » médiatique des événements du Liban, il n'en reste pas moins que le poids et les conséquences économiques de l'invasion du 6 juin 1982 ont joué un rôle important dans la stratégie israélienne de contrôle du Liban-Sud. Les processus économiques mis en mouvement par l'occupation israélienne ont répondu à deux objectifs : la destruction de l'économie locale sud-libanaise d'une part, la création d'une zone orientée dans ses échanges non plus avec le nord du Liban et le pôle beyrouthin, mais avec Israël d'autre part.

• *La destruction de l'économie locale*

Les dégâts occasionnés par l'opération « Paix en Galilée » ont été évalués, le 2 décembre 1982, à 1,9 milliard de dollars par le Conseil du développement et de la reconstruction [10]. L'armée israélienne a procédé à des destructions massives pendant et après l'invasion. Les installations pétrolières de Zahrani ont été bombardées, de nombreuses industries détruites au Liban-Sud et à Beyrouth, l'agriculture a été sévèrement touchée. Jusqu'alors « relativement épargné au cours des dernières années de troubles[11] », le secteur agricole a vu sa production diminuer et son taux de chômage augmenter. Deux cent hectares de vergers ont été détruits par les Israéliens pour des raisons de sécurité [12]. Lors de représailles économiques, l'armée israélienne a brûlé 2 500 hectares de blé dans la Beqaa ouest, d'après l'Union des agriculteurs libanais. D'autre part, la fuite des habitants devant l'avancée de Tsahal a provoqué, comme en mars 1978, un abandon massif des terres, annulant de nombreuses récoltes d'olives et d'autres cultures [13]. Ainsi, en 1983, les dégâts dans l'agriculture libanaise étaient estimés à 153 millions de dollars [14]. Enfin, pour ne plus citer qu'un exemple, les pêcheurs de Tyr, Sarafand et Saïda ont reçu l'ordre de ne pas dépasser un périmètre de 5 kilomètres autour de leur port d'attache.

Dans le domaine social, l'évolution de la situation apparaît catastrophique. Le taux de chômage dans l'agriculture est passé, selon un expert agronome de Saïda, de 5 % à 35 % de la population des suites de l'invasion [15]. D'après la chambre de commerce et d'industrie de Saïda, ce sont quelque

---

10. Kassir (S.) : *Chronique..., op. cit.*, p. 19, été 1985. Le P.I.B. libanais était estimé en 1982 à 1,68 milliard de dollars, cf. *l'Etat du Monde,* 1983, *op. cit.*, p. 374.
11. *Commerce du Levant,* 22 août 1983, p. 9.
12. *Le Monde,* 21 septembre 1984.
13. Document diffusé par l'archevêché de Saïda, *op. cit.*, 1985, p. 3.
14. *Commerce du Levant, ibid.*
15. *Le Monde,* 21 septembre 1984.

120 000 employés de l'industrie qui travaillent désormais à 30 % de leur capacité tandis que le taux de chômage s'élèverait à 40 %[16].

La volonté délibérée de destruction du potentiel économique sud-libanais dès l'été 1982 semble constituer l'application d'une stratégie commerciale de grande envergure mise au point par l'Etat hébreu, et ce dès 1969.

• *Le marché commun israélo-arabe*

Après la victoire de la guerre des Six jours et l'occupation de nouveaux territoires, la question se posait de l'intégration de l'Etat d'Israël à l'ensemble du Proche-Orient en termes politiques mais aussi économiques. Une partie de l'establishment israélien estima à l'époque qu'il fallait échanger les territoires contre un règlement « qui ferait tomber les murs du ghetto tout en ouvrant le hinterland arabe à l'économie israélienne[17] ». Plutôt que la création d'une union israélo-jordanienne, il s'avérait préférable aux yeux des modérés de « favoriser celle d'un marché commun proche-oriental qui inclurait pour commencer Israël, la Jordanie réunifiée et le Liban[18] ».

Ainsi lorsque de juillet 1982 à juin 1983 Israël déverse quelque 150 millions de dollars de marchandises au Liban-Sud, est-ce essentiellement le monde arabe qui est visé, dans la mesure même où le Liban constitue une plaque tournante des trafics et des relations import-export au Proche-Orient. Comme le notait I. Klich en novembre 1983 : « L'intérêt des échanges commerciaux avec le Liban tient au fait que ce pays offre aux produits israéliens une précieuse voie d'accès à d'autres marchés arabes (...). Les deux tiers des exportations libanaises étant destinés au monde arabe, les occasions offertes aux exportateurs israéliens sont supérieures à celles qu'ils auraient pu attendre de leur pénétration en Cisjordanie ou en Egypte[19]. » De fait, les 150 millions de dollars de marchandises exportées vers le Liban sont à rapprocher des 21 millions de dollars de biens écoulés vers l'Egypte en 1982 [20]. Avant même l'invasion de juin 1982, les Israéliens avaient utilisé leur contrôle sur la bande frontalière du commandant Haddad pour vendre quelque 400 000 dollars mensuels de marchandises aux négociants libanais du Liban-Sud.

Mais la stratégie de conquête commerciale tournera court assez rapidement. D'une part parce que dès 1984 l'Arabie Saoudite décide de boycotter les produits agricoles en provenance de la zone du Liban occupée par Israël [21], d'autre part parce que l'économie israélienne apparaît trop faible pour soutenir sur une longue période l'approvisionnement du nouveau marché en produits israéliens. En 1983, l'économie israélienne « enflée et déficitaire » a de plus en plus de mal à soutenir son dumping sur les fruits et légumes qui

---

16. Filiu (J.-P.) : Les phases de la répression..., *op. cit.*, p. 76.

17. Rouleau (E.) : *Les Palestiniens, op. cit.*, pp. 24-25.

18. *Ibid.*

19. Klich (I.) : « Israël souhaite maintenir ses liens commerciaux avec le Liban (nouvelle étape dans la pénétration des marchés arabes) », *Le Monde Diplomatique*, novembre 1983.

20. D'après M. Semadar, directeur du commerce international au ministère israélien du Commerce et de l'Industrie, sources F.M.I., *Le Monde Diplomatique*, novembre 1983.

21. *Le Monde*, 24 juin 1984.

affluent au Liban [22]. De plus, et malgré quelques exceptions [23], les produits introduits au Liban-Sud via Israël sont dans une très faible proportion de fabrication israélienne, ce qui permet de penser que l'Etat hébreu a plus détourné une partie du volume des importations libanaises vers le nord de son territoire qu'envahit le marché du Liban avec ses propres produits. A ce titre, le recentrage vers le nord d'Israël des échanges à destination du Liban-Sud constituerait la concrétisation du deuxième volet de l'offensive économique israélienne au Liban : la réorientation des activités et des relations commerciales du Liban-Sud vers la Palestine après 40 années de cloisonnement total entre ces deux espaces ; une certaine normalisation de la présence israélienne au Liban-Sud.

• *La ré-orientation des courants commerciaux*

Le relâchement des liens séculaires du Liban-Sud avec la Montagne, tel est le but israélien. Pour y parvenir, deux moyens seront utilisés : la fermeture du passage permettant l'acheminement des hommes et des marchandises vers le nord du Liban ; l'incitation aux échanges avec le nord de l'Etat d'Israël.

Lorsque les forces armées israéliennes se redéploient au sud de Beyrouth en 1983, c'est pour s'ancrer fermement sur la nouvelle ligne militaire qui court du fleuve Awali au lac Qaraoun dans la Beqaa (cf. planche 19). Au cours de l'année suivante cette ligne est rendue de plus en plus hermétique aux infiltrations et déplacements. Contrôlant tous les axes routiers qui mènent vers le nord du Liban et la capitale, les Israéliens possèdent un moyen de pression économique considérable. A Bater, unique point de passage subsistant entre le sud et le reste du pays [24], les camions, principal moyen de transport de marchandises avec les bateaux, doivent attendre plusieurs jours l'autorisation de traverser et paient 500 livres libanaises par jour d'attente, « ce qui a pour effet de multiplier par 6 le coût du transport[25] » et donc le prix de revient du produit qui perd ainsi toute espèce de valeur concurrentielle face aux produits importés d'Israël. Lorsque le passage de Bater est fermé pendant trois jours du 19 au 21 août 1984 pour permettre le renforcement des dispositifs de contrôle « afin d'empêcher l'infiltration d'éléments hostiles », les observateurs libanais pensent que la fermeture risque de porter un coup fatal au commerce entre le reste du pays et le sud du Liban « déjà touché par les restrictions imposées progressivement par les Israéliens[26] ».

Le « verrouillage » du Liban-Sud s'applique également à la circulation des personnes, mais de manière sélective. « Le Liban-Sud est devenu une vaste prison », déclare un commerçant de Tyr, « la seule différence c'est qu'il

22. Ibrahim (A.H.) : « L'effervescence minoritaire... », *Esprit*, mai-juin 1983, *op. cit.*, p. 154.

23. Les Israéliens ont réquisitionné la chaussée à Saïda pour permettre l'exposition de maisons préfabriquées « made in Israël », in *P.P.S.* n°s 472-473, *Le Liban après huit ans de guerre*, octobre 1983, 64 p., La Documentation Française, p. 44.

24. *Le Monde*, 29-30 avril 1984 et aussi Chipaux (F.) : « Le Liban-Sud encagé », *Le Monde*, 20-21-22 septembre 1984.

25. Kassir (S.) : « L'élan de la résistance dans le sud du Liban », *Le Monde Diplomatique*, octobre 1984.

26. *Le Monde*, 22 août 1984.

est plus facile d'en sortir que d'y entrer[27]. » La « geôle » prive de liberté l'ensemble des habitants du Liban-Sud mais les « conditions de détention » sont assouplies pour les chrétiens. Alors que les musulmans doivent impérativement emprunter la voie terrestre pour se rendre vers le nord, les chrétiens sont autorisés à utiliser la voie maritime, plus onéreuse mais plus sûre, qui relie les ports sous contrôle de l'A.L.S. au sud (Naqoura) aux ports du secteur chrétien tels Jiyeh, Beyrouth (5e bassin), Jounieh. Dans ses implications, la discrimination confessionnelle illustre la politique de la « bonne frontière » poursuivie par Israël en termes économiques. Dès 1976, nous l'avons vu, des mouvements migratoires ont lieu entre le nord d'Israël et les villages libanais frontaliers. A l'époque, le poète H. Gouri affirmait que « l'emploi de la main d'œuvre libanaise en Israël est un événement historique[28] ». Une enquête israélienne sur le chômage des villages maronites avait alors révélé que 300 Libanais de cette confession travaillaient en Israël dans le reboisement, le textile, etc. A la fin de 1976 encore, Israël achetait une partie de la récolte de tabac des paysans du Sud, vendait des produits de première nécessité et ouvrait une succursale bancaire. De juin à décembre 1982, ce sont quelque 11 000 Libanais qui se sont rendus en Israël, « la libre circulation des personnes et des biens n'attendant pas la conclusion d'un traité de paix[29] ». Avant même la proclamation par Israël de l'ouverture de sa frontière avec le Liban en novembre 1982, les mouvements migratoires de travail nord-sud et les visites sud-nord avaient déjà débuté : le 29 juillet 1982, le gouvernement libanais réagissait avec vigueur pour dénoncer l'organisation de visites touristiques israéliennes au Liban-Sud[30].

Depuis 1982, si « l'ouverture » de la frontière qui reste étroitement surveillée est réalisée pour les hommes, elle tente surtout de s'imposer pour les capitaux et les marchandises. Après le bâton militaire, la carotte financière. En 1984, Israël a institué deux zones franches plus ou moins officielles et reconnues. Celle de Haïfa d'abord, mise en place par G. Patt, le ministre israélien du Commerce et de l'Industrie ; elle consiste, tout en exemptant les importateurs libanais des frais de douane habituels, à faire payer une taxe de 1 % sur les marchandises européennes vendues au Liban via Israël. Ces conditions de faveur, destinées à canaliser le commerce extérieur libanais vers la Galilée, contentent tout le monde : même avec une taxe de 1 %, les produits importés restent très concurrentiels sur le marché beyrouthin et il en coûte peu en définitive aux importateurs. De plus, les sommes collectées sont d'un grand secours pour Israël puisqu'elles permettent de financer les milices qu'il contrôle[31] notamment l'A.L.S. La seconde zone franche située à la frontière israélo-libanaise représente pour l'armée du Liban-Sud un revenu supplémentaire. A Naqura, bourgade encadrée et défendue par les hommes de Lahad, la contrebande de produits israéliens « products of Lebanon » permet, avec la bénédiction des autorités israéliennes, la diffusion de marchandises boycottées par les pays arabes et alimente les caisses de l'allié le plus sûr d'Israël au Liban-Sud.

---

27. Propos recueillis par Chipaux (F.), « Le Liban-Sud encagé », *op. cit.*

28. Kapeliouk (A.) : *le rôle multiple..., op. cit.*

29. Kassir (S.) : « Le Liban dans l'attente de l'après-guerre :, *Le Monde Diplomatique,* février 1983.

30. In *Maghreb-Machrek,* nº 98, p. 73.

31. *Le Monde,* 21 septembre 1984.

Lors de la fermeture totale de la zone occupée à Bater, l'on pouvait craindre au Liban l'extension de la zone franche israélienne et la destructuration complète des circuits économiques du Liban-Sud. Le retrait israélien en 1985 n'a pas permis la réalisation de ce qui apparaissait comme une tentative d'« annexion économique », c'est-à-dire le contrôle des mécanismes économiques par la mainmise sur les circuits bancaires et commerciaux à la manière de ce qu'a effectué en Cisjordanie le gouvernement israélien.

A travers la nomination de gouverneurs militaires, l'instauration d'un système répressif, le contrôle des déplacements de populations, la destruction des rouages économiques autochtones parallèlement à l'inondation de la région par des produits israéliens ou issus de circuits extérieurs au Liban accentuant la dépendance économique quotidienne de la population, l'Etat israélien était-il en passe, en 1983-1984 d'instaurer au Liban-Sud une « nouvelle Cisjordanie[32] » ?

Le caractère particulier de la guerre israélienne au Liban et la virulence de la résistance libanaise n'ont en tout cas pas permis l'approfondissement de la logique annexionniste.

La Résistance Nationale Libanaise (R.N.L.) : L'échec du processus annexionniste

Six mois après la dernière étape du retrait officiel israélien du Liban-Sud, le journal libanais en langue française *l'Orient le jour* parlait du Sud comme d'« un plat de résistance active qu'Israël n'arrive pas à digérer[33] ». Il exprimait ainsi la relative impuissance de l'invincible Tsahal face aux actions de guérilla et aux opérations suicides menées par la Résistance nationale libanaise depuis 1982.

L'engagement de plus en plus violent et déterminé des populations du Sud contre l'armée israélienne (cf. 2e partie) fut quelque peu inattendu pour cette dernière. Le 17 février 1985, Z. Schiff écrivait dans *Haaretz :* « Pourtant, à leur arrivée, les soldats de Tsahal furent reçus par des saluts de bienvenue et on a lancé du riz en signe de joie[34] ». Mais les actions de représailles contre les premiers attentats et le cycle résistance-répression-résistance ont eu vite fait de retourner l'ensemble de la population en majorité chiite contre l'occupant. Entrés triomphalement comme « libérateurs » au Liban-Sud en juin 1982, les Israéliens en repartiront sous la menace terroriste chiite comme des oppresseurs et envahisseurs dont plus personne ne désire la présence. Et la résistance promettait d'être rude : « Si Israël ne quitte pas le Liban-Sud maintenant, il devra affronter une opposition chiite bien plus forte que celle dont les Palestiniens ont fait montre par le passé » déclarait un dirigeant d'Amal au journal *Yediot Aharonoth,* le 9 mars 1984 [35]. « Notre guerre aura une portée bien plus grande que celle des Palestiniens et nous la ferons sans leur aide. » En définitive Israël, en voulant chasser la menace terroriste palestinienne du Liban-Sud, s'est trouvé nez à nez avec une menace terroriste chiite déterminée qu'il avait contribué à engendrer.

---

32. Aronson (G.) : « Les Israéliens peuvent-ils renoncer à un contrôle direct du Sud-Liban ? », *Le Monde Diplomatique,* mai 1984.
33. *L'Orient le Jour,* 15 décembre 1985.
34. Cité par Halévi (I.) : « Israël dans le bourbier libanais », *R.E.P.,* nº 16, été 1985, pp. 87-120, p. 116.
35. Cité par Aronson (G.) : *op. cit.*

De septembre 1982 à juin 1985 les forces armées israéliennes n'auront pratiquement pas connu de répit et c'est à un véritable harcèlement qu'elles ont du faire face. En février 1985 la résistance libanaise annonçait avoir commis quelque 1 490 attentats anti-israéliens dont 1 012 au Liban-Sud, ce qui représente une moyenne d'au moins un attentat par jour pendant presque 3 ans [36]. Il faut remarquer cependant que la pression exercée sur l'occupant n'est pas d'intensité constante. Ainsi 82 attentats ont été perpétrés entre le 4 septembre et le 31 décembre 1983 (soit moins d'une opération quotidienne) alors qu'entre avril et juillet 1984 on comptabilisait 250 opérations (deux par jour) et dans le seul mois de février 1985, 140 attentats représentant 5 opérations quotidiennes. L'augmentation du nombre des actions de guérilla n'est pas fortuite : elle correspond aux retraits successifs de l'armée israélienne à partir de son point maximal de progression atteint en territoire libanais (cf. planche 20).

En se redéployant au sud du Chouf en septembre 1983 sur la ligne Awali, l'armée israélienne contrôle 27 % du territoire libanais, soit 2 800 km². Janvier 1985 marque le début de la première phase du retrait prévu dans le plan d'évacuation totale adopté quelques jours plus tôt. Après s'être retirées de la plaine côtière au nord de Saïda et de la ville elle-même, le 16 février 1985, les troupes israéliennes se replient sur un territoire de 2 300 km² comprenant une population à 55 % chiite. La deuxième phase du retrait a lieu avec un mois d'avance en avril 1985. L'évacuation du secteur central, le 11 avril, permet aux troupes israéliennes de se dégager d'une zone où la R.N.L. s'est montrée très active : il s'agit du secteur de Nabatieh qui recouvre 300 km ² et dont le peuplement est composé à 95 % de chiites. Le 24 avril s'effectue le retrait du secteur nord-est représentant 8 % du territoire libanais autour de Jezzine, du lac de Qaraoun et du mont Barouk. L'armée israélienne qui devait également se retirer de la ville de Tyr lors de cette deuxième phase se maintient dans ce caza. Le « triangle de fer » que forment les villages chiites situés à l'est de la ville [37], constitue un centre très actif de la résistance et Israël se doit d'évacuer la région en prenant toutes les précautions nécessaires. En novembre 1982, Tsahal avait payé un lourd tribut à son occupation du Liban-Sud : un attentat de la R.N.L. contre le quartier général israélien à Tyr faisait 75 morts. Cependant l'évacuation de Tyr a bien lieu, le 29 avril, et les troupes israéliennes se replient dans la zone de sécurité de 850 km ² qui longe la frontière israélo-libanaise [38]. Enfin en juin 1985, Tsahal quitte officiellement le Liban. En fait, comme nous le verrons plus loin, des soldats israéliens restent présents dans la bande frontalière.

Aux yeux des Libanais du Liban-Sud, et plus particulièrement de la résistance, le retrait israélien représente un immense succès puisque pour la première fois il s'agit bien d'un recul de la puissante armée israélienne face à la volonté et grâce au sacrifice d'une nation arabe. En fait, l'échec de l'occupation israélienne en terme militaire va au-delà de la simple notion stratégique. Certes il est d'abord incontestable que Tsahal est apparue parfaitement inapte à juguler les opérations de guérilla et à maîtriser l'enchaî-

---

36. *Le Monde*, 20 février 1985.
37. Notamment Deir Qanoun, Maaraké, Toura, Borj Rahal, Bidias, Borj Chemali, Bazouriyé.
38. Chronologie élaborée à partir des numéros de janvier, février, mars, avril du journal *Le Monde*.

nement de répression et de violence qui en a résulté. Face aux blindés et à l'armée régulière, la R.N.L. a opté non pas pour la confrontation de face mais pour un harcèlement continu jouant autant sur des facteurs psychologiques que sur les rapports de force militaires.

Mais le repli précipité et peu glorieux de l'armée israélienne hors du Liban tient à d'autres facteurs liés à l'opinion publique israélienne et aux motivations particulières de l'opération « Paix en Galilée ». En premier lieu, il n'y a jamais eu de réel consensus national en Israël sur l'initiative de M. Begin. Et dès les massacres de Sabra et Chatila, une partie de l'opinion publique mettait en cause la légitimité de l'invasion du territoire libanais et des procédés brutaux et expéditifs du général A. Sharon. En second lieu, le lourd tribut israélien — quelque 600 morts — payé lors de l'occupation du Liban-Sud et la naissance d'une nouvelle menace liée au terrorisme chiite n'ont pas peu contribué à inquiéter les partisans les plus farouches de l'invasion comme les juifs sépharades de la Galilée septentrionale. Un membre du kibboutz de Rosh Hanikra déclarait le 23 mai 1984 dans *Kotereth Rashit :* « Tsahal a réussi à nous faire haïr par les chiites du Liban et ça nous coûtera cher[39]. »

Les divisions et les tiraillements de l'opinion publique israélienne ont également mis en évidence le caractère spécifique de l'invasion du 6 juin. Contrairement aux autres guerres livrées par l'Etat d'Israël, le conflit du Liban est plus apparu comme une authentique offensive que comme une réaction d'auto-défense face à une agression d'un Etat arabe hostile. En prenant l'initiative militaire sans réelle provocation de la part de l'Etat libanais, M. Begin plaçait son pays sous les foudres d'une opinion mondiale et israélienne qui mettait en doute la légitimité de son action et condamnait l'hégémonisme de l'Etat juif et ses prétentions territoriales abusives.

Enfin, il était devenu clair que l'invasion du Liban-Sud résultait tout autant de mobiles politiques que d'une nécessité militaire. La menace palestinienne n'apparaissait pas plus importante en 1982 qu'en 1981 où fut accepté un cessez-le-feu par l'O.L.P. et Israël, et la mise en place du plan de M. Begin, quant au processus d'autonomie cisjordanien, semblait bien être la motivation principale de l'Etat-major israélien [40]. « Celui qui met les pieds au Liban s'y enlise » déclarait I. Rabin, ministre israélien de la Défense, le 14 février 1985 [41]. Le bourbier est apparu d'autant plus profond que les soubassements ont eux-mêmes manqué de stabilité et d'appuis.

2 - Israël à la recherche de la sécurité sur sa frontière nord

Si l'opinion israélienne a jugé de façon de plus en plus négative l'occupation par Tsahal du Liban-Sud et les procédés utilisés pour s'en assurer le contrôle militaire, l'impératif de la sécurité frontalière est resté, quant à lui, un objectif largement partagé. L'invasion sous cet angle pouvait être justifiée dans la mesure où elle était susceptible d'apporter la paix avec l'Etat libanais voisin, faisant décroître la tension israélo-arabe sur le front nord après les

39. Cité par Halevi (I.) : Israël dans le bourbier libanais, *op. cit.*, p. 111.
40. *Le Monde,* 15 janvier 1985.
41. *Le Monde,* 17-18 février 1985.

accords de Camp David qui l'avaient abaissée aux frontières méridionales d'Israël.

Les négociations israélo-libanaises

Dans la perspective d'un renforcement de la sécurité sur son front septentrional, l'Etat hébreu, à côté de l'élimination de la présence palestinienne et de l'éloignement de la menace syrienne, a intégré dans ses objectifs la restauration d'un Etat libanais fort. Celui-ci, formé autour du noyau phalangiste dirigé par B. Gemayel, devait être capable d'assurer le contrôle policier et militaire du Liban-Sud après avoir signé un traité de paix avec Israël mettant fin à l'état de guerre entre les deux pays.

L'occupation du territoire libanais relevait en définitive d'un chantage à la signature d'arrangements de sécurité. Sans traité de paix, entendait-on dire dans les cercles proches du général Sharon, l'initiateur de l'opération, « l'armée israélienne restera au Liban-Sud. La Syrie restant dans la vallée de la Beqaa, Gemayel se retrouvera alors président de la région de Beyrouth[42] ». L'assassinat le 14 septembre 1982 du président nouvellement élu et sur la personne duquel s'était formé un consensus au sein de la population libanaise n'a pas fondamentalement modifié l'optique israélienne. Les buts de Jérusalem et les moyens pour les atteindre étaient clairs : il fallait s'efforcer de chercher avec l'Etat libanais des accords de sécurité au Liban-Sud, à défaut de quoi Israël se réserverait le droit de mettre en place son propre système de défense à l'aide de son armée d'une part, de ses alliés locaux d'autre part.

Les premières discussions tripartites libano-israélo-américaines ont eu lieu à Khaldé au Liban, du 28 au 30 décembre 1982. Elles ont conduit à la signature de l'accord israélo-libanais du 17 mai 1983, approuvé par la Knesseth et le parlement libanais quasi unanime. Ce projet prévoyait en annexe des arrangements de sécurité qui précisaient à l'intérieur d'une zone de sécurité les caractéristiques des forces autorisées. Seules l'armée libanaise, la police libanaise et les Force de sécurité et auxiliaires (ANSAR) « organisées sous la pleine autorité du gouvernement du Liban[43] » pouvaient y circuler. Mais le comité des arrangements pouvait approuver le stationnement dans la région de sécurité d'autres éléments armés officiels libanais. Enfin, l'armée israélienne s'engageait « à retirer toutes ses forces armées du Liban » conformément à l'annexe du présent accord. Effectivement, en septembre 1983, les forces israéliennes effectuèrent leur premier repli, s'éloignant du Chouf et de la banlieue sud de Beyrouth, mais conservant la zone du mont Barouk. La nouvelle ligne israélienne s'établissait sur le fleuve Awali.

L'accord du 17 mai 1983 est vite apparu inapplicable. La Syrie, qui qualifiait le projet de « contrat de soumission », a fait pression sur les chrétiens pour les ramener dans son giron et les maintenir sous sa seule influence. D'autre part, certaines factions libanaises se sont opposées vigoureusement au redéploiement des brigades désormais confessionnalisées de l'armée libanaise sur les territoires évacués par l'armée israélienne. Ainsi du chef druze W. Joumblatt, le 7 janvier 1984, qui réfutait la légitimité de la présence d'une brigade chrétienne dans son fief. Enfin Tsahal, face à la recrudescence

42. Cité par Kapeliouk (A.) : *Enquête sur un massacre, op. cit.*, p. 16.

43. Cf. texte intégral de l'accord dans *Documents d'Actualité Internationale,* Paris, la Documentation Française, nº 16, 15 août 1983.

des attentats, se maintenait difficilement sur ses positions et menaçait de se retirer sans accords de sécurité, laissant le pays dans l'anarchie et la violence.

Le 5 mars 1984, le président A. Gemayel abrogeait l'accord du 17 mai 1983 et autorisait le 6 mars le gouvernement à engager une nouvelle négociation avec Israël pour définir de nouveaux arrangements de sécurité. La Syrie semblait dès lors maîtriser la situation : le 30 septembre 1984, un porte-parole du gouvernement israélien annonçait qu'Israël n'exigeait plus le retrait des troupes syriennes pour évacuer le Liban. Le 1er novembre, le vice-président syrien M. Khaddam déclarait : « La Syrie a donné son accord à des négociations militaires libano-israéliennes sous l'égide des Nations unies » pour aboutir à des accords de sécurité. Ainsi, le 8 novembre 1984 s'ouvraient à Naqoura les négociations libano-israéliennes sur le retrait israélien du Liban-Sud.

Les discussions n'ont pas été faciles. Le désaccord était profond sur le rôle assigné à chaque force présente au Liban-Sud. Les sessions successives des pourparlers de novembre 1984 à janvier 1985 ont montré combien les exigences des deux parties sur ce sujet étaient diamétralement opposées. Les difficultés portaient essentiellement sur le rôle de la F.I.N.U.L. qu'Israël désirait voir prendre possession de tous les territoires libérés par ses troupes. En fait, les Israéliens mettaient fortement en doute la capacité de l'armée libanaise d'assurer la sécurité du Liban-Sud ; ils proposaient donc le stationnement de 10 000 hommes de la force intérimaire entre l'Awali et le Zahrani et celui de l'A.L.S. — transformée en brigade territoriale et assurant les tâches de sécurité — entre la frontière internationale et le Zahrani[44]. R. Karamé, le Premier ministre libanais, s'opposait au déploiement de la F.I.N.U.L. au nord du fleuve Litani s'il était dicté par Israël, l'implantation des casques bleus pouvant cautionner la partition du pays. En outre, il refusait toute prise en compte de l'A.L.S. créée et financée par les israéliens : d'après le journal *Le Monde*, un officier libanais plénipotentiaire aurait déclaré que l'armée du Liban-Sud était une « organisation armée illégale[45] ».

Finalement, lorsque le ministre de la Défense israélien a présenté, le 13 janvier 1985, le scénario du retrait de l'armée israélienne, il semble bien que Jérusalem avait depuis longtemps abandonné toute tentative d'accord avec le gouvernement libanais concernant la zone frontalière : c'est dont leur propre système de sécurité que les Israéliens ont tenté de mettre sur pied.

Le système de sécurité israélien au Liban-Sud

Le dispositif s'articule autour de trois axes principaux : maintien officieux d'une présence militaire israélienne dans la zone de sécurité, mise en place de milices locales, enfin appui financier et militaire à l'A.L.S. du général Lahad.

44. *Le Monde*, 1er décembre 1984.

45. *Le Monde*, 17 novembre 1984 ; sur les trois « non » de R. Karamé aux propositions israéliennes, cf. *Le Monde*, 22 décembre 1984.

• *Les milices*

Dès le déploiement des hommes de l'A.L.L. sur les traces de Tsahal en 1982, Israël commence à constituer des ligues de villages baptisées « gardes nationales[46] ». Selon I. Rabin, cette force locale doit être organisée « selon l'appartenance religieuse, les chiites dans les zones chiites, les chrétiens dans les zones chrétiennes, les druzes dans les zones druzes[47] ». Dès le 22 octobre 1982, l'hebdomadaire de l'armée israélienne indique que des milices druzes sont formées dans la région de Hasbaya par des officiers druzes israéliens pour défendre les villages [48]. Si l'initiative remporte un certain succès au sud-est du Liban contigu au plateau du Golan où vivent quelques milliers de druzes, elle subit un relatif échec en zone chiite. Un embryon d'armée chiite se forme dans la ceinture de sécurité et dans la zone de la F.I.N.U.L., mais au nord du Litani l'échec est patent. Dans les cantons de Nabatieh et Zahrani, seules 3 ligues sont mises en place sur un total de 89 villages [49]. En fin de compte, les milices locales ne compteront, en mai 1985, que 450 soldats, répartis en groupes de 12 à 24 [50]. Leur rôle est pour l'essentiel préventif : « Nous ne leur demandons pas de défendre Israël. Ils doivent seulement savoir que si des actions hostiles ont lieu, ils en seront les premières victimes », expliquait I. Rabin en mars 1985. « Mieux vaut qu'ils protègent leurs villages contre l'entrée d'éléments décidés à combattre Israël[51]. » Surveiller les allées et venues à l'entrée des bourgades et dévisager les étrangers sont donc les tâches assignées aux miliciens des gardes nationales. Comme l'explique l'un d'eux, « notre rôle est d'espionner ce qui se passe et d'informer les services de renseignements du comportement des habitants[52] ». L'échec de la mise en place des forces locales par les Israéliens à partir des clivages confessionnels s'explique par la menace de la résistance libanaise dont un des objectifs est l'élimination physique des « collaborateurs », par la précarité du statut de garde civil par rapport aux autres forces en présence et surtout par l'attrait que représente pour ceux qui ont décidé d'aider les Israéliens, l'A.L.S., au sein de laquelle l'armement et l'entraînement sont supérieurs en qualité et la rémunération plus importante [53].

• *L'armée du Liban-Sud*

Fondée le 3 avril 1984 par le général Lahad qui remplace le commandant Haddad décédé à la tête de l'armée du Liban-Libre, l'A.L.S. est le principal allié d'Israël à l'intérieur de la ceinture de sécurité que représentent les 250 km² de l'ancien « Liban-Libre » crée en 1979. Pour les Israéliens cette armée de quelque 2 000 hommes est en quelque sorte la « brigade territo-

46. Filiu (J.-P.) : les phases de la répression israélienne, *op. cit.*, p. 69.
47. *Le Monde*, 1er juin 1985.
48. Kassir (S.), Chronique..., *op. cit.*, p. 20.
49. *Ibid.*, p. 17.
50. *Le Monde*, 26-27 mai 1985.
51. *Le Monde*, 23 avril 1985.
52. *Le Monde*, 8 juin 1985.
53. 1750 livres libanaises contre 1250 aux milices locales, d'après *Le Monde*, 8 juin 1985.

riale » qui, d'après les termes de l'accord du 17 mai 1983, devait prendre en charge la sécurité dans la région méridionale. Le rôle qui lui est attribué consiste officiellement à organiser des opérations en dehors des villages : barrages routiers, perquisitions, arrestations éventuelles [54]. Ces « unités mobiles[55] » possèdent des centres d'interrogatoires (notamment à Khyam) [56] et des camps d'entraînement (à Majdyié, aux pieds du mont Hermon) encadrés par des officiers de renseignements israéliens. La force est financée par les Israéliens ainsi que par les ressources tirées du port de Naqoura ouvert en mai 1985 et aménagé par une société israélienne pour compenser la perte du port de Saïda après le retrait de Tsahal de la ville. L'A.L.S. perçoit d'autre part un impôt de 2 % sur le revenu des habitants de la zone tampon et une taxe sur les marchandises et les diverses formalités administratives [57]. Sa composition est variable : formée à sa création de chiites et de chrétiens, elle est devenue dès 1984 essentiellement chrétienne du fait de la désertion massive des chiites sous la pression du mouvement Amal et du Conseil supérieur chiite d'un côté, de la R.N.L. de l'autre. Au 1er mars 1985, l'A.L.S. comprenait 1 500 hommes dont 350 chiites et 80 sunnites. Un tiers de ses soldats étaient issus des rangs des Forces libanaises [58]. En fait peu nombreuse, cette force financée, armée, conseillée par des officiers de Tsahal est pourtant une des pièces maîtresses du dispositif de sécurité élaboré par Israël après son « demi-retrait » du Liban-Sud.

• *La présence israélienne au Liban-Sud après le retrait de juin 1985*

Personne parmi les nombreux observateurs de la situation au Liban-Sud ne pensait réellement que l'évacuation israélienne de juin 1985 serait totale. Investie aux côtés de l'A.L.S., l'armée israélienne, sous peine de faire s'écrouler l'édifice de surveillance et de dissuasion créé autour des hommes de Lahad, ne pouvait quitter définitivement la zone de sécurité et les régions limitrophes. Dans un reportage pour l'hebdomadaire *Newsweek* en décembre 1985, R. Norland estimait la présence israélienne à environ 1 000 soldats [59]. Un mois auparavant l'Agence nationale d'information (libanaise) révélait que des blindés israéliens avaient pris position sur les collines de Sejod et Aychieh (à la limite de la zone de sécurité) qui surplombent les régions de Jezzine et Nabatieh (cf. planche 21). L'agence notait : « Il s'agissait de la plus importante opération de déploiement des forces israéliennes depuis leur retrait factice du Liban-Sud[60]. » L'incursion de novembre 1985 était loin de n'être qu'une énième opération de représailles contre certains villages chiites considérés comme des noyaux durs par les militaires israéliens. Elle s'inscrit

---

54. *Le Monde,* 26-27 mai 1985.
55. L'A.L.S. dispose d'« unités blindées » dont le Q.G. se trouve à Kaukaba, cf. planche 21.
56. *L'Orient le Jour,* 8 novembre 1985.
57. *Le Monde,* 31 mai 1985.
58. *Le Monde,* 22 septembre 1984 et Kassir (S.), Chronique de lutte populaire, *op. cit.*, p. 31.
59. « Israël is still in Lebanon », *Newsweek,* 23 décembre 1985.
60. Rapporté par *L'Orient le Jour,* 8 novembre 1985.

plutôt dans un projet plus vaste destiné à plus ou moins long terme à satisfaire les aspirations d'Israël à la sécurité.

Au-delà du désengagement et des discours officiels : les ambitions géopolitiques israéliennes au Liban-Sud

Ce projet repose fondamentalement sur la manipulation de la géopolitique communautaire et confessionnelle sud-libanaise afin d'obtenir une répartition des populations chiites et chrétiennes telle qu'Israël soit en mesure, à l'aide de son allié l'A.L.S., de contrôler la dynamique des conflits communautaires et de créer un « rempart chrétien » face aux incursions terroristes.

- *Les déplacements sélectifs de populations*

Les déplacements sélectifs à base confessionnelle des populations du Liban-Sud ne sont pas tous directement le fait des forces israéliennes. Ils sont également le résultat des pressions exercées par l'A.L.S. et résultent souvent de conflits intercommunautaires intervenant immédiatement après les retraits successifs de Tsahal du Liban. En dehors des exodes massifs dont elle est à l'origine par ses invasions de 1978 et 1982, l'armée israélienne a mené des opérations de harcèlement à l'encontre de villages chiites dans la zone de sécurité et à la limite de cette zone, après son retrait. En novembre 1985, la politique de répression et d'intimidation des villageois chiites est intensifiée dans le périmètre contrôlé par l'A.L.S. : selon l'A.F.P. 90 % des 2 000 habitants d'Arnoun ont ainsi abandonné leurs habitations à la suite de pressions israéliennes. Selon l'*Orient le Jour* du 8 novembre 1985, les opérations de ce type auraient provoqué « des exodes en masse parmi les habitants des villages touchés[61] ». L'armée israélienne intervient pourtant assez peu directement dans les bombardements destinés à faire fuir les populations chiites. Elle laisse ce soin aux forces de l'A.L.S. Dès sa constitution en avril 1984, il semble que les miliciens de Lahad aient participé à des « ratissages de type confessionnel » dans des villages du caza de Jezzine — où les localités sont souvent à caractère communautaire mixte — pour « pousser la population musulmane à l'exode[62] ». En mai 1985, le mouvement Amal annonçait la fuite de 30 000 chiites de la région de Jezzine après les bombardements de l'A.L.S. sur cette zone[63]. Enfin, dernier exemple, à la fin du mois de juin 1985, 2 000 Libanais chiites des villages de Yater et Kefra dans la zone de sécurité se réfugiaient à Qana à la suite des bombardements quotidiens de l'A.L.S. sur leurs habitations[64]. N. Berri déclarait, le 26 février 1985 : « Israël se retire d'une portion du territoire libanais à forte densité démographique (...) puis entreprend d'expulser une partie des habitants, particulièrement les musulmans de la bande frontalière (...). » Le dirigeant d'Amal poursuivait : « Une série d'opérations subversives aura pour objectif, par la suite,

61. Filiu (J.-P.) : Les phases de la répression..., *op. cit.*, p. 75.
62. *Ibid.*
63. *Le Monde*, 15 mai 1985.
64. *Le Monde*, 25 juin 1985.

de déplacer les chrétiens de Jezzine et des autres zones chrétiennes en direction de cette même bande frontalière qui, une fois élargie, pourrait jouir d'une certaine stabilité[65]. »

En fait les « opérations subversives » générant les déplacements des chrétiens ne seront pas le fait d'Israël directement. Mais, en se retirant brusquement sans aménager d'accord bilatéral avec les responsables libanais pour la prise en main par l'armée libanaise des zones évacuées, l'armée israélienne préparait le terrain pour des affrontements inter-communautaires.

Lors de son retrait éclair du Chouf en septembre 1983, Tsahal laissait derrière elle une aire de tension druzo-chrétienne incontrôlable par l'armée libanaise, trop affaiblie pour y maintenir l'ordre voire même pour seulement y pénétrer. Les miliciens des Forces libanaises (F.L.) faisaient face aux hommes de W. Joumblatt, chef du P.S.P. : quelque 15 000 combattants participèrent à des affrontements qui durèrent du 3 au 25 septembre et dont l'aboutissement fut la chute de 26 localités tenues par les F.L., des massacres intercommunautaires dont les chrétiens furent les premières victimes, et l'exode de ces derniers vers Beyrouth. Au terme de la guerre du Chouf, W. Joumblatt préservait et agrandissait son territoire et renforçait son aura dans la communauté druze en s'opposant efficacement aux forces chrétiennes.

Ainsi l'armée israélienne savait à quoi s'en tenir en évacuant, en février 1985, la région de Saïda, ayant amené dans son sillage dès 1982 les miliciens des Forces libanaises qui poursuivaient la politique de reconquête de l'unité du Liban et de sauvegarde de l'intégrité des zones chrétiennes inspirée par Béchir. La région à l'est de Saïda et l'Iqlim el Kharroub, prolongement du Chouf vers la mer (cf. planche 3) sont à l'époque des aires de peuplement mixtes où vivent côte à côte des musulmans et de nombreux chrétiens. Le chapelet de villages entourant la capitale du Liban-Sud est en janvier 1985 défendu par les F.L. Après le retrait israélien en février, les tensions intercommunautaires s'exacerbèrent. Le lendemain de la visite du président Gemayel à la population de Saïda libérée, a lieu une démonstration de force d'environ 10 000 islamistes descendus par camions de Beyrouth. Leur présence et leurs slogans (« Saïda est une ville islamique, elle ne peut être gouvernée par un maronite[66] ») contribuent à échauffer les esprits. Quand les combats islamo-chrétiens éclatent, ce sont d'abord quelques échanges « classiques » circonscrits à de sporadiques duels d'artillerie. Pour apaiser la tension, les F.L. décrètent, le 22 avril, un cessez-le-feu unilatéral suivi du retrait de 500 combattants en échange d'une garantie apportée par la venue de l'armée libanaise. Mais après le départ des F.L., l'armée ne bouge pas et, le 25 avril, une vague déferlante de combattants chiites, druzes et palestiniens s'abat sur les villages chrétiens privés de défense. Le 28 avril, « dimanche noir » pour les chrétiens du Liban-Sud, les maisons sont pillées, les civils pourchassés. Les « islamo-progressistes » lancent l'offensive au nord et à l'est de Saïda. L'exode massif des chrétiens est inévitable : ceux-ci se dirigent vers l'est, l'axe qui remonte vers Beyrouth étant bloqué par les druzes du P.S.P. Certains d'entre eux sont évacués par bateaux après avoir atteint

65. *Le Monde,* 27 février 1985.
66. *Le Monde,* 20 février 1985.

Haïfa en Israël : les navires affrétés par les F.L. et selon certaines sources par l'armée israélienne [67] les débarqueront au nord de Beyrouth, dans la baie de Jounieh.

Au printemps 1985, la situation des chrétiens du Liban-Sud apparaît très précaire comme en témoignent les chiffres suivants :

— 57 villages dévastés ;

— 25 localités mixtes dévastées ;

— villages rasés (Abra, Metoulleh, Almane...)

Le chiffre le plus significatif reste cependant le nombre de réfugiés qui s'élève dans le mohafazat du Liban-Sud à 73 000, dont un tiers se sont mis à l'abri à Jezzine dans l'attente d'un assaut des milices musulmanes que les dirigeants assurent ne pas vouloir donner [68]. Au début mai 1985, 18 000 personnes se sont réfugiés dans la bande frontalière [69] et la ville de Jezzine abrite 50 000 réfugiés, pour une population initiale de 20 000 habitants [70].

L'armée israélienne, pourtant longtemps défenseur des chrétiens face aux milices musulmanes au Liban-Sud (notamment en 1976-1977), n'est pas intervenue. Son seul geste fut l'ouverture de la route reliant Jezzine à Marjayoun pour permettre le « libre exode » des chrétiens vers la zone de sécurité tenue par l'A.L.S. En dernière analyse, l'afflux des chrétiens vers le Sud, vers la « bonne frontière » n'est pas pour déplaire aux statèges israéliens qui, en laissant leur allié Lahad à la défense de Jezzine et du front situé dorénavant à Kfar Falous (cf. planche 21) sur la route menant à Saïda, contribuent à mettre en place un système de protection basé sur le cordon de sécurité chrétien et le contrôle du « verrou » de Marjayoun. « Les Israéliens veulent nous obliger à venir dans la zone frontalière », s'interroge A. Risk, fils du député chrétien de Jezzine, « mais ce n'est pas notre terre, que pourrions-nous y faire ?[71] »

L'utilisation des chrétiens pour protéger la frontière nord d'Israël est apparue dès le début de la « bonne frontière » et l'éclatement de l'armée libanaise en 1976. Le 31 octobre de cette année, un militaire libanais maronite déclarait à *Ma'ariv :* « Nous servons de bouclier à Israël au-delà de la frontière[72]. » Comme en écho, dix ans plus tard, un officier des Forces libanaises confiait à l'envoyé spécial du journal *Le Monde* que les chrétiens servent de rempart aux villes de Galilée, constituant de véritables « sacs de sable[73] ». Il semble que l'on retrouve là un des rôles centenaires assignés aux chrétiens libanais depuis la consolidation de l'émirat du Liban par le prince druze Fakhreddine. A l'époque de son expansion croissante à la périphérie du Mont-Liban, le prince avait confié à des habitants de la montagne la charge de « marquer » par leur présence les limites de sa puissance vers le sud, tout en érigeant ainsi les aires de peuplement chrétien en barrière humaine séparant les druzes de la montagne au nord des peuplades chiites au sud.

Favoriser la présence chrétienne dans la bande frontalière contrôlée par

---

67. *Herald Tribune*, 4-5 mai 1985.

68. *Le Monde*, 2 mai 1985.

69. 5 000 chrétiens de l'Iqlim el Kharroub se sont réfugiés à Marjayoun.

70. Pour tous les chiffres du paragraphe, *Le Monde*, 2-3 mai 1985 et 16-17 juin 1985.

71. *Le Monde*, 16-17 juin 1985.

72. Ma'ariv 31 octobre 1976, in Kapeliouk (A.) : « Le rôle multiple d'Israël dans la crise libanaise », *op. cit.*

73. *Le Monde*, 4-5 mai 1985.

l'A.L.S. n'est cependant pas l'unique objectif des Israéliens qui cherchent surtout à mettre en place un dispositif plus complet qui leur permettrait la maîtrise de l'espace géopolitique communautaire au Liban-Sud.

• *L'axe central des enclaves et la manipulation du jeu communautaire*

Le but israélien est, semble-t-il, de contrôler l'axe géographique partant de la zone centrale de la zone de sécurité (dans le prolongement du doigt galiléen, cf. planche 21) vers la ville de Jezzine : « Ce qui intéresse les Israéliens », rapporte un commerçant chrétien de Jezzine, « c'est la route Abra-Kfar Falous-Jezzine-Kfar Houné-Marjayoun. Tous les villages chiites le long de cette route ont subi des pressions [74] pour faire fuir les habitants[75]. » Le couloir chrétien dont Israël et l'A.L.S. encouragent fermement la naissance permettrait la jonction entre la bande frontalière courant tout le long de la frontière internationale d'une part, et la ville de Jezzine qui permet l'accès à l'Iqlim el Kharroub d'autre part.

La ville de Jezzine est située à la pointe méridionale du mont Liban, à l'ouest du Jabal Niha et constitue un « verrou » géopolitique et stratégique. Elle est en premier lieu le point de rencontre d'aires communautaires variées : à l'ouest et au sud un espace chiite, au nord un espace chrétien, à l'est des espaces sunnite, chiite et druze (cf. planche 7). Elle commande en second lieu des accès vitaux pour les liaisons entre le Liban-Sud et le reste du pays. La route qui relie Saïda et la côte sud-libanaise à la plaine de la Beqaa et plus loin à Damas passe de façon préférentielle par Jezzine, en contournant la barrière que constituent le Jabal Barouk (1800-1900 m) et le Jabal Niha (1700-1800 m). Elle met également en relation le Chouf et au-delà le pays chrétien à l'est de Beyrouth avec le doigt galiléen, voire même le Golan au sud.

En contrôlant le carrefour de Jezzine et en prolongeant vers le sud la barrière montagneuse par une barrière humaine et militaire jusqu'au « verrou » de Marjayoun (cf. planche 22), les Israéliens tentent de s'assurer la maîtrise du Liban-Sud triconfessionnel, en exploitant le « coin » formé par le couloir chrétien qui accentue le caractère saillant de la plaine du Houlé en territoire libanais.

Le raccordement de la région de Metulla à la pointe de Jezzine permet en effet d'enserrer la zone chiite turbulente du jabal Amel entre l'enclave frontalière de l'A.L.S., le couloir chrétien et le Chouf druze au nord. Par ailleurs, et c'est là-dessus que nous insisterons sur le plan géopolitique, le caractère hermétique du couloir est susceptible d'interdire toute relation directe entre les espaces confessionnels semblables sur le territoire du Liban. Ainsi les chiites du Liban-Sud sont-ils séparés des aires chiites de la Beqaa et les druzes du Chouf n'ont plus de contacts directs avec les populations de même confession de la vallée du Wadi at-Taïm, et même du Golan. Certes, comme le fait remarquer A. H. Ibrahim, chaque groupe communautaire

---

74. En particulier de la part de l'A.L.S.

75. *Le Monde*, 10 avril 1985 ; la population du village d'Arab Salim est passée de 7 000 à 500 habitants.

dispersé en cellules sur l'ensemble du pays n'a pas forcément la même « logique conflictuelle » selon sa localisation, et le « même groupe, selon qu'il se trouve dans l'une ou l'autre des régions du Liban n'a pas nécessairement les mêmes ennemis[76] ». A ce titre le dispositif israélien peut paraître sans grande portée. En fait il est essentiel, car ce qui marque le développement du jeu communautaire libanais depuis l'invasion israélienne, c'est précisément la « naissance de frontières régionales aux contours communautaires[77] » de plus en plus tranchés. En contribuant, par sa stratégie, à accentuer ce cloisonnement confessionnel et ce, au sein d'un même groupe religieux, Israël se donne les moyens d'une relative maîtrise des antagonismes sud-libanais dans les espaces contigus à sa frontière nord.

A terme, la question se pose même de savoir quelles sont les véritables motivations de l'Etat israélien. Ne s'agit-il pas en fin de compte de favoriser un éclatement du Liban-Sud en vue de permettre l'émergence de mini-Etats homogènes confessionnellement, gages de sécurité pour Israël ? C'est en tout cas ce qu'indiquait explicitement un ancien fonctionnaire des Affaires étrangères israélien dans la revue du Département de la propagande du mouvement sioniste en février 1982 à propos des druzes : « La décomposition du Liban en 5 provinces (...) est déjà un fait accompli (...). Les druzes constitueront leur propre Etat qui s'étendra sur notre Golan peut-être et en tout cas dans le Hauran (...), Etat qui garantira la paix et la sécurité dans la région à long terme ; c'est un objectif qui est d'ores et déjà à notre portée[78]. » Il semble bien en effet qu'Israël ait mis à profit le « dédoublement » du peuplement druze au Liban entre le Chouf et le Wadi at-Taïm. Les deux noyaux démographiques recouvrent la fragmentation du groupe druze libanais en deux clans : celui des Joumblatt au nord, celui des Arslan au sud. En 1985, on note d'une part que 15 000 druzes vivent dans la zone de sécurité israélienne, d'autre part que les membres du clan Arslan ont accepté de former un bataillon druze autonome de quelques centaines de recrues pour collaborer à la surveillance de leurs villages et de la bande frontalière. Enfin L. Chabry notait, en 1984, que la tendance semble être à « l'affirmation croissante de la solidarité interétatique druze[79] » entre les noyaux de peuplement israélien en Galilée (environ 30 000), du Golan (9 000), du Liban-Sud (15 000) et du Hauran syrien (et au-delà du Jabal druze : 350 000).

- *L'allié chiite?*

En ce qui concerne la population chiite du Liban-Sud, la mission et la maîtrise israéliennes semblent plus délicates. Les Israéliens n'ont-ils pas contribué à s'aliéner une communauté dont I. Rabin considérait, le 20 mars 1985, le terrorisme comme « plus dangereux que celui des Palestiniens[80] ? » En fait le mouvement chiite au Liban-Sud n'est pas homogène et apparaît

---

76. in *Esprit*, mai-juin 1983, *op. cit.*, p. 132.
77. Malia (J.) : « Liban, violence et précarité », in *Etudes* n° 362/2, février 1985, pp. 149-157.
78. Yinon (O.) : « Stratégie pour Israël pour les années 80 », in *Kivounim*, n° 14, février 1982, repris par *Revue d'Etudes Palestiniennes*, n° 5, automne 1982, pp. 76-83.
79. Chabry (L. et A.), *op. cit.*, p. 195.
80. *Le Monde*, 22 mars 1985.

comme une nébuleuse [81] de mouvements plus ou moins hostiles à Israël ; il semble que les autorités israéliennes cherchent à s'orienter vers un dialogue avec le mouvement Amal, relativement modéré [82]. « J'espère seulement que la communauté chiite du Sud se dotera d'une direction responsable à qui parler en cas de besoins », expliquait I. Rabin, « et qu'elle acceptera de coexister pacifiquement avec nous[83]. » Dans ce sens, et face à des voisins turbulents, les Israéliens ont beaucoup fait, après leurs violentes actions de représailles, pour tenter de modérer les chiites, notamment à travers le projet de la radio « La Voix du Sud » destiné à contrer les messages de croisades lancés par Radio-Damas et Radio-Téhéran [84]. Mais en admettant qu'Israël réussisse à couper les chiites du Liban-Sud de leurs coréligionnaires de la Beqaa [85] et de Beyrouth-Sud, la tranquillité de la frontière n'est pas assurée de façon certaine. Il semble en effet que le mouvement Amal de N. Berri hostile au retour palestinien et aux bombardements en dehors du territoire libanais résiste de moins en moins à la poussée des islamistes — alliés de circonstance aux Palestiniens arafatistes — qui sont farouchement engagés dans la lutte pour la libération de Jérusalem et l'instauration d'une république islamique libanaise.

Le journal israélien *Davar* posait une question pertinente au sujet du dispositif de sécurité au Liban-Sud et d'une possible alliance avec les chiites modérés, après les massacres des camps palestiniens de Beyrouth en mai-juin 1985 : « Les Israéliens devraient aussi se demander quelle sorte de partenaires les chiites sont en temps de paix[86]. »

Conclusion : un défi géopolitique

Si l'on devait tirer, au terme de cette évaluation des relations entre Israël et le Liban-Sud, une sorte de bilan critique de l'engagement israélien, on relèverait sans doute le caractère fragile et vulnérable du système de sécurité mis en place aux frontières nord d'Israël et l'échec meurtrier de l'occupation du Sud-Liban.

Israël a échoué à plusieurs reprises dans ses tentatives d'instaurer la normalisation de ses rapports avec le gouvernement libanais, et son allié le plus fidèle, l'A.L.S., résiste de plus en plus mal par sa faiblesse numérique aux coups que lui porte les différents groupes de la résistance libanaise toujours actifs. D'autre part son rapprochement avec la fraction modérée du chiisme apparaît incertaine et menacée par les tenants de l'islamisme. Surtout, les menaces contre l'Etat d'Israël, malgré l'engagement massif des militaires et les pertes importantes, n'ont pas été éliminées et se sont même accentuées.

Les combattants palestiniens subsistent en nombre important au Liban-

81. D'apres J.-P. Filiu (entretien), le mouvement Amal ne comporte pas moins de 15 tendances correspondant à des micro-fiefs au Liban-Sud, dont les responsables possèdent une certaine autonomie par rapport au commandement beyrouthin.

82. Cf. à ce sujet l'« Appel aux chiites » lancé par Y. Lior, directeur du département du Liban et du Moyen-Orient au ministère israélien des Affaires étrangères, « Tribune internationale », *Le Monde* du 19 juin 1985.

83. *Le Monde,* 22 mars 1985.

84. *Le Monde,* 26-27 mai 1985.

85. En majorité pro-iraniens.

86. Rapporté par *Le Monde,* 30 mai 1985, cf. aussi 26-27 mai 1985.

Sud, et en dépit du contrôle des miliciens d'Amal, conservent leur capacité offensive [87]. En outre la menace palestinienne se double du danger « intégriste », danger largement engendré par l'occupation israélienne de 1982 à 1985 et ses représailles massives contre les populations civiles. L'activisme extrémiste musulman n'est en outre pas circonscrit au Liban-Sud et parmi les populations chiites. Il s'étend également aux habitants arabes de Galilée et à certaines fractions des Palestiniens de Cisjordanie. En ce sens, les défis nés de l'opération israélienne, loin de s'amenuiser, se sont multipliés à l'intérieur et à l'extérieur de l'Etat d'Israël. En définitive, en intervenant brutalement sur une scène périphérique éclatée et porteuse de multiples tensions, les Israéliens ont complexifié des interrelations génératrices de déséquilibres qui favorisent l'augmentation des menaces qui à leur tour ont affaibli leur position initiale [88].

L'engagement d'un Etat avec ses structures et ses rigidités dans un espace démantelé, désarticulé, au sein duquel la logique conflictuelle des affrontements classiques interétatiques ne pouvait être appliquée, a conduit naturellement à l'affaiblissement de l'Etat israélien en décalage avec le paysage géopolitique sud-libanais. L'Etat d'Israël a été débordé, il s'est embourbé dans un espace qu'il ne pouvait en toute logique maîtriser.

Le Liban-Sud, combattant une fois encore la domination venue du sud, a en somme « réalisé » la prophétie de la Bible adressée au peuple israélite : « La violence faite au Liban te submergera (Habaquq 2-17). »

---

87. Fin mars 1986, des tirs de Katiouchas de partisans arafatistes ont atteint Kiryat Shmoneh, faisant 4 blessés, les premières victimes israéliennes de ce côté de la frontière depuis juin 1982 ; cf. *Le Monde*, 29 mars 1986.

88. En quelque sorte par « rétroaction ».

CONCLUSION
Hypothèses géopolitiques

Après avoir étudié, à partir de deux idées directrices simples, les caractéristiques du Liban-Sud dans l'environnement libanais plus particulièrement mais aussi proche-oriental, nous voudrions, en guise de conclusion, tenter de dégager quelques traits géopolitiques dominants de cet espace périphérique et frontalier qui soient de portée plus générale, c'est-à-dire globalisants. Mais au terme de cette réflexion sur les détails et les dynamiques des différents projets géopolitiques qui y ont pris corps et qui s'y sont exprimés, il faut souligner avant tout l'importance des interactions développées au Liban-Sud. Pour employer le vocabulaire de l'analyse systèmique, cet espace est apparu comme une entité fondamentalement « ouverte » à de multiples « flux » dont la dynamique géopolitique se développe par un réseau complexe d'interrelations qui amorcent des processus politico-militaires et qui en limitent en retour l'extension et les ambitions. Ces interactions qui animent le Liban-Sud peuvent être évoquées à deux échelons géopolitiques : à un niveau national libanais et à un niveau régional et international proche-oriental.

Le premier constat a trait au conflit libanais, à la « guerre civile », aux « événements ». Dans ses racines, dans son déroulement, dans ses enjeux, la guerre du Liban à l'intérieur du cadre national est, en dernière analyse, la guerre du Sud.

Depuis son intégration au Petit Liban et à la Montagne, l'espace périphérique méridional a concentré et exacerbé toutes les situations qui ont été à la source des conflits contemporains du Liban, notamment les profonds déséquilibres et inégalités [1]. Dès 1920, le Sud a été le siège d'affrontements intercommunautaires ; après l'indépendance il a représenté l'envers du décor du miracle libanais par son sous-développement, sa structure économique en décalage avec l'économie nationale, la paupérisation de ses habitants, l'archaïsme de ses rapports sociaux. Il a recueilli, à partir de 1948, un nombre important de réfugiés palestiniens des guerres israélo-arabes, ce qui a pro-

1. P.-M. Henry (ancien ambassadeur au Liban), à propos des chiites qui peuplent majoritairement le Liban-Sud, déclarait le 18 juin 1985 au journal d'Antenne 2 midi : « Les chiites ont été au centre des traumatismes du Liban. »

voqué une grave crise de souveraineté, leur présence étant devenue un des enjeux de la guerre civile de 1975-1976. C'est enfin au Liban-Sud que se trouve le noyau de peuplement d'une communauté libanaise longtemps marginalisée en quête de reconnaissance politique et de pouvoir économique, la communauté chiite. A. Gemayel a reconnu, il y a peu, l'importance du lien entre les réalités du Liban-Sud et les conflits du Liban : « La guerre a commencé à partir du sud » déclare-t-il, « je crois que la paix pourrait venir de la solution du problème du Sud [2]. »

De fait le paysage géopolitique libanais a été considérablement modifié par dix années de guerre. C'est au Sud qu'a eu lieu l'évolution la plus remarquable parce qu'elle renferme peut-être la clé de la reconstruction du Liban. C'est au Liban-Sud que s'est affirmée depuis quelques années la communauté chiite libanaise et en particulier sa branche modérée, le mouvement Amal. En conquérant par la territorialisation politico-militaire sur des groupes antagonistes une assise spatiale gage de reconnaissance politique dans un Liban éclaté, les chiites sont apparus comme une force politique et démographique de premier plan au Liban. Cette évolution rejoint la dynamique générale communautaire libanaise depuis 1975 : chaque confession tend à se constituer une aire de souveraineté relativement homogène à l'intérieur de laquelle elle exerce son contrôle politique, administratif, économique et militaire. Pour les chiites du mouvement Amal, ce fief est incontestablement le Liban-Sud.

Mais le démantèlement définitif du pays n'est-il pas inscrit dans ce processus de territorialisation confessionnel régional ? Autrement dit, faut-il penser, comme I. Naaman, conseiller du P.S.P. que « la partition n'est plus seulement une simple vue de l'esprit » et « qu'elle est devenue une réalité » ? [3] En fait, nous l'avons vu, la partition n'est pas à l'avantage de la communauté chiite du Liban-Sud qui cherche avant tout à investir le pouvoir central beyrouthin, entraînant dans son sillage les problèmes multiples du Liban-Sud qu'elle compte bien résoudre à l'aide d'un Etat réhabilité. Plus que la partition, ce qui est en cause c'est sans doute les efforts de la fraction chiite modérée pour recréer autour d'un pôle chiite et chrétien un Etat viable où elle partagerait le pouvoir et qui lui permettrait d'intégrer réellement le Liban-Sud dans un processus de reconstruction et de développement.

La constitution d'un Liban autour de deux confessions historiquement et culturellement antagonistes n'est pas une chimère. En décembre 1985, l'archevêque grec-catholique de Saïda notait : « C'est la zone contrôlée par le mouvement chiite Amal où le retour des chrétiens [4] est le moins problématique[5]. » En janvier 1986, A. Gemayel, dans sa tentative pour faire contrepoids à l'accord de Damas, proposait « la création d'un poste de vice-président de la République à la communauté chiite[6] ». La volonté politique existe peut-être mais les obstacles à l'édification du binôme communautaire chiito-chrétien constituant le noyau politique du nouveau Liban sont nombreux. Sans entrer dans les détails l'on peut citer : les dissensions du

---

2. Entretien avec F. Chipaux, *Le Monde*, 14 février 1986.
3. *L'Orient le Jour*, 15 décembre 1985.
4. Après les événements du printemps 1985.
5. Document sur la situation au Liban-Sud, *op. cit.*, p. 2.
6. *Le Monde*, 16 janvier 1986.

camp chrétien, le refus des druzes de leur propre déclin politique, l'occupation du Liban par les Syriens qui tentent de contrôler les orientations politiques libanaises, la menace israélienne au Liban-Sud et l'A.L.S., et surtout la présence de combattants palestiniens et l'augmentation de l'influence de l'islam radical vigoureusement opposé à toute parcelle de pouvoir chrétien en terre musulmane.

Les faits diront si le mouvement Amal parviendra dans son fief, le Liban-Sud, à réduire l'autorité et l'activisme des islamistes et des Palestiniens d'une part, à restaurer une vie communautaire où chiites et chrétiens pourront coexister en paix — voire s'associer — d'autre part [7]. Face à ces menaces qui pèsent de façon plus ou moins forte sur le devenir du Liban, l'évolution du Liban-Sud constitue un test.

***

Quant aux réflexions menées sur la dimension internationale et régionale du Liban-Sud à l'intérieur du cadre conflictuel israélo-arabe, elles conduisent à une problématique de l'organisation et de la dynamique des espaces périphériques et frontaliers au Levant.

A une échelle plus réduite, la première constatation qui s'impose est que le Liban-Sud représente une aire de tension « privilégiée » entre les acteurs du conflit israélo-arabe depuis la guerre d'octobre 1973, alors que les fronts traditionnels se sont peu ou prou stabilisés. En ce lieu ouvert à tous les antagonismes, délié de ses attaches étatiques libanaises, se sont exprimés les acteurs d'un vaste conflit multiforme dépassant le cadre restreint du Liban-Sud. Les tensions s'y sont en quelque sorte réunies, chacun orientant ses forces et ses projets politiques vers cette scène périphérique afin d'« éviter des affrontements directs de type frontalier[8] ». Les Sudistes se sont ainsi retrouvés au cœur d'un conflit dans lequel leur région n'est pourtant qu'un facteur parmi beaucoup d'autres [9].

L'élément qui se dégage de ces quelques constatations apparaît au premier abord paradoxal : le Liban-Sud dont nous avons souligné les nombreux caractères périphériques, se trouve en fait dans une position centrale en termes géopolitiques. Cette contradiction peut être éclairée par la substitution d'une échelle internationale à l'échelle nationale. Au-delà du seul cadre libanais, le Liban-Sud est en effet un des éléments géographiques d'une réunion de périphéries étatiques (cf. planche 2) : à la périphérie libanaise s'ajoutent le front pionnier israélien et le Golan, le sud-ouest syrien (et sa dynamique communautaire druze), le nord-ouest jordanien (confins géopolitiques où s'implanta dans les années 1967-1970 la résistance palestinienne). Or cette combinaison de périphéries et de marges, en secrétant une dynamique quadruplement centrifuge, érige cette zone multifrontalière en un espace sur lequel se focalisent toutes les tensions proche-orientales, arabo-arabes et israélo-arabes.

La polarisation des espaces périphériques met du même coup en lumière

---

7. La cohabitation des chiites et des chrétiens est depuis longtemps une réalité dans le Liban central. D'après J.-P. Filiu (entretien), quelque 20 000 chiites vivent apparemment sans trop de difficultés aux côtés des chrétiens maronites dans la région de Jbeil.

8. Picard (E.) : *Liban, guerre civile, conflit régional, op. cit.*, p. 62.

9. *Le Monde*, 22 septembre 1984.

l'importance géopolitique du facteur frontalier. Les tensions qui prennent corps de part et d'autre des lignes de cessez-le-feu ou d'armistice apparaissent comme les prolongements d'une instabilité latente liée à l'arbitraire des tracés frontaliers. Pour A. Ibrahim [10], ces derniers sont aberrants au regard des complémentarités économiques. J.-P. Charnay pense quant à lui que les frontières définies par la communauté internationale « n'existent pas » dans la mesure où seules les frontières ethniques, confessionnelles et militaires ont une véritable signification [11]. En allant plus loin dans le raisonnement, il s'agit à travers les déchirements communautaires, la désagrégation du Liban et l'effervescence sud-libanaise, de la mise en cause de la légitimité de la constitution même des entités étatiques [12] au Proche-Orient. Certains rendent la fondation d'Israël seule responsable de la précarité et de l'instabilité des tracés frontaliers et des pôles confessionnels étatiques. Nous pensons plutôt que cette dynamique proche-orientale s'inscrit dans un cadre historique et de civilisation plus large.

L'approche géopolitique dans une perspective historique permet d'énoncer une hypothèse : au milieu de l'opposition de base entre la montagne et les basses terres (et au-delà, du désert et de l'eau, des sédentaires et des nomades, des majorités et des minorités), à la rencontre des axes géopolitiques Méditerranée orientale-Asie continentale et Turquie-mer Rouge, le Liban-Sud et les périphéries connexes se situent dans une aire de mouvance de dominations et d'hégémonies opposées. Entre les aires montagneuses refuges des persécutés et les vastes étendues ouvertes aux migrations de civilisation et de culture, ces zones ont été le carrefour où se sont entrechoqués les multiples projets géopolitiques antiques, moyenâgeux, modernes et contemporains.

Les frontières et les Etats, concepts du monde actuel, ont-ils éliminé ces fluctuations millénaires, ou bien existe-t-il aujourd'hui encore de tels mouvements, de moindre ampleur certes, mais actifs ? A travers les « hésitations » du Liban-Sud entre la montagne libanaise et le lac de Tibériade, à travers les raids de la guérilla palestinienne, les occupations, les invasions, les lignes mouvantes de partage syriennes et israéliennes, le flux et le reflux de ces deux forces antagonistes en territoire libanais, c'est peut-être une oscillation géopolitique originelle qui se perpétue.

10. Ibrahim (A.-H.) : *L'effervescence minoritaire...*, *op. cit.*, p. 139.
11. « Table ronde sur le Proche-Orient », *Esprit*, mai-juin 1983, p. 238.
12. Marian (M.) : « La question d'Orient », *Esprit*, mai-juin 1983, pp. 144-160.

POSTFACE

« Le Sud est à l'origine de tous nos maux » [1] ; « le Sud est devenu la question libanaise » [2]. Ces propos de personnalités libanaises, recueillis en juin 1986 à Beyrouth, lors d'un colloque de solidarité avec le Liban-Sud et la résistance nationale [3], montrent combien ce territoire constitue une blessure majeure et un problème central dans le Liban d'aujourd'hui.

L'actualité n'a eu de cesse, depuis cette date, de nous livrer des informations sur cette région du Proche-Orient en conflit, et il apparaît nécessaire, deux années après la première rédaction des résultats de notre recherche, d'examiner quelques points essentiels concernant les évolutions en cours.

Deux thèmes retiendront notre attention : les processus politico-militaires qui ont affecté les mouvements chiites au Liban-Sud et les interventions israéliennes sur ce territoire.

I. — *La lutte pour le contrôle territorial du Liban-Sud*

Les deux dernières années ont été marquées par la poursuite de la violente lutte territoriale menée par les chiites du mouvement Amal contre les Palestiniens et les extrémistes chiites.

I.1. —*Les rapports entre chiites et Palestiniens*

Trente-deux mois. Telle est la durée incroyable — interrompue par d'éphémères apaisements — du siège des camps palestiniens du Liban par les miliciens du mouvement Amal.

N. Berri, fidèle à sa ligne politique territoriale, avait déclaré en janvier 1987 : « Je ne permettrai pas que le Liban-Sud soit de nouveau envahi par une force étrangère. Désormais les Palestiniens doivent être au service de la cause libanaise, de la même façon que les Libanais soutiennent la cause palestinienne » [4].

Les relations conflictuelles entre les chiites du mouvement Amal et les Palestiniens ont atteint un point critique lors de la bataille de

1. F. Boutros, ancien ministre libanais des Affaires étrangères.
2. M. Edde, ancien ministre libanais de l'Information.
3. Colloque tenu à Beyrouth-Ouest. F. Chipaux, *Le Monde,* 11 juin 1986.
4. *Le Monde,* 13 janvier 1987.

Maghdouché, position surplombant la ville de Saïda et les camps palestiniens qui l'entourent. Enlevée par les Palestiniens le 24 novembre 1986 et reprise par Amal le 13 février 1987, cette localité stratégique symbolisait pour les premiers le droit légitime de défendre les camps et leurs habitants, pour les seconds une intolérable liberté de mouvement prise par les combattants palestiniens en dehors de leur aire de souveraineté — les camps — et une intrusion inadmissible en territoire chiite.

Mais cet épisode significatif reste un affrontement ponctuel, localisé. C'est véritablement le siège des camps de réfugiés qui témoigne de l'acharnement qu'ont mis les combattants chiites du mouvement Amal à réduire l'implantation et l'influence palestiniennes au Liban-Sud. Si l'étau se desserre au début de 1987, c'est parce que l'opinion internationale s'est émue de la famine qui menace de provoquer une hécatombe parmi la population de réfugiés.

La levée du siège est finalement officiellement intervenue en janvier 1988, en signe de solidarité avec le soulèvement des territoires occupés. Mais le problème de fond demeure : la territorialisation du mouvement Amal au Liban-Sud ne peut se réaliser pleinement qu'au détriment de l'implantation et des activités des Palestiniens.

I.2. —*Amal et les islamistes au Liban-Sud*

Le fait marquant de la récente actualité concernant la communauté chiite réside sans doute dans la « quasi-élimination » du Hezbollah au Liban-Sud[5] et son repli sur ses bases fortes de la banlieue sud de Beyrouth et de la Beqaa. Cet épisode est intervenu à la suite de combats qui clôturaient une querelle relative au sort des personnels de l'O.N.U. présents dans la zone frontalière. En enlevant le 17 février 1988 le lieutenant-colonel Higgins, commandant en chef du Corps des observateurs de l'O.N.U., les militants islamistes prouvaient leur détermination à combattre « l'impérialisme, la France, l'Amérique et Israël ». Soutenant les ravisseurs, le cheikh Obeid, un des responsables du Hezbollah, accusait le 20 février 1988 la F.I.N.U.L. de « servir de couverture aux activités d'espionnage des Etats-Unis, de protéger la frontière nord d'Israël et de nous empêcher de le combattre sur notre propre terre »[6]. Le mouvement Amal, favorable comme la Syrie au maintien des troupes onusiennes, s'est fermement opposé sur ce point aux islamistes chiites.

L'affaiblissement politico-militaire des groupes extrémistes chiites au Liban-Sud, dont les fiefs ont été reconquis en avril 1988 par les miliciens du mouvement Amal, témoigne d'un renforcement de l'influence de ce dernier sur le plan militaire mais aussi politique, parmi les populations chiites du Liban-Sud.

Cette reprise en main d'un fief longtemps revendiqué est due pour une part à l'action même des dirigeants du mouvement chiite modéré, mais aussi et surtout à une conjoncture régionale et internationale plus favorable.

---

5. F. Chipaux, *Le Monde*, 7 mai 1988.
6. *Le Monde*, 23 février 1988.

I.3. —*Israël et la Syrie renforcent la position du mouvement Amal*

En premier lieu, les responsables beyrouthins du mouvement Amal ont procédé à des limogeages parmi les cadres sudistes du mouvement suspectés d'une trop large autonomie et surtout d'un rapprochement avec les courants islamistes du chiisme libanais [7]. En second lieu, la lutte contre les partis de gauche s'est poursuivie au Liban-Sud, notamment en mai 1987, époque à laquelle Amal a procédé à des opérations de police destinées à affaiblir les groupes laïcs dans sa zone d'influence.

Mais l'action propre du mouvement Amal n'aurait pas abouti de façon aussi satisfaisante sans l'intervention de deux acteurs liés depuis le début de la guerre au destin du Liban, la Syrie et Israël. Le premier y est apparu comme le principal défenseur des chiites modérés face aux militants pro-iraniens et aux Palestiniens pro-arafatistes ; le second comme un ennemi déterminé des Palestiniens et des islamistes chiites. Une convergence tacite...

L'armée syrienne est revenue en force à Beyrouth en février 1987, puis s'est avancée jusqu'à l'entrée nord de la ville de Saïda le 14 avril, reprenant le contrôle de cette région pour la première fois depuis 1982. Fidèle allié de Damas au Liban, le mouvement de N. Berri a profité de cette présence dans sa lutte contre les Palestiniens, en particulier « arafatistes », et contre les islamistes qui constituaient le soutien de circonstance de ces derniers.

La présence massive des Syriens, dont on sait qu'ils tendent à s'opposer au Liban à l'influence iranienne et aux Palestiniens qui soutiennent Arafat, a donc contribué à affaiblir le Hezbollah et ses alliés. Mais plus que les épreuves de forces avec les soldats syriens, ce sont les coups très rudes que lui a portés l'armée israélienne qui ont sérieusement ébranlé l'assise islamiste au Liban-Sud.

I.4. —*Les « soldats de Dieu » contre Tsahal*

Rappelons que l'opposition entre Amal et les mouvements pro-iraniens se manifeste dans la position à adopter face aux forces d'occupation israéliennes et aux attaques menées au-delà de la frontière galiléenne. Amal, qui s'est rapproché de la population chiite du Sud au détriment des cadres du Hezbollah, prône une attitude prudente et attentiste, qui doit conduire à épargner les populations des raids de représailles et à préserver la présence dominante des chiites et de ses militants au Liban-Sud.

Les membres du Hezbollah ont des positions plus radicales. Leur but est de combattre Israël et ses alliés de l'A.L.S., et donc de soutenir les opérations de commandos engagées par la Résistance Libanaise, la Résistance islamique et les Palestiniens.

Ainsi, comme l'avaient pressenti certains commentateurs israéliens, ce sont les extrémistes chiites qui sont devenus les plus farouches adversaires d'Israël, alors que la menace renouvelée des fedayins palestiniens se fait plus pressante.

---

7. Cf. Picard (E.) : « La politique de la Syrie au Liban », *Maghreb-Machrek*, n° 116, avril-juin 1987, pp. 5-34.

II. — *L'Etat d'Israël face à la multiplication des « fronts »*

La zone située au nord de la frontière israélienne, la ceinture de sécurité et ses abords, reste donc une aire d'affrontements, au moment même où se développent des tensions sur le front « intérieur », en Cisjordanie, à Gaza, et dans une moindre mesure au sein des frontières d'avant 1967.

II.1. — *La poursuite de la guerre*

Les principaux protagonistes de la confrontation israélo-arabe au Liban-Sud sont à l'heure actuelle les suivants : les forces israéliennes, les miliciens de l'A.L.S., les divers groupes laïcs rassemblés dans le Front de la résistance nationale libanaise, les activistes de la résistance islamique et les combattants palestiniens.

Malgré son « retrait », Israël est toujours en guerre au nord de sa frontière et au-delà de sa zone de sécurité. Et l'adversaire est de plus en plus déterminé, tout comme la riposte : les raids de l'armée israélienne ont été nombreux en 1987 et 1988. Ils ont pris pour cible principale les camps de réfugiés de la région de Saïda, les positions du Hezbollah au Liban-Sud et dans la Beqaa. Le 5 septembre 1987, le bombardement du camp d'Aïn Héloué fait 46 morts. En mai 1988, 1 500 soldats israéliens investissent le sud de la Beqaa et détruisent une base islamiste chiite, à Maïdoun : l'ampleur de cette opération intitulée « Loi et Ordre » témoigne de la gravité de la situation. « Nous avons voulu prendre l'initiative face à la recrudescence des infiltrations », indiquait le commandant israélien du secteur nord [8]. De fait, depuis le retrait de leurs troupes en deçà des limites de la ceinture de sécurité en 1985, les Israéliens et leurs alliés ont eu à subir de nombreuses attaques :

— 2 au 5 janvier 1987 : attaques de combattants du Hezbollah contre les positions de l'A.L.S.

— 12 mars 1987 : accrochages à Bint Jbeil dans la zone de sécurité : un soldat israélien tué. Incident revendiqué par le Front de la résistance nationale libanaise (F.R.N.L.).

— 18 avril 1987 : un assaut des combattants du Hezbollah contre une position tenue par l'A.L.S. fait 25 morts parmi les islamistes.

— 31 mai 1987 : violents combats entre l'A.L.S. et des combattants du Hezbollah : 20 tués.

— 15 septembre 1987 : 3 militaires israéliens sont tués près du mont Hermon lors d'une attaque du F.R.N.L.

— 25 novembre 1987 : incursion spectaculaire d'un commando palestinien à l'aide d'U.L.M. près de Kyriat Shmoneh. 6 soldats israéliens sont tués en territoire israélien.

— 10 décembre 1987 : accrochage maritime au large de Tyr.

— 19 janvier 1988 : incursion d'un commando palestinien en Israël en provenance du Liban.

— 4 février 1988 : nouvelle incursion.

— 22 février 1988 : une bombe tue deux Israéliens dans la zone de sécurité à Braachit.

8. *Le Monde*, 5 mai 1988.

Israël doit donc faire face à une augmentation des opérations contre l'A.L.S., à des incursions, autant de réalités et de menaces qui ont été aggravées par le déclenchement du soulèvement dans les territoires occupés, en décembre 1987.

II.2. —*Le soulèvement des territoires occupés et le Liban-Sud*

En décembre 1986, alors que la « guerre des camps » opposant les miliciens du mouvement Amal aux Palestiniens faisait rage au Liban-Sud dans la région de Saïda et à Beyrouth, les observateurs avaient décelé un « regain de mobilisation » [9] parmi les Palestiniens de « l'intérieur » — ceux des territoires occupés — pour soutenir les habitants des camps libanais assiégés et pour défendre l'O.L.P.

Mais la véritable effervescence n'eut lieu qu'un an plus tard avec l'« Intifada », le soulèvement à Gaza et en Cisjordanie. Depuis plus de six mois, Israël doit ainsi envoyer ses soldats sur des « fronts » qui se sont multipliés. Tandis que le Liban-Sud reste un champ de bataille actif et toujours meurtrier pour l'armée israélienne, l'agitation s'est développée dans les territoires occupés et aussi ponctuellement à l'intérieur des frontières d'avant 1967.

La preuve est donc faite — si elle ne l'était déjà depuis quarante ans — que la fin du drame du Liban-Sud est intimement liée à la solution du conflit israélo-arabe. Comme par un étonnant retour dans le passé, l'utilisation d'ouvriers du Liban-Sud pour pallier la défection des Palestiniens dans les entreprises israéliennes [10] rappelle combien les populations de ce territoire sont impliquées, contre leur gré, dans les multiples facettes de ce conflit.

Ces pratiques, souvenirs de la politique de la « bonne frontière » instaurée par les autorités israéliennes au début de la guerre du Liban, évoquent surtout la permanence d'une occupation et d'un conflit dont les ramifications contribuent à mettre à feu et à sang le territoire du Liban-Sud. Ses habitants, coincés entre les troupes syriennes et les unités israéliennes, risquent de voir se perpétuer les manifestations de tensions maximales en ce point chaud du Proche-orient. Tant que l'ébauche d'un règlement global du conflit israélo-arabe ne sera pas mis en œuvre, et que par contre-coup les Libanais ne réaliseront pas la recomposition de leur Etat, le Liban-Sud demeurera une périphérie meurtrie et convoitée.

1er juillet 1988.

---

9. *Le Monde,* 10 décembre 1986.

10. Selon la radio israélienne, « plusieurs dizaines d'ouvriers libanais du Liban-Sud ont été dirigés vers des entreprises de la région de Ramleh, le 24 janvier 1988 ». D'autre part, pour faire face à un taux d'absentéisme de 40 % de la part des Palestiniens travaillant en Israël, « le ministre du Travail israélien, Moshe Kavatz, a accordé des permis de travail à 1 700 habitants du Sud-Liban ».

Informations recueillies par C. Moucharafieh, Chronologie, 1er janvier-31 mars 1988, *Revue d'Etudes Palestiniennes,* nº 28, été 1988, pp. 195-233, pp. 207 et 227.

PLANCHES CARTOGRAPHIQUES : SOMMAIRE

PLANCHE 1: La relativité de la notion d'espace: le Liban, la France

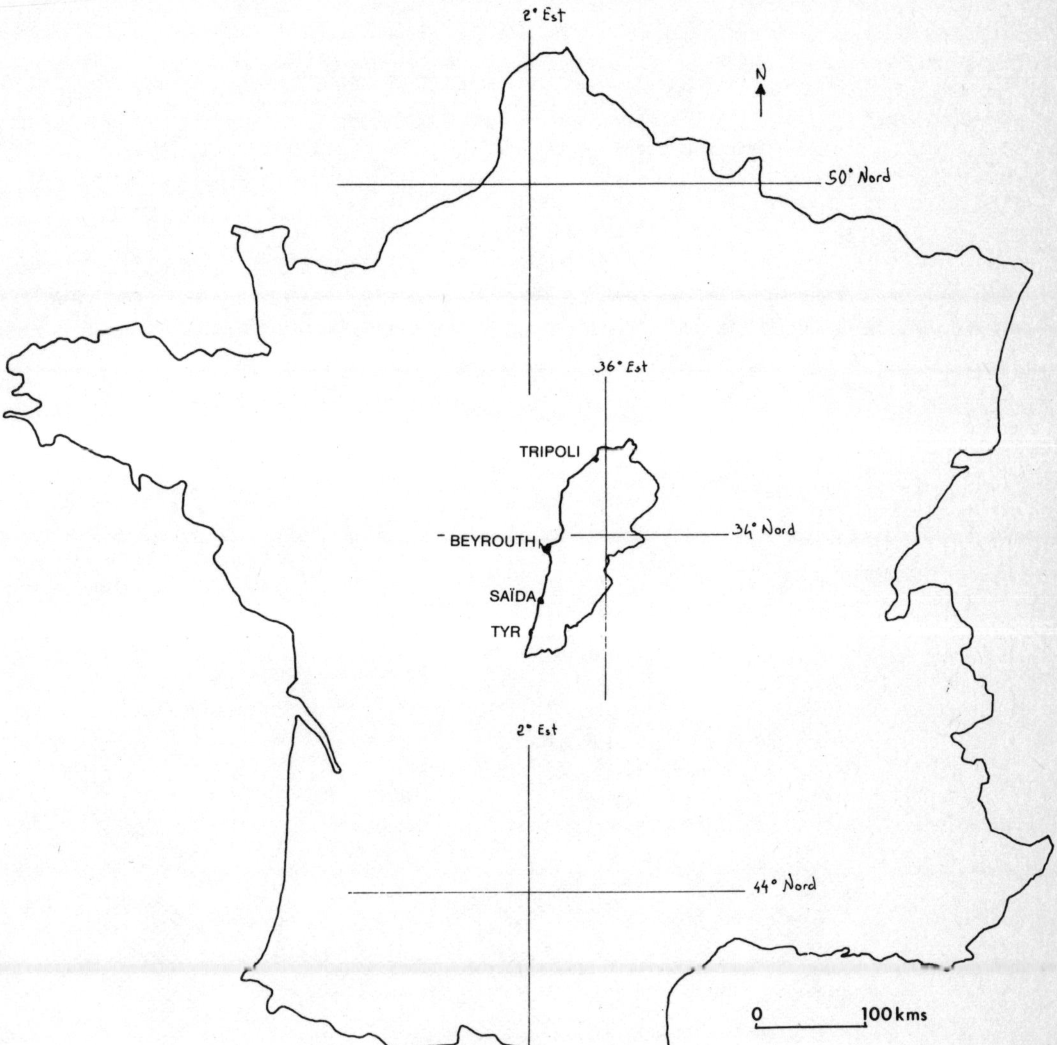

Le Liban et l'Hexagone à la même échelle ; au 1/6 000 000 ème Beyrouth : capitale

PLANCHE 2: Le Liban-Sud dans le Moyen-Orient politique

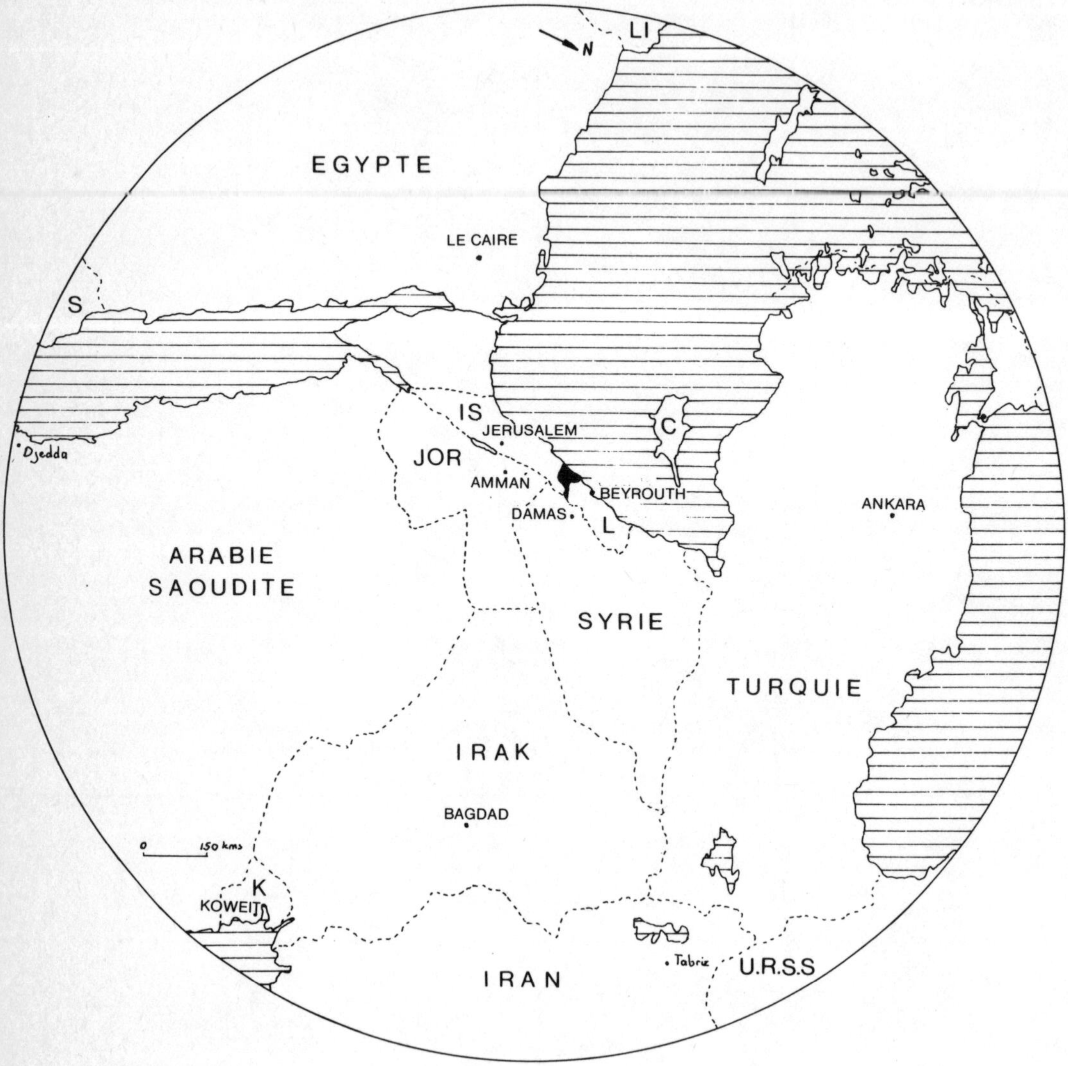

Projection de Bonne

L Liban ; IS Israël ; JOR Jordanie ; C Chypre ; S Soudan ; K Koweit ; LI Libye ;

(source : Atlas Universel ; Times Atlas of the World ; Times Book limited Londres 1982 . Carte Bartolomew)

PLANCHE 4: Le relief du Levant

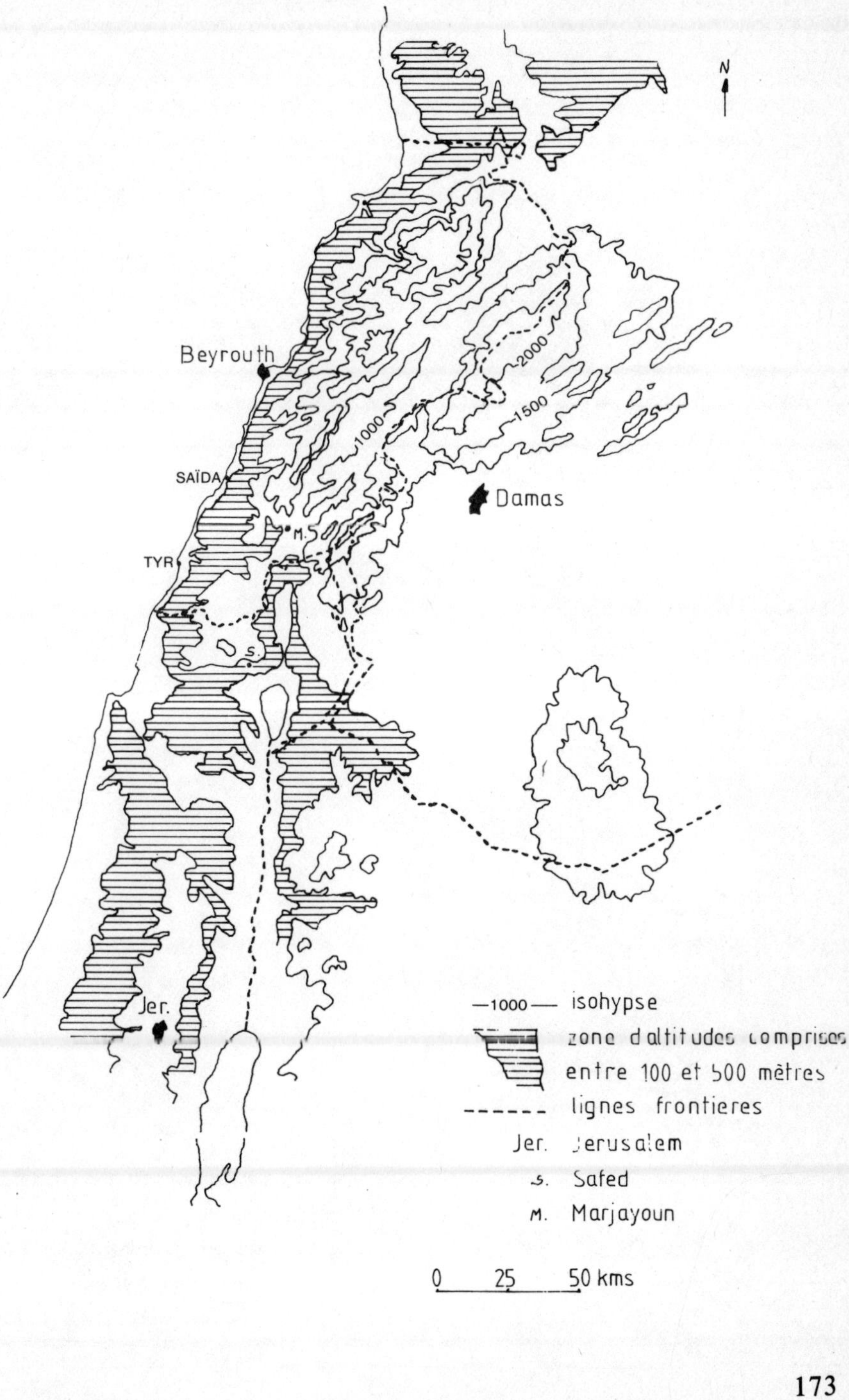

PLANCHE 5: une terminaison montagneuse

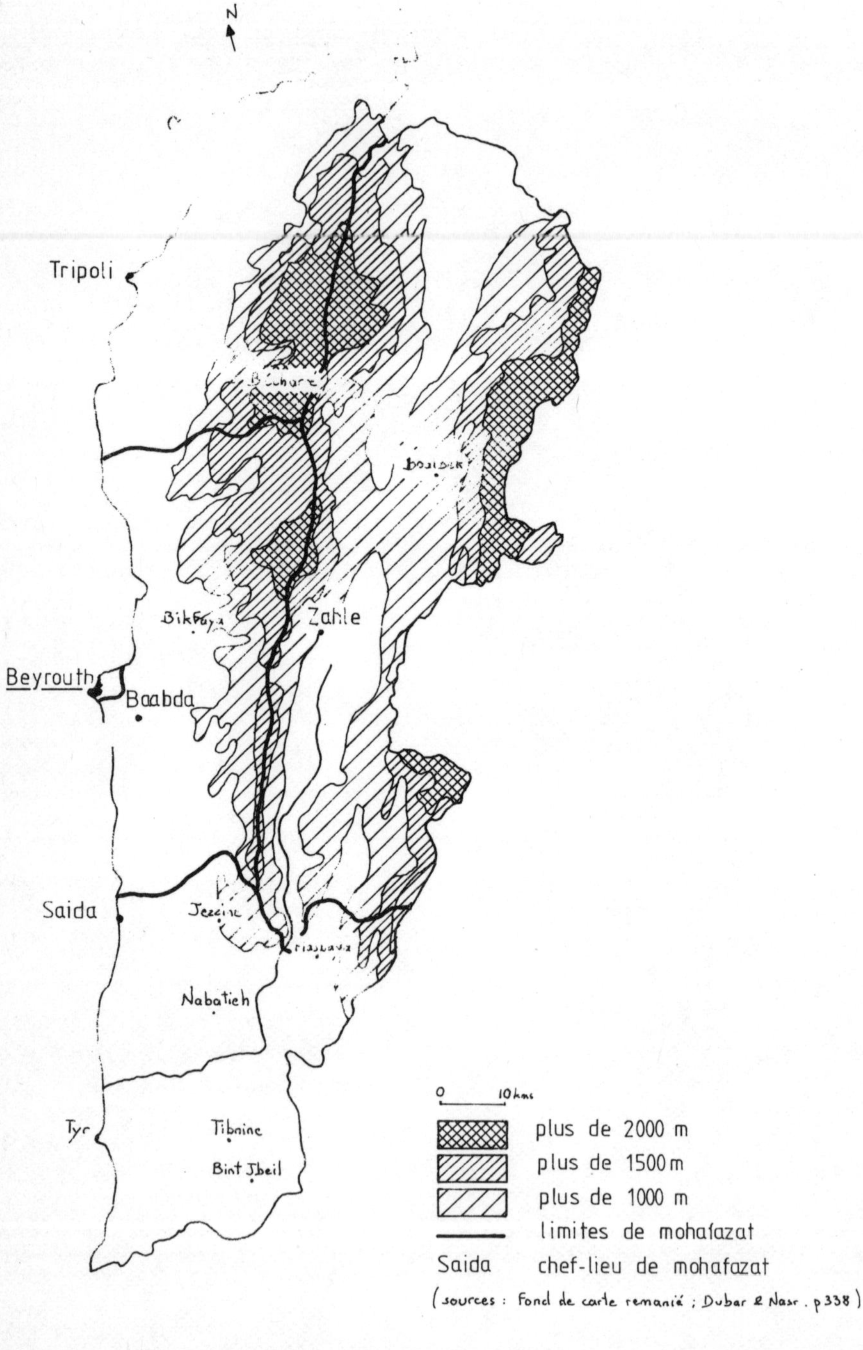

PLANCHE 6: Le Liban-Sud dans l'histoire du Proche-Orient: exemple d'oscillation géopolitique

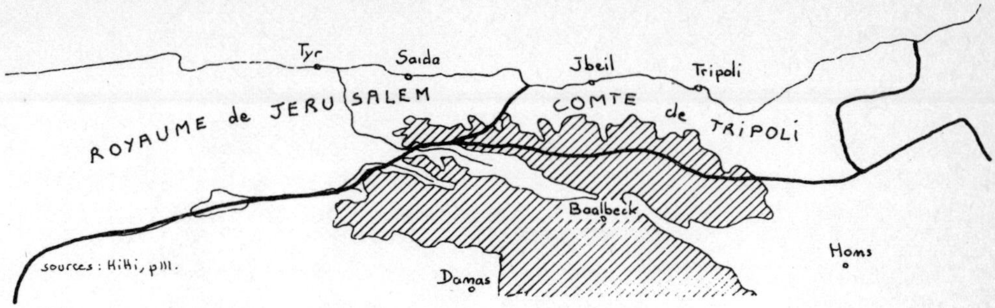

1140 _ Les Etats croisés

altitudes supérieures à 1000 mètres

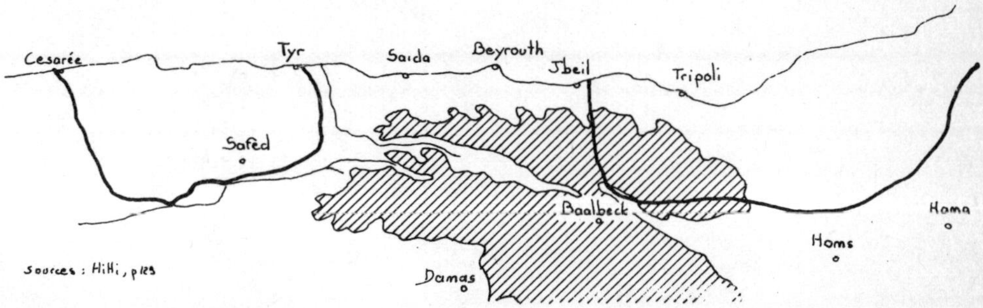

v 1350 _ Empire mamelouk

limite de niyabah

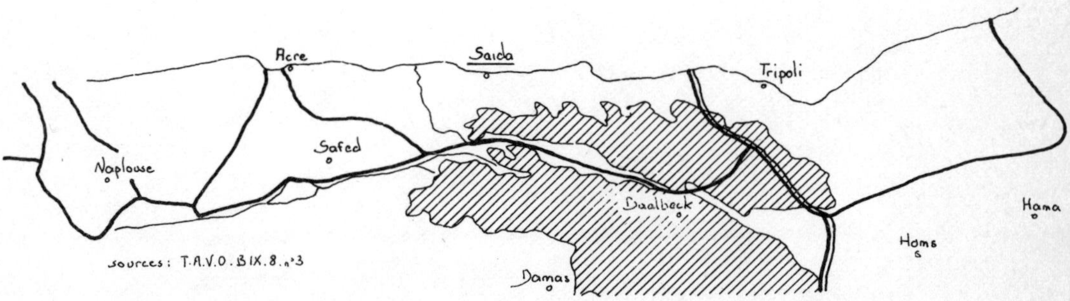

v 1600 Empire Ottoman — limite de sandjak

Saïda capitale de wilaya en 1660 — limite nord du wilaya de Damas

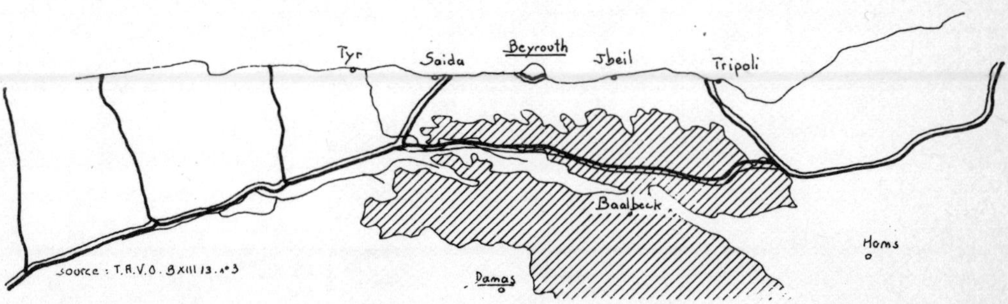

v 1900 _ Province autonome du Petit Liban

Beyrouth capitale de wilaya

PLANCHE 7: Le Liban communautaire; du Petit Liban au Grand Liban

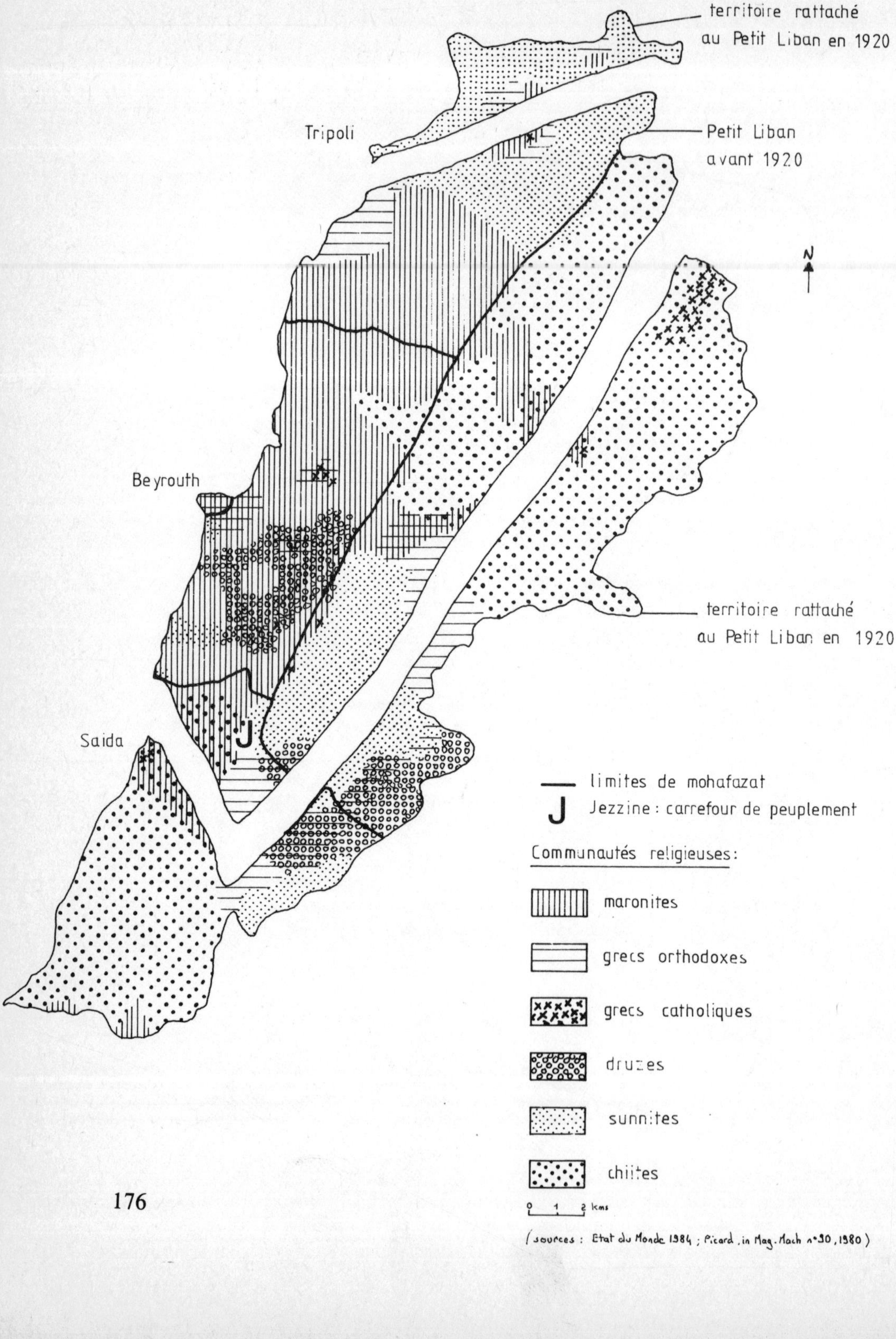

PLANCHE 8 : La densité de population au Liban en 1964.

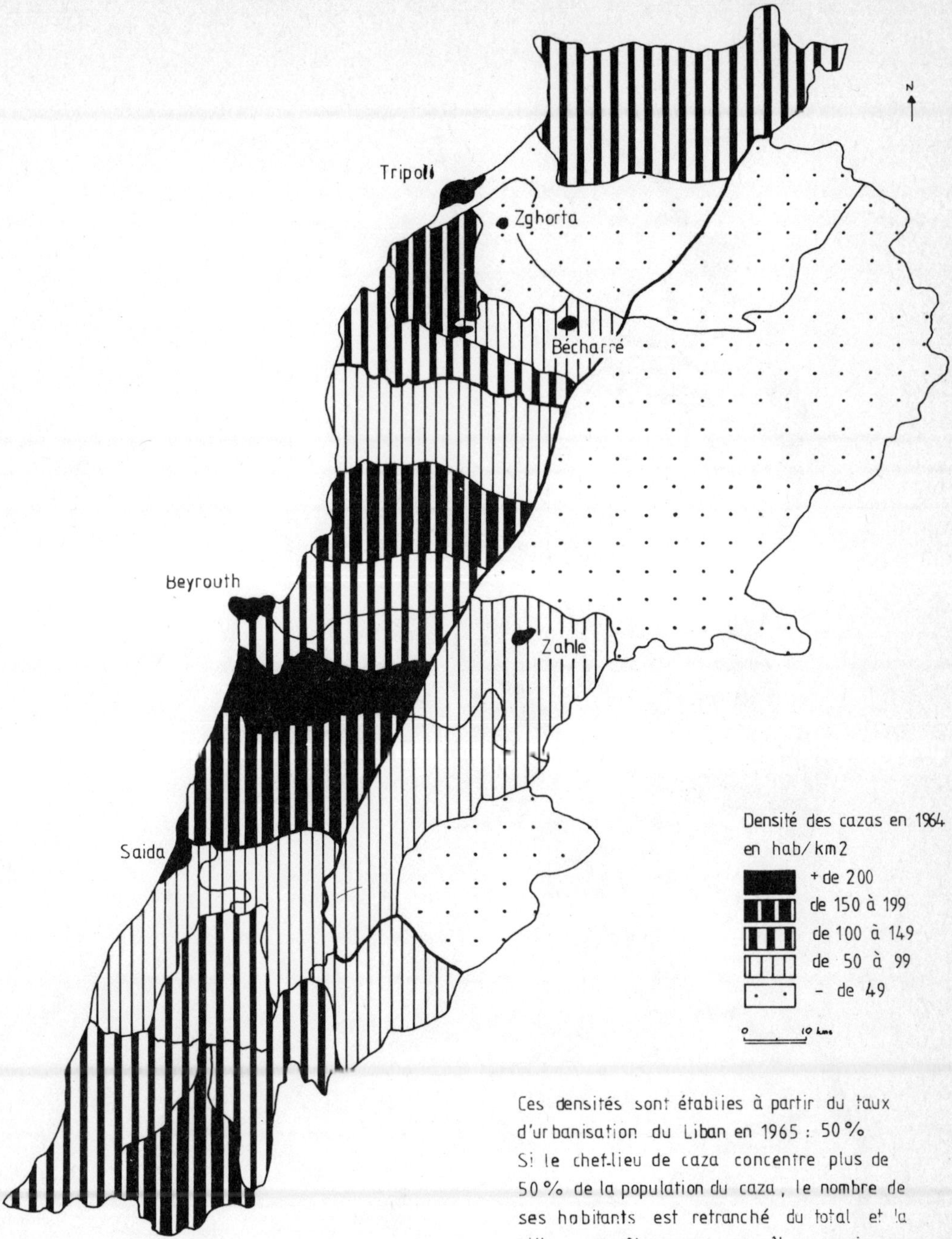

Ces densités sont établies à partir du taux d'urbanisation du Liban en 1965 : 50 %
Si le chef-lieu de caza concentre plus de 50 % de la population du caza, le nombre de ses habitants est retranché du total et la ville apparaît comme un pôle en noir sur la carte.

(sources : FRENN, p 69, chiffres 1964 ; Bourgey, Hannon p 109, chiffres 1970, O.N.U statistiques mondiales sur l'urbanisation : chiffres 1965)

PLANCHE 9 : Organisation de l'espace libanais: polarisation et macrocéphalie

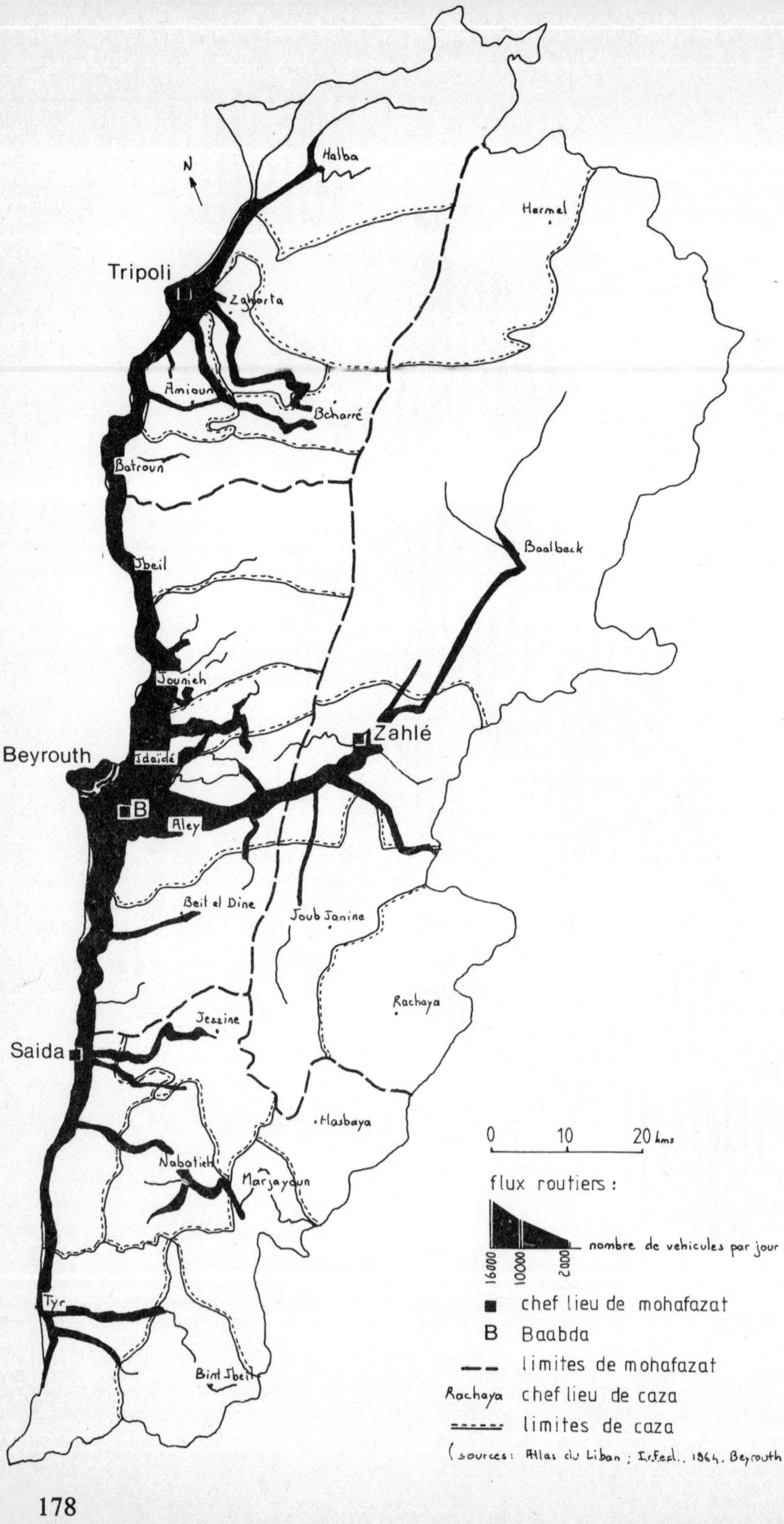

PLANCHE 10 : Les chiites dans le système socio-économique libanais

■ categories socio-professionnelles et confessions

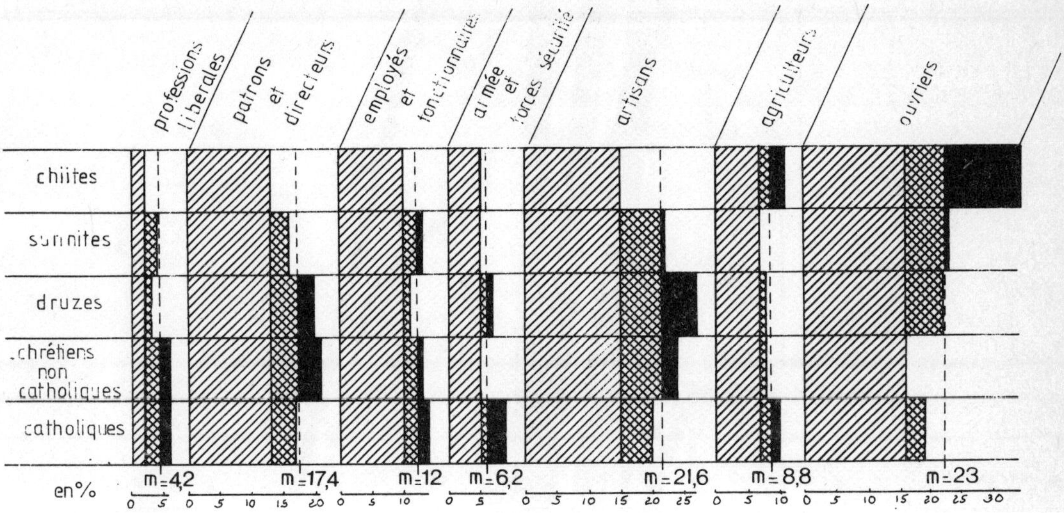

% superieur a la moyenne de la CSP (m)

% superieur au plus faible % de la CSP

(sources : Gregoire Haddad - " Primum Virere ". L'Orient. 15 juillet 1975 - Beyrouth. Fiches du Monde Arabe n°335 . 22 juillet 1975)

■ la représentation chiite au sein des C.S.P

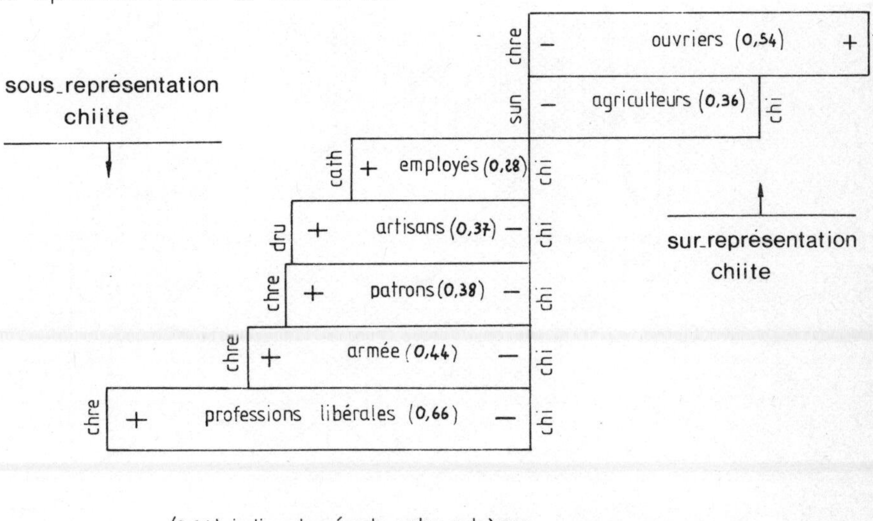

(0,54) : indice des écarts entre extrêmes pour une CSP donnée : $I_c = \frac{\%\,maxi - \%\,mini}{\%\,maxi}$

les pourcentages utilisés pour ce calcul sont ceux du premier tableau

PLANCHE 11 : Origine des Palestiniens des camps du Liban-Sud

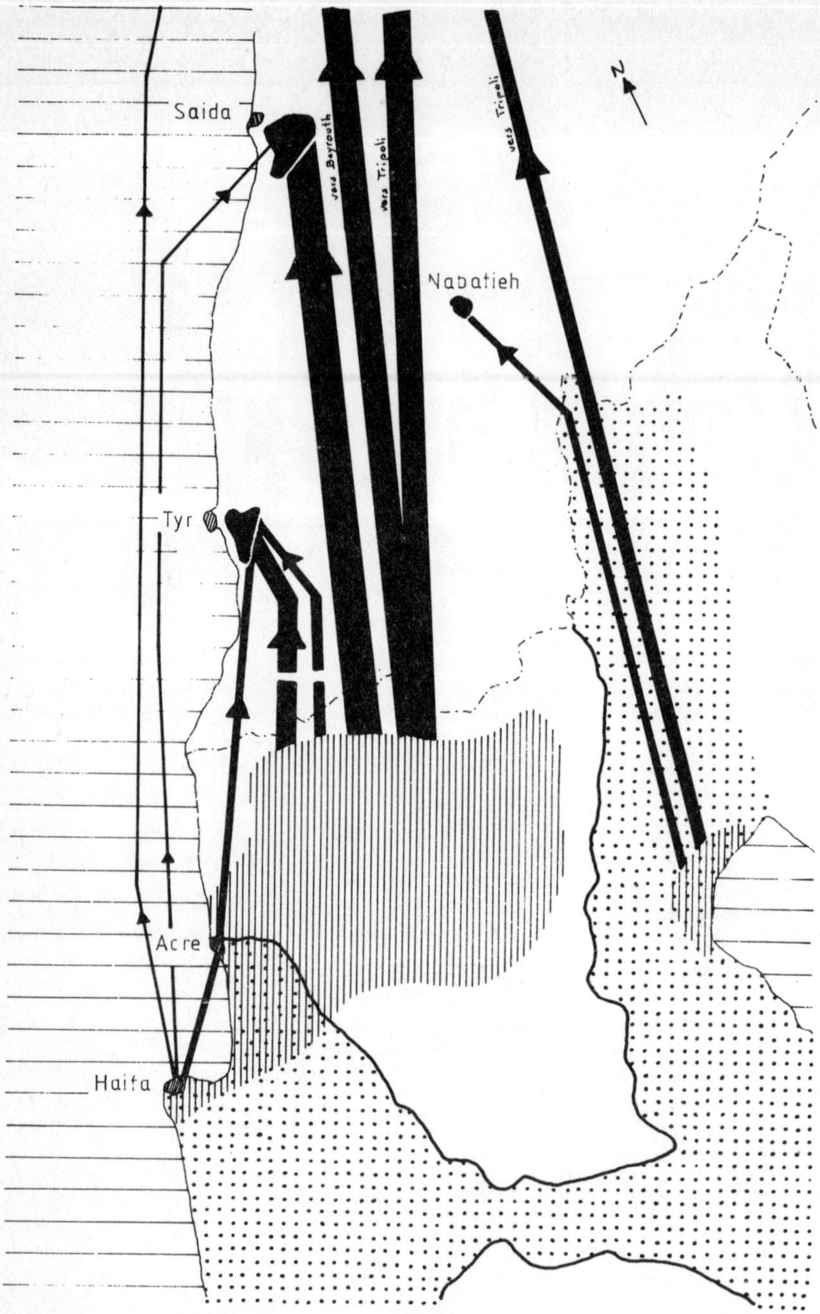

aire d'origine des réfugiés

territoire dévolu à l'Etat juif par le plan de partage de l'O.N.U (nov. 1947)

territoire dévolu à l'Etat arabe et incorporé à l'Etat d'Israël en 1949

frontières actuelles

nombre de refugiés arabes palestiniens (estimations) : 1 mm de large = 3500 réfugiés

exode en deux temps : jusqu'en 1955 implantation dans villages frontaliers libanuis

implantation des camps de réfugiés

0 5 10 kms

(sources : U.N.R.W.A. 1968, in PPS n° 231 ; Martin Gilbert.)

PLANCHE 12 : Implantation palestinienne civile et militaire au Liban; les raids israéliens de 1972

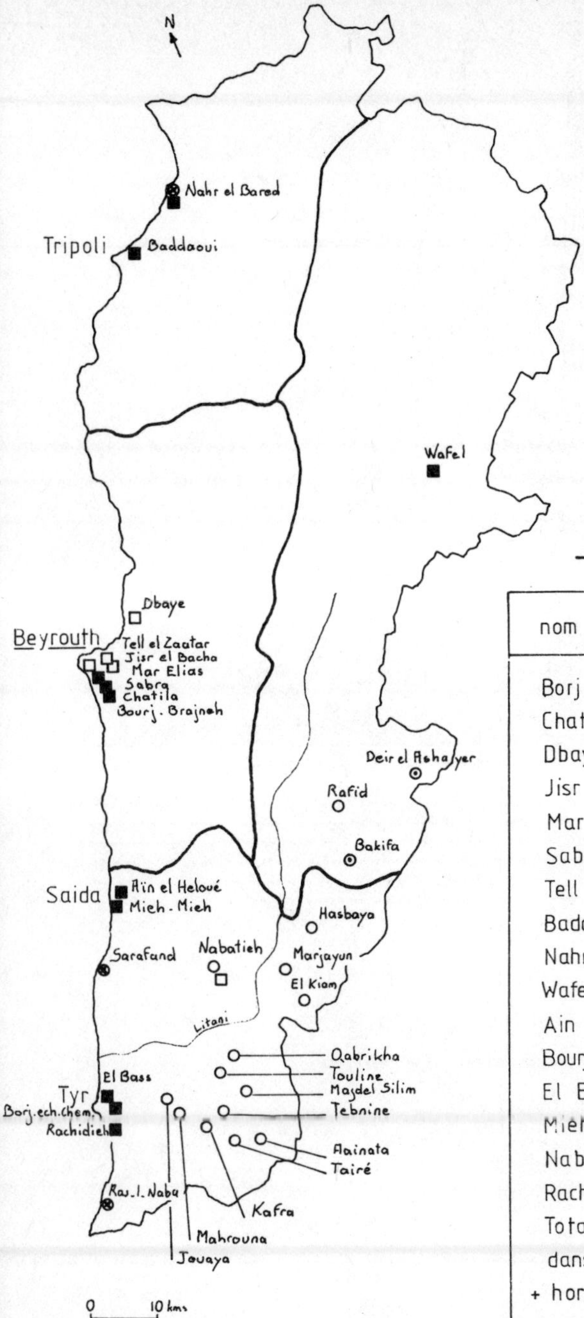

□ camps de réfugiés palestiniens détruits entre 1976 et 1982

■ camps recencés en 1985

bases de fedayins attaquées par les forces israéliennes

○ en septembre 1972

⊙ en octobre 1972

⊗ en 1972 (bases navales)

— limites de mohafazat

— La population palestinienne

nom des camps	1968	1985
Borj el Brajneh	7000	40000
Chatila	5000	20000
Dbayé	2500	——
Jisr el Bacha	1000	——
Mar Elias	1000	——
Sabra	——	35000
Tell el Zaatar	7000	——
Baddaoui	5500	19000
Nahr el Bared	10000	15000
Wafed	3000	7000
Ain el Héloué	17000	15000
Bourj ech Chemali	7000	30000
El Bass	4000	8000
Mieh Mieh	2000	3000
Nabatieh	4000	——
Rachidieh	10000	15000
Totaux partiels :		
dans les camps	86000	207000
+ hors des camps	80000	143000
Total	166000 (1)	350000 (2)

(1). chiffres de l'U.N.R.W.A (P.P.S n°251)
(2). estimations du journal "Le Monde". 23 mai 1985
cartographie basée sur les données de Gilbert (M). p85

PLANCHE 13 : Les accords du Caire

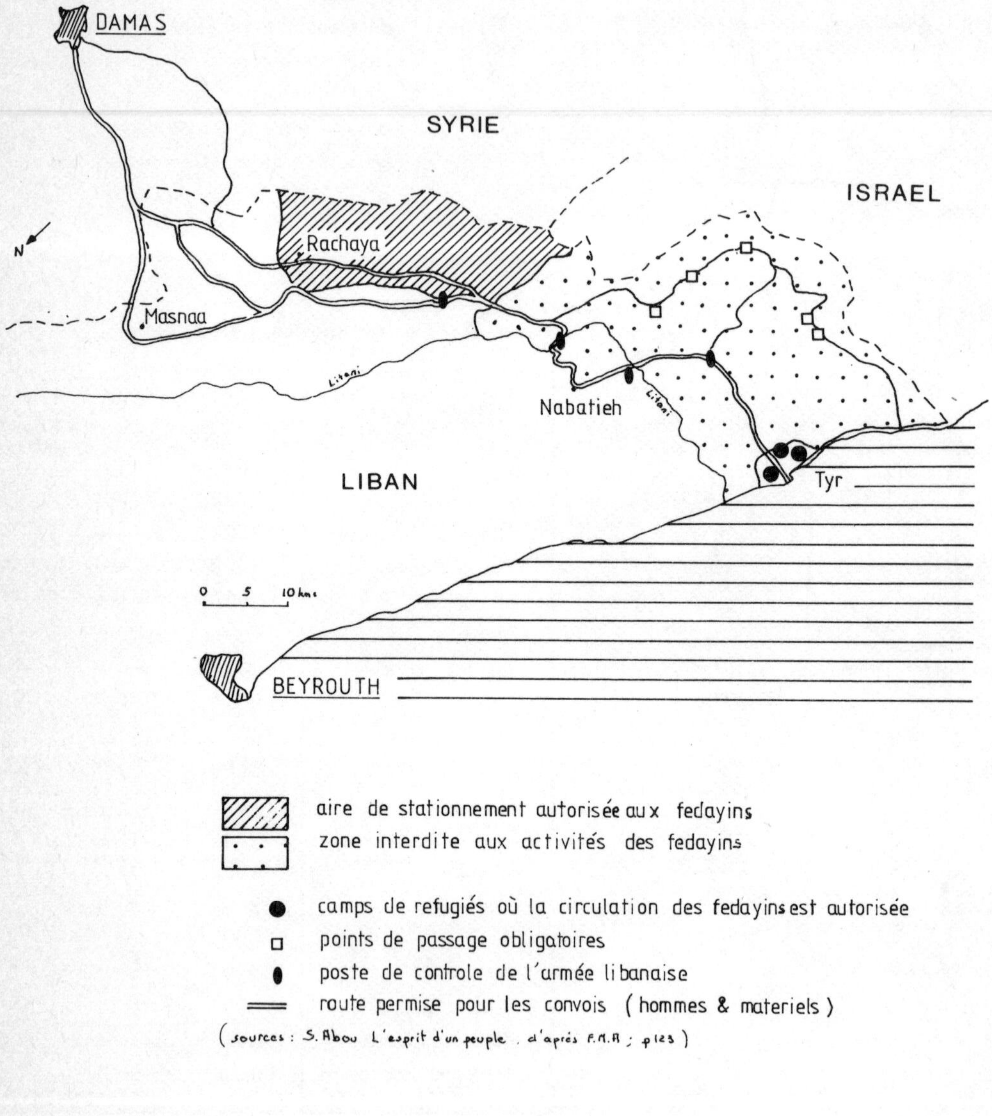

PLANCHE 14 : Les revendications territoriales israéliennes au Liban

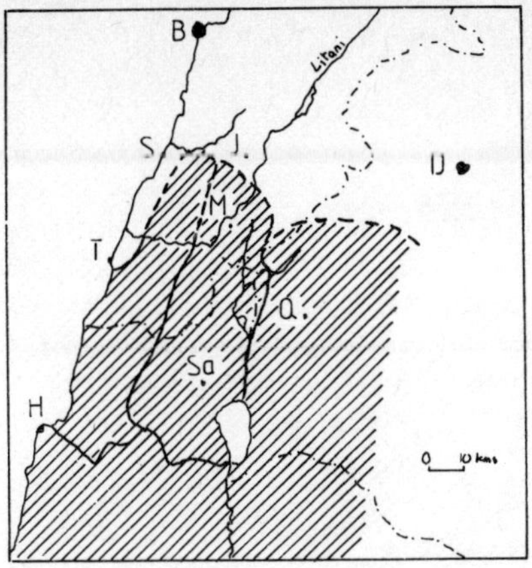

frontières
B = Beyrouth D = Damas
S = Saida J = Jezzine
T = Tyr M = Marjayoun
Q = Quneitra
H = Haifa Sa = Safed
limites de souveraineté des tribus :
certaines
présumées
(sources : atlas of Israël. 1970)

zone d'extension vers le nord des tribus juives

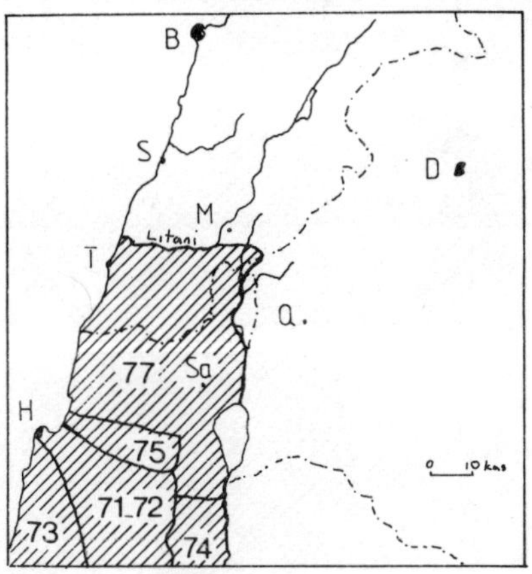

limites des zones prospectées
74 = 1874 année de prospection
(sources : atlas of Israël. 1970)

zones prospectées par le "Palestine Exploration Fund" entre 1871 et 1877

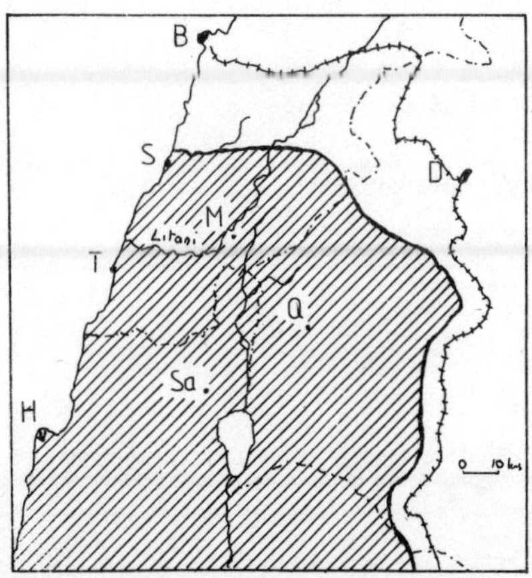

limite de la zone envisagée pour l'implantation des colonies juives
chemin de fer du Hedjaz
(sources. Martin Gilbert, 3e édition 1981)

plan sioniste pour la Palestine, fevrier 1919

PLANCHE 15 : Le front pionnier israélien en Galilée

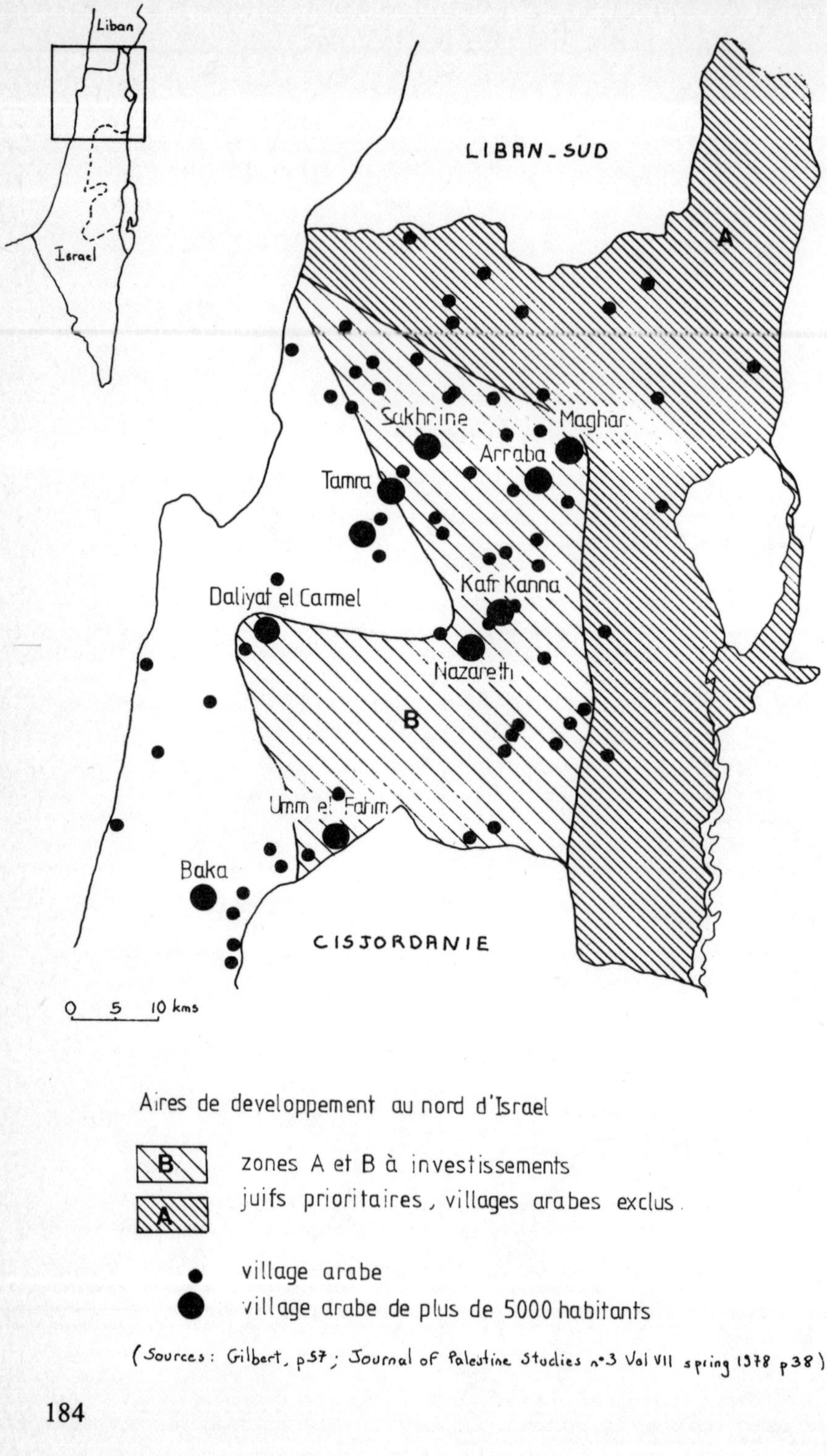

(Sources : Gilbert, p57 ; Journal of Palestine Studies n°3 Vol VII spring 1978 p38)

PLANCHE 16 : La perception israélienne de la menace palestinienne

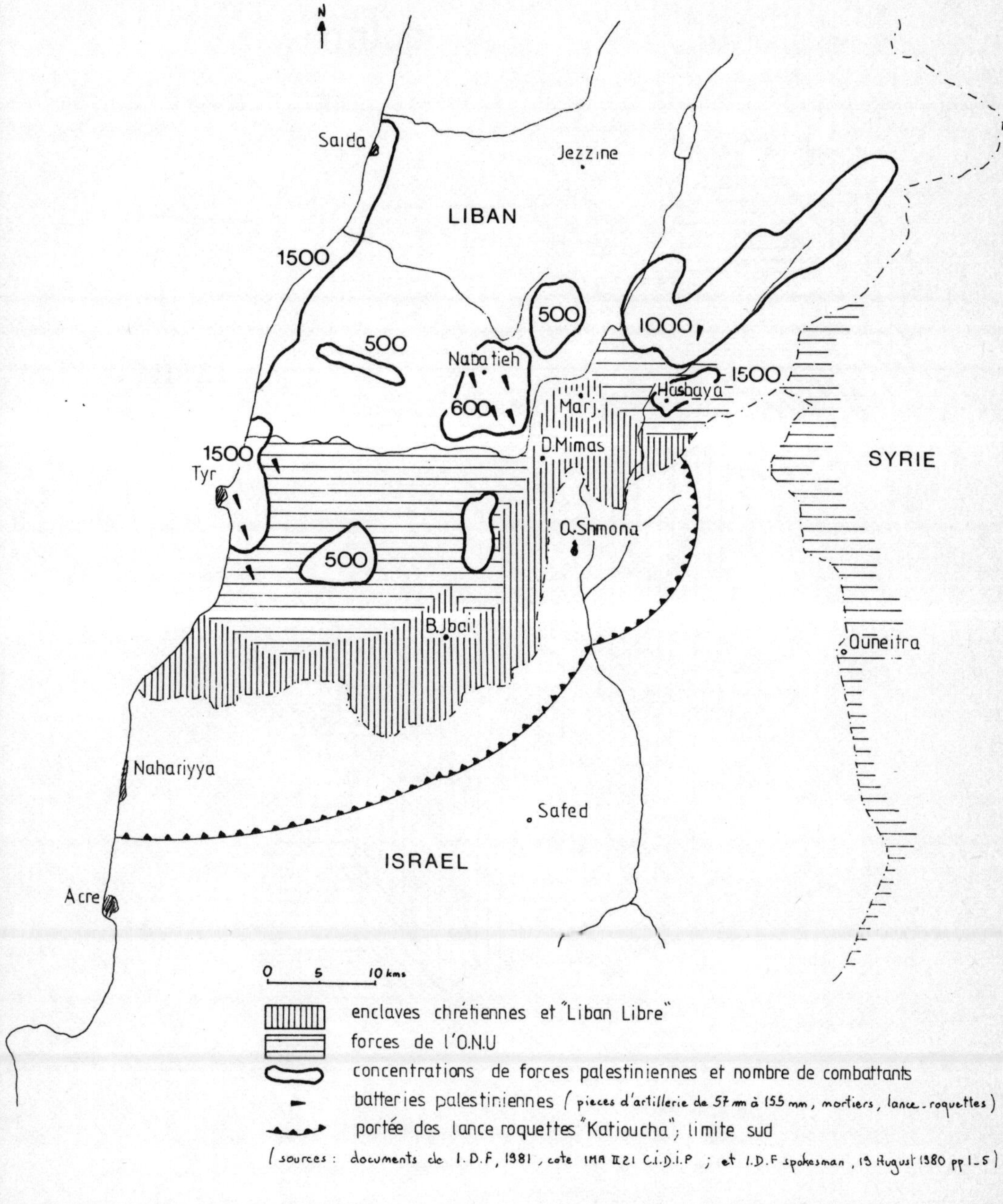

(sources : documents de I.D.F, 1981, cote IMA II21 C.I.D.I.P ; et I.D.F spokesman, 19 August 1980 pp 1-5)

PLANCHE 17 : Les secteurs de la F.I.N.U.L, le "Liban Libre" et les enclaves chrétiennes

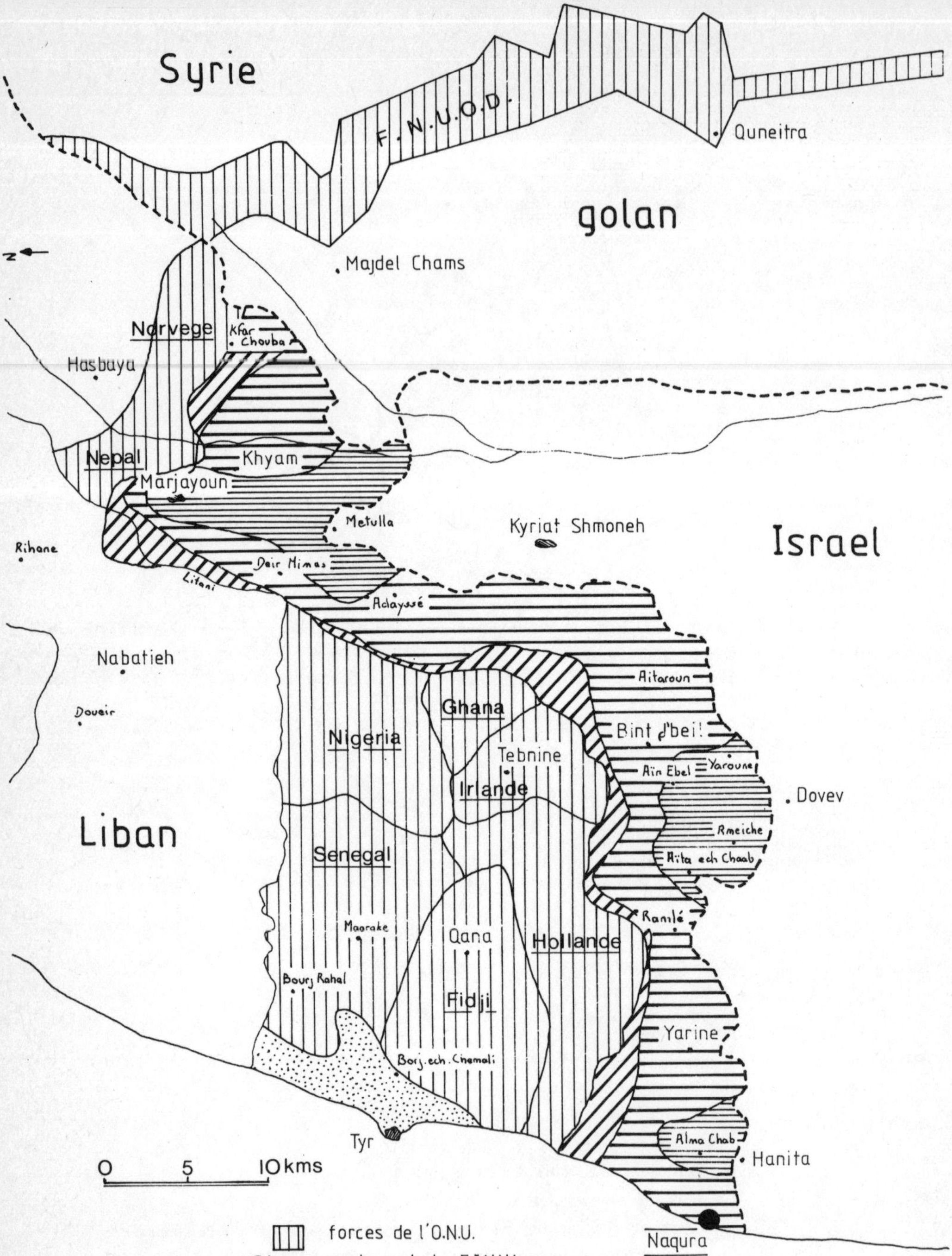

forces de l'O.N.U.

Ghana secteur de la F.I.N.U.L.

PC de la F.I.N.U.L ; contingent francais (logistique)

F.N.U.O.D. Forces des Nations Unies pour l'Observation du Désengagement

enclaves chretiennes

zone controlée par les milices chrétiennes (13 juin 1978)

zone conquise par l'Armée du Liban Libre (situation en aout 1979)

secteur palestino-progressiste

(sources : Gennaoui; Carte d'après France-Pays Arabes n°84 oct-nov 1979 p 17)

PLANCHE 18 : La Syrie et le Liban-Sud

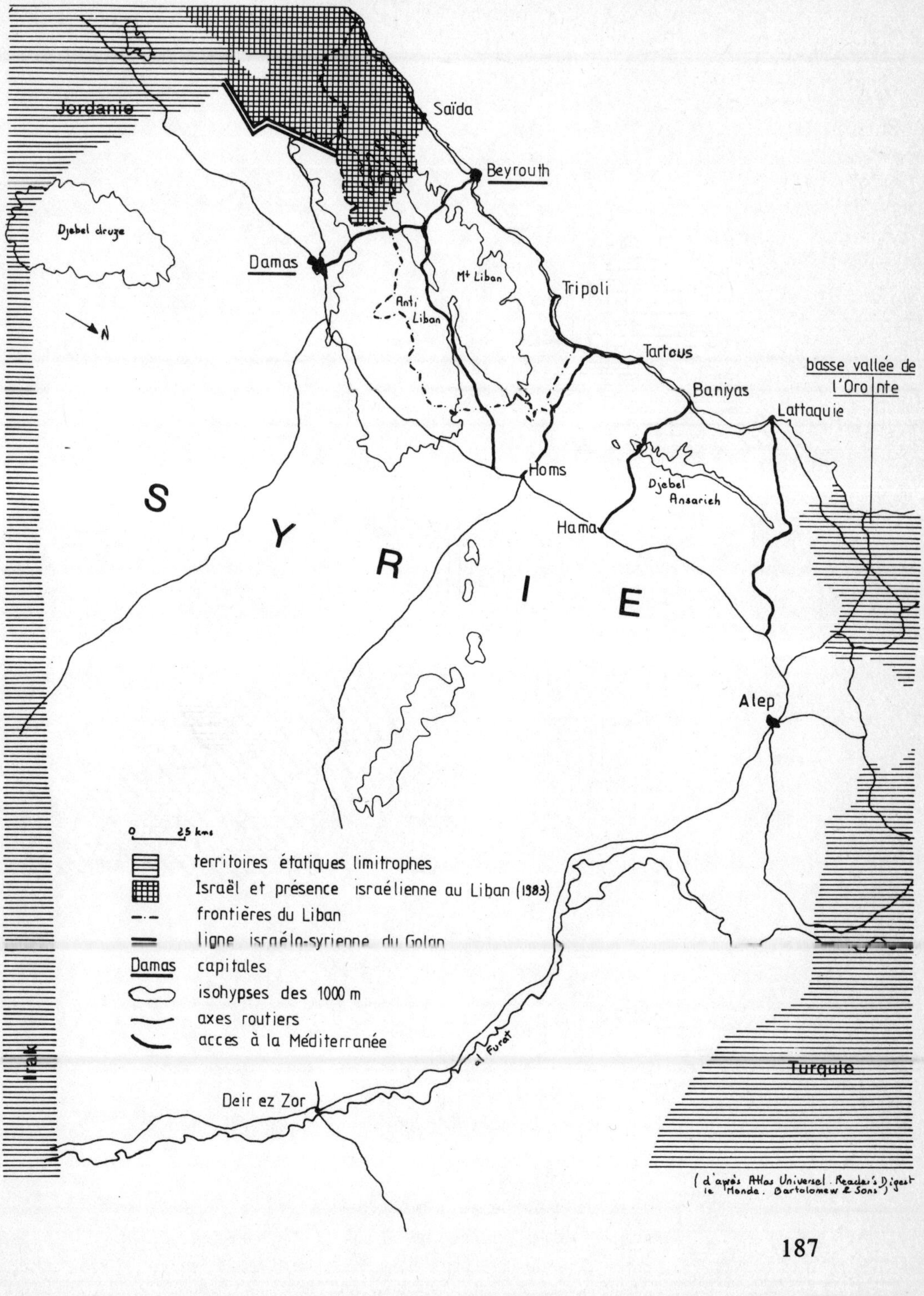

PLANCHE 19 : Le Liban entre deux occupations: mai 1982- septembre 1983

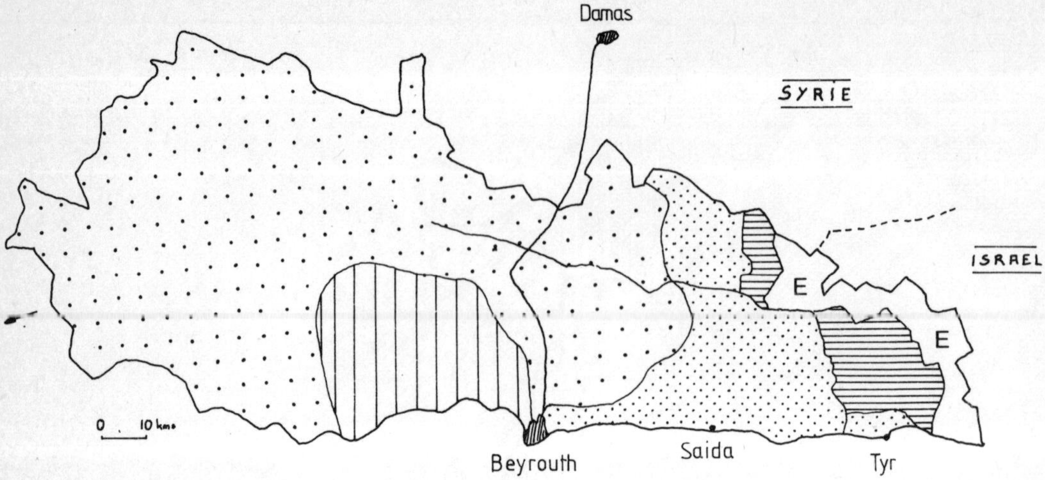

■ MAI 1982

(sources : Le Monde Diplomatique mai 1982)

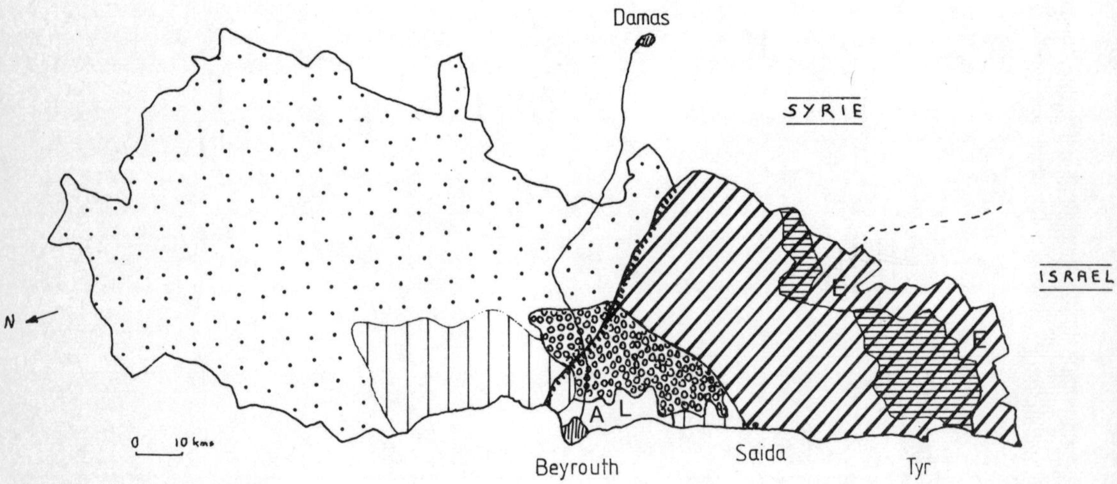

■ SEPTEMBRE 1983

(sources: S. Abou . L'esprit d'un peuple . p 377)

forces en présence

- F.A.D. Force Arabe de Dissuasion : armée syrienne
- Forces de Défense d'Israël
- AL Armée Libanaise
- Force d'Interposition des Nations Unies au Liban (FINUL)

- Forces Libanaises
- E Forces de l'Armée du Liban Libre
- Forces palestino-progressistes
- Forces du Parti Socialiste Progressiste (P.S.P. : druze)

PLANCHE 20 : Les lignes de retrait israéliennes: 1983-1985

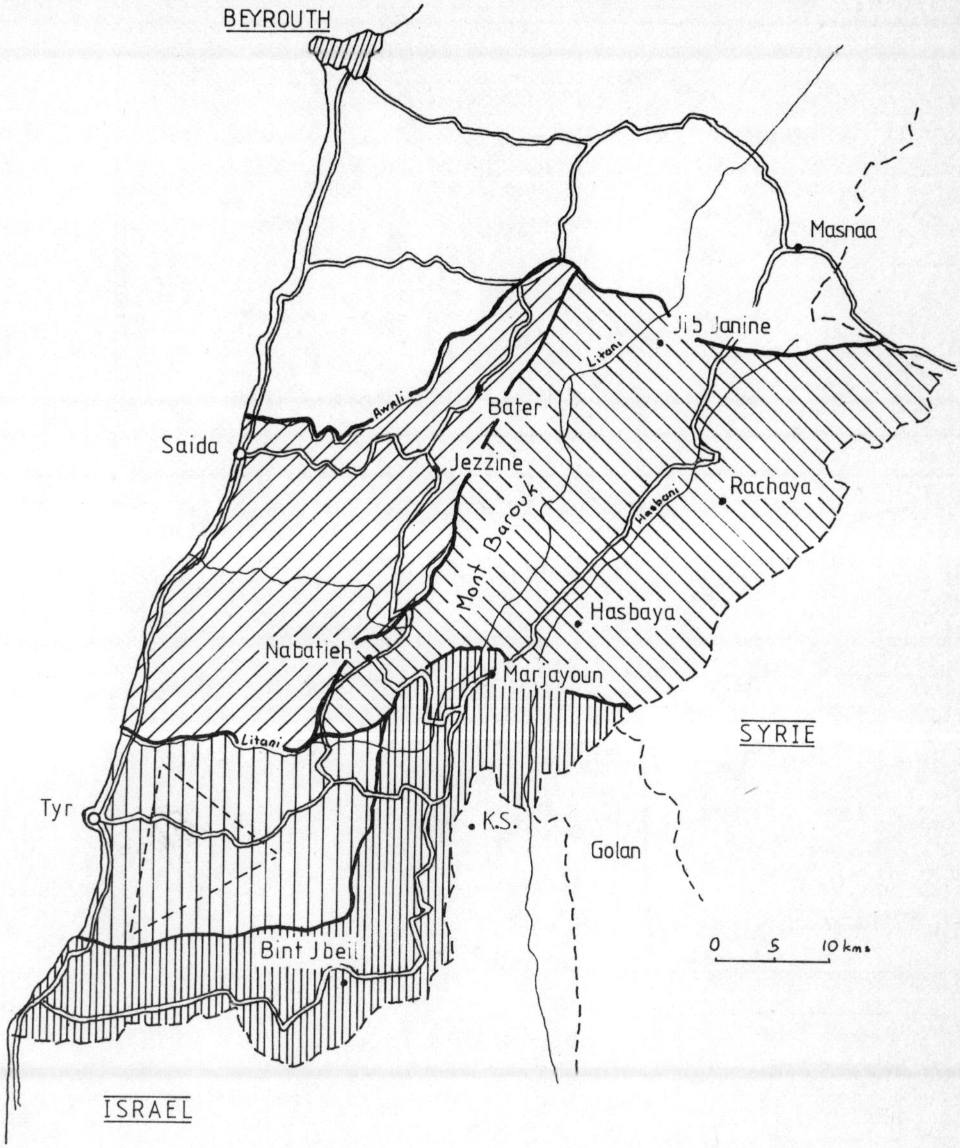

ligne de retrait de l'armée israélienne
zone evacuée en février 1985
zone evacuée en mars 1985
zone evacuée fin mars 1985
zone où subsiste une présence armeé israelienne
"triangle de fer"
frontières internationales
K.S Kyriat Shmoneh

Sources : d'après le journal "Le Monde" et le Monde Diplomatique Oct. 1984

PLANCHE 21 : Le système de sécurité israélien: fin 1985- début 1986

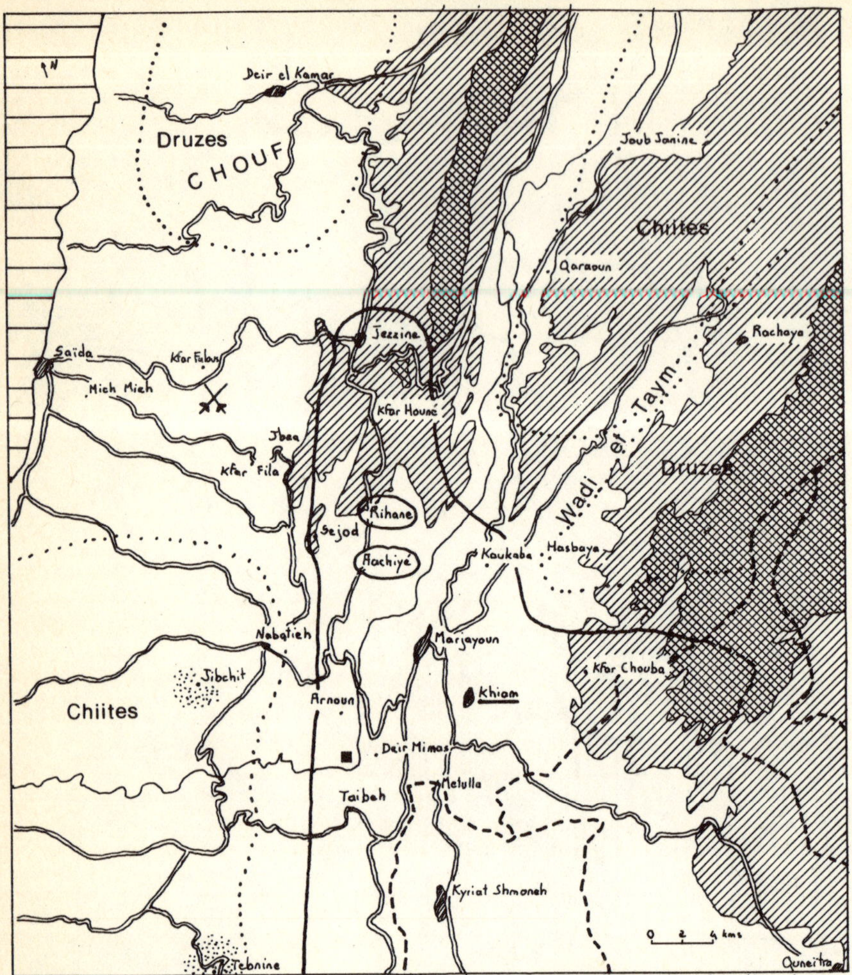

• conçu à partir des informations du journal "Le Monde" et de J.P. Filiu

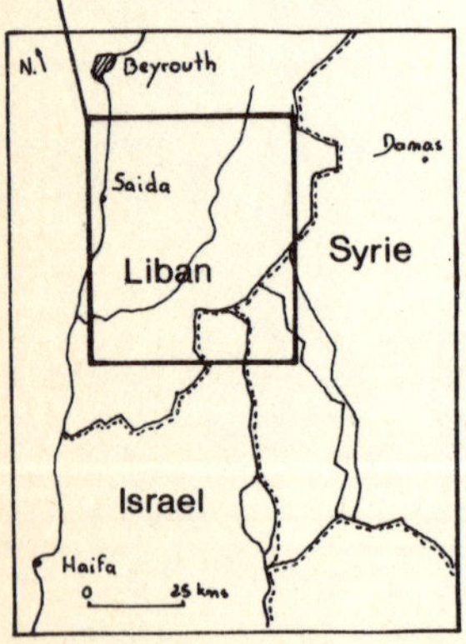

+ de 1500 m
+ de 1000 m
frontières - lignes de démarcation
chateau de Beaufort
limite nord de la zone controlée par l'A.L.S. et Israël
Khiam centre de détention de l'A.L.S.
kaukaba lieu de stationnement d'unités blindées de l'A.L.S.
villages chiites bombardés par l'A.L.S. au printemps 1984
Sejod village investi par les blindés israéliens en novembre 1985 (1)
front ALS-APL Armée Populaire de Liberation (2)
limites approximatives des aires communautaires
fiefs integristes chiites

(1) d'après l'Agence Nationale d'information (Liban) : "la plus importante opération depuis juin 1985" Orient le Jour n° 5417 8 nov 1985

(2). Palestiniens, nasseriens, communistes, integristes.

PLANCHE 22 : le "verrou" de Marjayoun

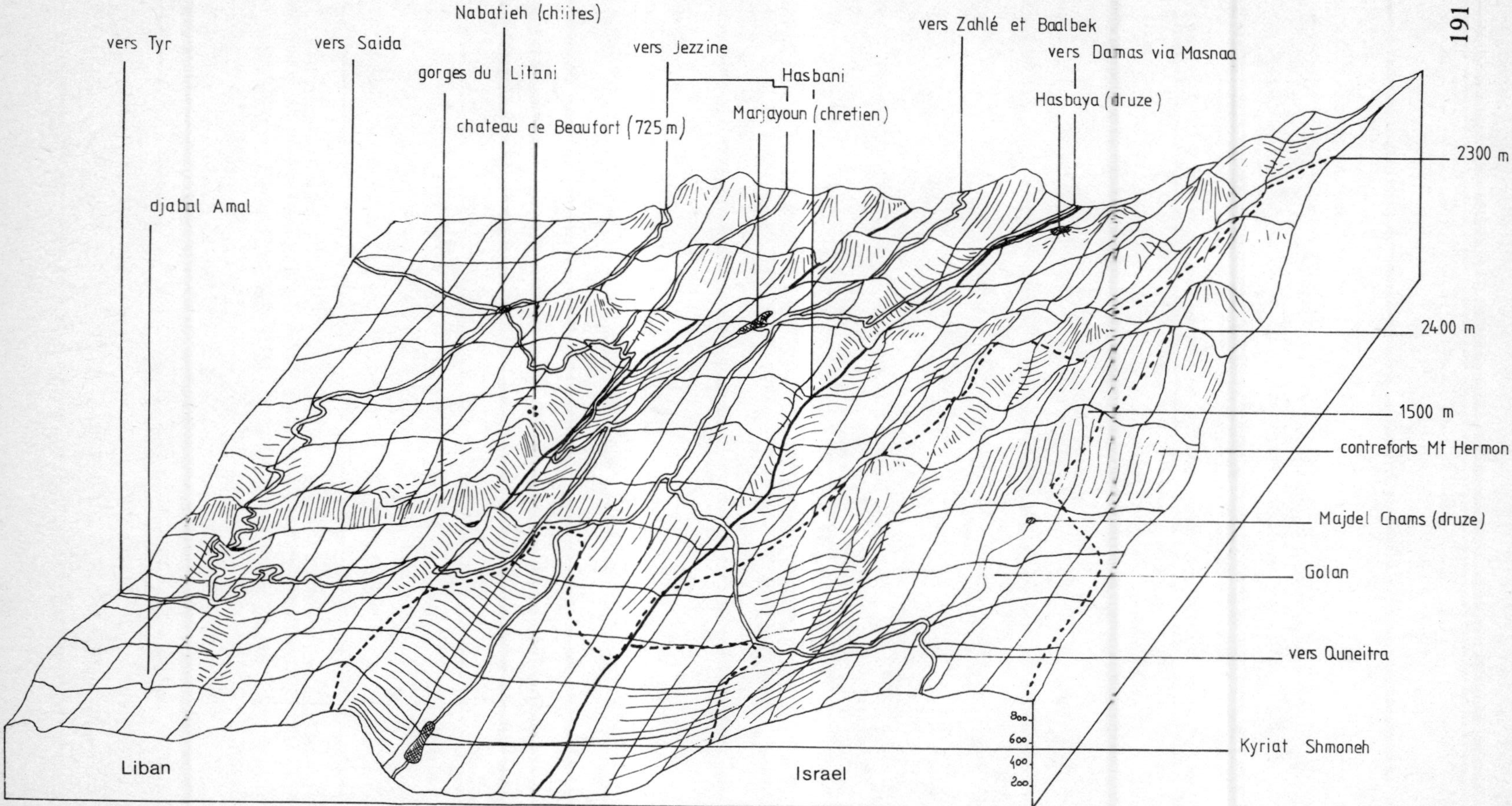

----- frontieres et lignes d'armistice ; échelle horizontale : 1 cm ⟷ 2 kms échelle verticale 1 cm ⟷ 500 m
(Sources : World Travel Map . Lebanon . Bartholomew n°33.).

Bibliographie

● Le Liban-Sud

Thèses :

BAZZI (N.) — *Les transformations du rayonnement urbain d'une petite ville libanaise depuis trois quarts de siècle, Bint Jbeil.* Paris IV, 1982, 339 p.

JABER (M.) — *Pouvoir et société au Jabal Amel de 1749 à 1920 dans la conscience des chroniques chiites et dans un essai d'interprétation.* Paris IV, 1978, 409 p.

KAMEL (N.) —*Instruments démographiques et flux migratoires au Liban. Critique et étude de cas : Maïfadoun, Sud-Liban.* Paris IV, 1985, 366 p.

Revue :

GENNAOUI (J.) — « Le Sud-Liban ». *Cahiers de l'association France-Nouveau Liban,* n° 2, Paris, édition du Pylone, 3e trimestre 1978, 32 p.

Exposés :

JABBOUR (N.) — *Le Liban-Sud humain et économique,* C.H.E.A.M, XXIVe stage, février 1964, 13 p.

LESCOT (J.) —*Les chiites du Liban-Sud (monographie de tribu),* C.H.E.A.M., non daté (années 30), 23 p.

NOUREDDINE (S.) — *Monographie d'un village du Liban-Sud,* C.H.E.A.M, 1965, 29 p.

● Le Liban-Sud après 1982 : situation d'ensemble

ARCHEVEQUE GREC-CATHOLIQUE DE SAIDA — Document sur la situation économique et sociale au Liban-Sud. Salhieh-Saida, 20 décembre 1985, 4 p.

FILIU (J.-P.) — « Le Sud-Liban à Noël 1985 ». Rapport à Solidarité internationale, janvier 1986, 6 p.

● Le Proche-Orient

Présentation géographique

Ouvrages :

BIROT (P.) et DRESCH (J.) — *La Méditerranée et le Moyen-Orient,* tome 2 : *la Méditerranée orientale et le Moyen-Orient.* Paris, P.U.F, 1956, 526 p.

FURON (R.) — *Le Proche-Orient.* Paris, Payot, 1957, 263 p.

Présentation politique

Ouvrages :

CHABRY (L. & A.) — *Politique et minorités au Proche-Orient, Les raisons d'une explosion.* Paris, Maisonneuve & Larose, 1984, 359 p.

CORM (G.) — *Le Proche-Orient éclaté.* Paris, Maspero, 1983, 310 p.

Revues :

Institut Français de Polémologie (I.F.P) — « Le conflit israélo-arabe ». Tomes 1 et 2, *Notes et Etudes Documentaires,* nos 4791-4792, Paris, la Documentation Française, 1985, 2 x 152 p.

Articles :

CHARNAY (J.-P.) — « Validité et rationalité de l'Etat-Nation au Proche-Orient ». *Hérodote,* nos 29-30, 2e et 3e trimestres 1983.

LACOSTE (Y.) — « Géopolitiques au Proche-Orient ». *Hérodote,* nos 29-30, 2e et 3e trimestres 1983, pp. 1-17.

Sur le problème des frontières

Ouvrage :

RAFFESTIN (C.) et GUICHONNET (P.) — *Géographie des frontières.* Paris, P.U.F, 1977, 223 p.

Article :

GALLAIS (J.) — « Pôles d'Etat et frontières ». *Cahiers géographiques de Rouen,* n° 15, 1981, pp. 79-85.

● Le Liban ; aspects géographiques, économiques, démographiques, politiques.

Présentation géographique

Thèse :

DE VAUMAS (E.) — *Le Liban, étude de géographie physique.* Paris, Firmint-Didot, 1954, 368 p. + 121 planches photographiques.

Articles :

BOURGEY (A.) — « Problèmes de géographie urbaine au Liban ». *Hannon,* revue libanaise de géographie. Vol. V, 1970, pp. 97-128.

KHER (A.) — « Polarisation au Liban ». *Développement et Civilisation,* n° 5, janvier mars 1961, pp. 51-54.

MURR (M.) — « Réflexion sur la géographie du Liban ». *Hannon,* vol. I, 1966, pp. 21-27.

Démographie et peuplement

Thèse :

FRENN (G.) — *La population du Liban ; étude géographique.* Paris I, 1977, 342 p.

DE VAUMAS (E.) — *La répartition de la population au Liban. Introduction à la géographie humaine de la République libanaise,* Paris, thèse de lettres, 1952, 79 f.

Economie

Thèses :

AOUAD (M.) — *Etude socio-économique des problèmes du monde rural et de la politique agricole du Liban.* Ecole Pratique des Hautes Etudes, Paris, 1973, 290 p.

BAALBAKI (A.) — *Situation de l'agriculture libanaise et limites de l'intervention de l'Etat sur le développement.* Institut National de la Recherche Agronomique, Paris, 1973, 264 p.

Ouvrages :

Centre d'études et de recherches sur le Moyen-Orient contemporain (C.E.R.M.O.C) : *Etat et perspectives de l'industrie au Liban,* Beyrouth, C.E.R.M.O.C., 1978, 151 p.

CORM (G.) — *Politique économique et planification au Liban, 1953-1963,* Beyrouth, Imprimerie Universelle, 1964, 211 p.

GAUTHIER (J.) — *Aspect général de l'agriculture libanaise.* Beyrouth, ministère de l'Agriculture libanais, services statistiques.
2 tomes, 3 vol., 1960-1961 :
- *Les circonscriptions foncières, la propriété,* 136 p.
- *Essai chiffré, les régions agricoles, les principales cultures,* 137 p.
- *Enquête sur la bande côtière,* 53 p.

Articles :

NASRALLAH (P.) — « La politique du gouvernement en fait de développement rural », *Travaux et Jours,* n° 24, Beyrouth, juillet-septembre 1967, pp. 13-15.

TURQUIEH (A.) — « Développement et planification au Liban », *Maghreb-Machrek,* n° 57, Paris, la Documentation Française, mai-juin 1973, pp. 72-80.

Sur l'opération "Litani"

Articles :

HUDSON (J.) — « The Litani river of Lebanon : an example of middle eastern water development ». *Middle East Journal,* vol. 25, n° 1, hiver 1971, pp. 1-14.

NAMMOUR (T.) — « Quelques aspects de l'utilisation du sol dans le Liban du sud-ouest ». *Hannon,* n°s 8-12, 1977, pp. 27-56.

Société

Ouvrages :

ABOU (S.) — *Le bilinguisme arabe-français au Liban. Essai d'anthropologie culturelle.* Paris, P.U.F, 1962, 503 p.

DUBAR (C.) et NASR (S.) — *Les classes sociales au Liban.* Paris, Presses de la Fondation Nationale des Sciences Politiques, 1976, 365 p. cf. chapitre II : « le Liban central et le Liban périphérique », pp. 21-36.

RIZK (C.) — *Le régime politique libanais.* Paris, Librairie Générale de Droit et de Jurisprudence, 1966, 168 p.
RONDOT (Pi) — *Les institutions politiques du Liban. Des communautés traditionnelles à l'Etat moderne.* Paris, Institut d'Etudes de l'Orient Contemporain, 1947, 140 p.

Thèse :
SCHMEIL (Y.) — *Sociologie du système politique libanais.* Grenoble, 1979, 571 p.

Sur l'aspect confessionnel,

Ouvrages :
BAUBEROT (J.), BLOCH (L.), CHANINE (J.), CHARPIE (J.-P.) — *Palestine et Liban : Promesses et mensonges de l'Occident.* Paris, L'Harmattan, 1977, 233 p. Voir NASR (S.) — Pour éclairer la guerre civile au Liban. Jalons pour une position des rapports entre confessions et société libanaise. Chapitre III, pp. 142-155.
JOUMBLATT (K.) — *Pour le Liban.* Paris, Stock, 1978, 266 p.

Exposé :
DARCHE (J.) — *Les chiites du Liban.* C.H.E.A.M, 1937, 32 p.

Article :
RONDOT (P.) — « Les communautés au Liban ». *Proche Orient et Tiers-Monde,* n° 9, spécial Liban, 1983, pp. 47-63.
DE VAUMAS (E.) — « La répartition confessionnelle au Liban et l'équilibre de l'Etat libanais ». *Revue géographique Alpine,* Grenoble 1955, pp. 511-603.

● **Histoire du Liban avant 1975**

Thèse :
CHEVALLIER (D.) — *La société du Mont-Liban à l'époque de la révolution industrielle en Europe.* Paris, Librairie Orientaliste P. Geuthner, 1971, 316 p.

Ouvrages :
ALEM (J.-P.) — *Le Liban.* Que sais-je n° 1 081, Paris, P.U.F, 3e édition, mars 1985, 127 p.
BOULOS (J.) — *Les peuples et civilisations du Proche-Orient.* Tome 5 : *Le Proche-Orient ottoman (1517-1918) et post-ottoman (1918-1930),* Gravenhage, Mouton, 1968, 551 p.
HITTI (P.) — *A short story of Lebanon,* Londres, Mac-Millan, 1965, 249 p.
NANTET (J.) — *Histoire du Liban.* Paris, éd. de Minuit, 1963, 368 p. ; Réédition TEQUI, 1986, 364 p.
RABBATH (E.) — *La formation historique du Liban politique et constitutionnel.* Essai de synthèse. Beyrouth, Université libanaise, 1973, 589 p.
SALEH (J.) et SIOUFI (A.) — *Les 6 001 jours du Liban.* Toulouse, Privat, 1974, 256 p.

Article :
HENDERSON (K.) et SHIHADEH (E.) — « The evolution of local government in Lebanon », *Journal of Local Administration Overseas,* vol. II, n° 3, Majesty's Stationery Office, Grande Bretagne, july 1963, pp. 137-139.

● **La guerre du Liban**

Index bibliographiques :
NAAMAN (A.) — *Essai bibliographique : La guerre libanaise (1975-1985).* Liban, Jounieh, éd. Maison pour la culture, 1985, 210 p.
SALIBA (M.) — *Index Libanicus : analytical survey of publications in european languages on Lebanon.* Liban, éd. Saliba, 1979, 510 p.

Ouvrages :
BENASSAR — *Anatomie d'une guerre et d'une occupation ; événements du Liban de 1975 à 1978.* Paris, Galilée, 1973, 213 p.
CHAMUSSY (R.) — *Chronique d'une guerre. Le Liban. 1975-1977.* Paris, Desclée, 1978, 284 p.
BOURGI (A.) et WEISS (P.) — *Les complots libanais.* Paris, Berger-Levrault. 1978, 212 p.
KODMANI-DARWISH (B.) — *Liban : espoirs et réalités,* Institut Français des Relations Internationales, collection « Travaux et recherches », 1987, 287 p.
LAURENT (A.) et BASBOUS (A.) — *Guerres secrètes au Liban,* Paris, Gallimard, 1987, 370 p.
PICARD (E.) — *Liban, Etat de discorde. Des Fondations aux guerres fratricides,* Paris, Flammarion, 1988, 263 p.

Revues :
Problèmes Politiques et Sociaux (P.P.S), n° 291 : « Guerre civile au Liban ». Paris, La Documentation Française, août 1976, 64 p.
Le Monde Dossiers et Documents : « Liban mort et résurrection ». Octobre 1982, 12 p.
P.P.S., nos 472-473 — « Le Liban après 8 ans de guerre ». Octobre 1983, 107 p.
I.F.P. — « Les crises du Liban 1958-1982 ». Nos 4 694-4 695, 1983, 107 p.

Articles :
IBRAHIM (A.H.) — « L'effervescence minoritaire : la guerre du Liban et ses dialectiques minoritaires ». *Esprit,* mai-juin 1983, pp. 115-143.
KAMEL (N.) — « Le Liban éclaté ; conflits religieux, clivages économiques ». *Le Monde Diplomatique,* décembre 1975.
PICARD (E.) — « Liban, guerre civile, conflit régional », *Maghreb-Machrek,* n° 73, 1976, pp. 53-69.
— « Rôle et évolution du Front libanais dans la guerre civile ». *Maghreb-Machrek, n° 90, oct.-déc. 1980, pp. 16-31.*
Table ronde, avec MARIAN (M.), CHALLIAND (G.), CHARNAY (J.-P.), LACOSTE (Y.), RONDOT (Ph.), *Esprit,* mai-juin 1983, pp. 229-243.
Les cahiers de l'Orient, n° 10 : « Liban : l'argent des milices », 2e trimestre 1988, pp. 271-287.

● Israël

Histoire et Planification

Ouvrages :
In BLUMENTKRANZ (B.) et KLATZMAN (J.) — *Histoire de l'Etat d'Israël,* Toulouse, Privat, 1982, 519 p., Cf :
NIR (D.) — Géographie physique, pp. 73-88.
BACHI (R.) — Démographie et populations, pp. 91-138.
KLATZMAM (J.) — Economie, pp. 209-227.
ERRERA (E.) et BENSIMON (D.) — *Israël et ses populations.* Bruxelles, Complexe, 1977, 415 p.
GASPAR (L.) — *Histoire de la Palestine.* Paris, Maspéro, 1978, 235 p.

Articles :
BRUTZKUS (E.) — « Plan pour la répartition spatiale d'une population de 5 millions d'habitants en Israël ». *Méditerranée,* n° 25, 1976, pp. 73-82.
DENANT (P.) — « Les implantations israéliennes dans les territoires occupés (1976-1977) », *Hérodote,* nos 29-30, 1983, pp. 153-186.
ELRAZIK (A.), AMIN (R.), DAVIS (V.) — « Problems of Palestinians in Israël : Land, Work, Education ». *Journal of Palestine Studies,* Vol. VII, n° 3, (Beyrouth), spring 1978, pp. 31-55.

● Israël et le Liban-Sud ; l'invasion du 6 juin 1982

Ouvrages :
KAPELIOUK (A.) — *Enquête sur un massacre.* Paris, Seuil, 1982, 115 p.
RANDAL (J.) — *Going all the way : christian warlords, Israeli adventurers and the war in Lebanon,* New-York, The Viking Press, 1983. Edition française : *La guerre de mille ans,* Paris, Grasset, 1984, 324 p.

Revues :
Revue d'Etudes Palestiniennes, n° 5 : *La guerre israélo-palestinienne.* Automne 1982, publiée par l'Institut des Etudes Palestiniennes, Beyrouth. 358 p.
Maghreb-Machrek, n° 98, 4e trimestre 1982, Dossier Liban, 128 p.

Articles :
ARONSON (G.) — « Les Israéliens peuvent-ils renoncer à un contrôle direct sur le Sud-Liban ? » *Le Monde Diplomatique,* mai 1984.
BOURGI (A.) et WEISS (P.) — « Israël et le Sud-Liban ». *Peuples méditerranéens,* n° 20, juillet-septembre 1982, pp. 93-104.
CORM (G.) — « La balkanisation du Proche-Orient, entre le mythe et la réalité ». *Le Monde Diplomatique,* janvier 1983.
DECOCQ (A.), HAUSSLING (J.), VAUDEPLAS (A.) — « Israël et le Sud-Liban. Ce qu'il faut savoir. » C.I.D.M.O de Bruxelles, juillet 1984, 27 p., distribué par le C.I.D.I.P. de Paris.
IRMIYA (D.) — « Le "journal de guerre" d'un général israélien rayé des cadres de réserve de l'armée (10 juin 1982-26 janvier 1983) ». *Le Monde Diplomatique,* juin 1983.
JARRY (E.) — « Sud-Liban : le face à face ». *Le Monde Diplomatique,* mai 1982.
KAPELIOUK (A.)
— « Le rôle multiple d'Israël dans la crise libanaise ». *Le Monde Diplomatique,* décembre 1976.
— « La sécurité d'Israël et le glacis libanais ». *Le Monde Diplomatique,* avril 1978.
— « Israël, une stratégie radicale ». *Le Monde Diplomatique,* mai 1982.
— « La liquidation de l'obstacle palestinien ». *Le Monde Diplomatique,* juillet 1982.
KESSLER (P.) et PARISI (R.) — « Visite au Sud-Liban ». *Esprit,* nos 11-12, novembre décembre 1982, pp. 272-281.
ROULEAU (E.) — « Israël dans l'engrenage libanais », *Le Monde Diplomatique,* août 1982.
SHARETT (Y.) — « Controverse historique dans le journal de Moshe Sharett. L'Etat juif et l'intégrité du Liban ». *Le Monde Diplomatique,* décembre 1983.
VERNANT (J.) — « La stratégie israélienne au Liban ». *Défense Nationale,* n° 38, septembre 1982, pp. 117-123.
YNON (O.) — « Stratégie pour Israël dans les années 80 ». *Kivounim,* n° 14, février 1982, Départe-

ment propagande de l'Organisation Sioniste Mondiale. in *Revue d'Etudes Palestiniennes*, n° 5, automne 1982, pp. 72-83.

● **Suites et répercussions de l'invasion**

Revue :

Revue d'Etudes Palestiniennes, n° 16. « Contre l'occupation israélienne, la Résistance Nationale Libanaise ». Eté 1985, 290 p.

Articles :

FILIU (J.-P.) — « Les phases de la répression israélienne au Sud-Liban ». *Revue d'Etudes Palestiniennes*, n° 16 été 1985, pp. 63-86.

KASSIR (S.)

— « Le Liban dans l'attente de l'après-guerre ». *Le Monde Diplomatique*, février 1983.

— « L'élan de la résistance dans le sud du Liban ». *Le Monde Diplomatique*, octobre 1984.

— « Chronique de lutte populaire ». *Revue d'Etudes Palestiniennes*, n° 16, été 1985.

MAILA (J.)

— « Liban : tragédie de la paix ». *Etudes*, n° 360/1, février 1984, pp. 149-159.

— « Liban : violence et précarité ». *Etudes*, n° 360/2, février 1985, pp. 149-157.

● **Répercussions en Israël**

Articles :

BARNAVI (E.) — « Un tournant pour l'Etat d'Israël après la guerre du Liban ». *Etudes*, n° 358/1, janvier 1983, pp. 5-21.

KAPELIOUK (A.) — « Le gouvernement israélien à l'heure des comptes ». *Le Monde Diplomatique*, octobre 1982.

● **Conséquences économiques au Liban**

Articles :

Commerce du Levant : « Agriculture, le sud en état de choc », 22 août 1983, p. 9.

DAGHER (A.) — « La grande détresse de l'économie libanaise ». *Le Monde Diplomatique*, janvier 1985.

KLICH (I.) — « Israël souhaite maintenir ses liens commerciaux avec le Liban ». *Le Monde Diplomatique*, novembre 1983.

Syrie et Monde arabe — « L'industrie libanaise en quête de débouchés ». Office de presse et de documentation, Damas, mai 1983, pp. 8-15.

● **Les chrétiens du Liban. Les relations avec Israël**

Ouvrage :

ABOU (S.) — *Bechir Gemayel ou l'esprit d'un peuple.* Paris, Anthropos 1984, 461 p.

Articles :

Anonyme — « La main-mise phalangiste sur les rouages de l'Etat aggrave les antagonismes entre communautés ». *Le Monde Diplomatique*, octobre 1983.

KAPELIOUK (A.) — « Israël et la tentation chrétienne ». *Le Monde Diplomatique*, novembre 1978.

KASSIR (S.)

— « L'ascension de B. Gemayel ». *Le Monde Diplomatique*, septembre 1982.

— « Entre phalangistes et Israéliens, convergences d'objectifs au Liban ». *Le Monde Diplomatique*, mars 1983.

KEMP (P.)

— « La Cité-Etat ». *Esprit*, n°s 77-78, mai juin 1983, pp. 53-67.

— « La stratégie de B. Gemayel. Atopie urbaine et utopie territoriale ». *Hérodote*, n°s 29-30, 2e et 3e trimestres 1983, pp. 55-82.

● **La Syrie et Israël**

Ouvrage :

LAURENT (A.) et BASBOUS (A.) — *Une proie pour deux fauves. Le Liban entre le lion de Juda et le lion de Syrie*, Beyrouth, Ad. Daïra, juin 1983.

Bulletin :

Armée de Défense d'Israël — « Les hauteurs du Golan et leur importance stratégique ». Edition du C.I.D.I.P, Paris, 15 décembre 1981, 20 p.

Article :

TURQUIEH (S.) — « Convergences syro-israéliennes ». *Le Monde Diplomatique*, mai 1976.

● **La Syrie et le Liban**

Articles :

KASSIR (S.) — « Vers une solution syrienne ? Les chrétiens libanais et les impératifs de la géographie. *Le Monde Diplomatique,* octobre 1985.

ROULEAU (E.) — « Les ambitions de la Syrie ». *Le Monde Diplomatique,* mars 1984.

TURQUIEH (S.)
— « Le Liban sous mandat ». *Le Monde Diplomatique,* décembre 1976.
— « La réplique syrienne et le spectre du passé ». *Le Monde Diplomatique,* mai 1981.

● **La F.I.N.U.L.**

Ouvrages :

EDDE (R.) — *Les casques bleus au Liban,* Paris, Association France-Nouveau Liban, 1978, 80 p.

SALVAN (J.) et SABLIER (E.) — *Liban 1978 : les casques bleus de la France.* Paris, Baschet, 1979, 120 p.

Article :

COLIN (J.-P.) — « Liban 1980 : Les paradoxes de la F.I.N.U.L. » *Revue Juridique et Politique,* n° 4, octobre-décembre 1980, pp. 771-788.

● **Les Palestiniens**

Ouvrages :

BARON (X.) — *Les Palestiniens, un peuple.* Paris, Le Sycomore, 1984, 354 p.

CARRE (O.) — *Septembre Noir, refus arabe de la résistance palestinienne.* Bruxelles, Complexe, 1980, 160 p.

ROULEAU (E.) — *Les Palestiniens d'une guerre à l'autre.* Paris, *La Découverte/Le Monde,* 1984, 228 p.

Articles :

KASSIR (S.) — « Quand Damas veut faire rentrer la résistance palestinienne dans le rang ». *Le Monde Diplomatique,* décembre 1983.

LEGRAIN (J.-F.) — « La dissidence palestinienne ». *Esprit,* avril 1984, pp. 17-31.

RONDOT (Ph.) — « Le Liban éprouve de graves difficultés à ajuster sa symbiose avec la résistance palestinienne ». *Le Monde Diplomatique,* mai 1970.

ROULEAU (E.) — « La mutinerie contre Arafat ». *Le Monde Diplomatique,* août 1983.

TURQUIEH (S.) — « L'alliance conflictuelle entre la Syrie et les Palestiniens ». *Le Monde Diplomatique,* janvier 1978.

Exposé :

HERADSVELT (D.) — Les fedayins au Liban. C.H.E.A.M, janvier 1970, 6 p.

● **Le réveil islamique au Proche-Orient**

Ouvrages :

ETIENNE (B.) — *L'islamisme radical.* Paris, Hachette 1987, 360 p.

PERONCEL-HUGOZ (J.-P.) — *Le radeau de Mahomet.* Paris, Lieu Commun, 1984, 240 p.

Articles :

AUCAGNE (J.) — « L'Imam Moussa Sadr et la communauté chiite ». *Travaux et Jours* (Beyrouth), n° 53, 1974, pp. 31-51.

KAPELIOUK (A.) — « Le regain islamique chez les Arabes d'Israël et des territoires occupés ». *Le Monde Diplomatique,* août 1983.

KASSIR (S.) — « L'affirmation des chiites libanais ». *Le Monde Diplomatique,* mai 1985.

LEBA (A.) — « Le chiisme et le renouveau islamique contemporain ». *Hérodote,* n° 36, 1er trimestre 1985, pp. 105-109.

***

Encyclopédies utilisées pour la première partie :

Géographie Universelle. Publiée sous la direction de P. Vidal de la Blache et L. Gallois. Tome VIII : Asie Occidentale, par R. Blanchard. Article « Syrie », pp. 186-213. Librairie Armand Colin, 1929.

Géographie Universelle Larousse. Publiée sous la direction de P. Deffontaines. Tome II : De la Méditerranée à l'Océanie. Article « Liban », pp. 83-87.

Encyclopédie de Géographie Orbis. Dictionnaire des Etats. Volume III : P. Serryn et R. Blasselle, Article « Liban » : pp. 1 185-1 194. Paris, Bordas, 1976.

Encyclopédie Pléiade. Géographie régionale 1. Les pays du Croissant fertile (X. de Planhol), pp. 238-278, Paris, Gallimard, 1975.

La Grande Encyclopédie Larousse. Vol. 12, Article « Liban », pp. 7 109-7 116, 1974.
Encyclopedia Britannica. Vol. 22, Article « Lebanon », pp. 905-917, 15e édition, 1985.
Encyclopedia Universalis. Corpus 10, Article « Liban », pp. 1 198-1 210, 1984.

***

Annuaires

Etat du Monde. Annuaire géopolitique et économique mondial, sous la direction de F. Gèze, A. Valladao, Y. Lacoste, éditions de 1982, 1983, 1984, 1985, 1986, 1987, 1988, Paris, La Découverte/Maspero.

Rapport Annuel Mondial sur le Système Economique et les Stratégies (R.A.M.S.E.S.), 1985-1986, I.F.R.I, sous la direction de T. de Montbrial, Paris, Atlas Economica, 1985, cf. pp. 93-100 : Le Proche-Orient et le conflit libanais.

Middle East and North Africa. 1986, Londres, Europa Press, 1986, 32e ed., 721 p. Cf. Article Lebanon, pp. 535-572.

Atlas

Atlas du Liban, par l'I.R.F.E.D, Liban, Ministère du Plan, Beyrouth, 1964, 12 p. + 25 planches.

Atlas of Israël, Cartography, Physical Geography, human and Economic Geography, History., Jerusalem, Ministry of Labour, Amsterdam, Elsevier Publishing Company, 1970, 71 planches.

Tübinger Atlas des Vorderen Orients, Wiesbaden, Ludwig Reichert Verlag :
- A VIII.2 : Middle East, Population distribution (1977).
- A VIII.3 : Middle East, Population density (1978).
- A VIII.4 : Middle East, Urban and rural population (1978).
- A VIII.7 : Lebanon, Religions (1979).
- A VIII.9 : Lebanon, Christianity (1979).
- B IV.5 : Palestine settlements areas of Israelites and Davidic Empire, (1985).
- B VIII.8 : Syria and Palestine. The Crusade States up to the End of the 12 th Century (1985).
- B IX.1 : The Middle East around 1500 (1981).
- B IX.8 : Ottoman Empire. Provincial Administration in the 17th and 18th century (1979).
- B IX.9 : The Otoman Empire, 1683-1718, (1981).
- B IX.11 : The Ottoman Empire, 1812-1881 (1981).
- B IX.13 : Ottoman Empire. Provincial Adminsitration at the end of the 19th century (1979).

GILBERT (M.) — The Arab-Israeli Conflict. Its History in Maps. Londres, Weidenfeld and Nicholson, 5e éd. 1982.

Cartes

Lebanon. Carte Bartolomew, 1/200 000., nº 33, Edinburgh, J. Bartolomew & son LTD., 1984.

Cartes publiées par la Direction des Affaires Géographiques de l'Etat-major de l'Armée, Ministère de la Défense Nationale, Beyrouth, 1962 :
- Naqura-Bent Jbeil-Houlé, 1/50 000
- Marjayoun-Hermon, 1/50 000
- Rashaya, 1/100 000
- Rashaya-Zebedani, 1/50 000
- Saïda-Jezzine, 1/50 000
- Saïda, 1/100 000
- Sour-Nabatieh-Marjayoun, 1/50 000

***

Avec aussi :
- — *Le Monde*
- — *Libération*
- — *Le Quotidien de Paris*
- — *Le Matin*
- — *Le Figaro*
- — *Herald Tribune*
- — *L'Orient le Jour* (Libanais)

Avec
- — *Afrique Asie*
- — *Jeune Afrique*
- — *Le Nouvel Observateur*
- — *Le Point*

— *Middle East Journal*
— *Newsweek*
— *Arche*
— *Travaux et Jours* (Libanais)
— *Commerce du Levant* (Libanais)

Avec :
— « Les Fiches du Monde Arabe », publiées à Beyrouth et à Chypre.
— Les Documents du Centre d'Information et de Documentation sur Israël et le Proche-Orient, Paris.

INDEX

Index établi avec la collaboration de Nathalie Martin.

Table des matières

CONCLUSION